판 인쇄 : 2012년 6월 11일
판 발행 : 2012년 6월 18일

· 사 진 : 김 세 곤
낸 이 : 김 남 진
낸 곳 : 온새미로
소 : 서울시 중구 신당2동 355-8 백석빌딩 신관 3층
판 신 고 : 제301-2009-241호
자 인 : 한 지 희
대 행 : (주)중앙경제
소 : 서울시 중구 신당2동 355-8 백석빌딩 신관 4층
이 지 : www.elabor.co.kr
화 : 02-2231-7293
스 : 02-2235-5344

가 : 23,000원
978-89-7017-506-5 (03040)

퇴계와 고봉, 소통하다

퇴계와 고봉, 소통하다.

글 · 사진 김세곤

도서출판 온새미로

※ 온새미로 : "가르거나, 쪼개지 않고, 생김새 그대로, 자연 그대로, 언제나 변함없이" 라는 뜻의 순우리말

추천사

퇴계와 고봉의 체취와 숨결까지 느껴

우주의 흐름은 굽이굽이에서 수 없이 많은 깊은 만남들을 주선한다. 김세곤님의 퇴계 이황과 고봉 기대승 만나기는 향기롭고 그윽하고 뜻 깊어서 고요하게 가라앉은 마음으로 모자를 벗고 눈을 비비면서 지켜보지 않으면 안 된다. 지조 높고 공부 깊고 삶이 유현한 선인과의 만남을 위해서는 우리들의 눈높이를 그분들과 같은 수준으로 끌어 올리지 않으면 안 되고, 마음의 거울을 세심하게 닦지 않으면 안 되는데, 김세곤은 퇴계와 고봉과의 만남을 위하여 눈높이를 맞추고 마음을 맑게 하려고 많은 노력을 경주했다. 모든 숭엄한 깊고 높은 만남은 우리들의 영혼에 통섭通涉이 일어나게 한다. 김세곤의 이 책은, 퇴계와 고봉의 체취와 숨결까지도 감지할 수 있도록 섬세하게 다가가고 있다.

한승원 소설가

이 시대의 모든 지식인의 반성을 촉구하려함인가?

법학을 공부하고 관료의 길을 걸으며 노동문제에 깊이 관여해 온 공무원이며 현재는 젊은이들의 직업 교육을 지도하고 있는, 한 원숙한 지식인의 글,

고봉 기대승의 생애와 학문적 흔적들을 두 발로 걸으며 찾아 살핀 글을 읽는 재미가

매우 크다. 먼 옛날 16세기의 큰 학자를 배우는 재미만이 아니다. 모든 훌륭한 학자들의 삶에서 보는 감흥만이 아니다. 진리를 좇아가는 큰 학자들의 솔직하고 진지한 상호 격려와 영향함이 매우 돋보이는 삶들을 우리에게 알기 쉬운 글로 보여 주고 있다.

특히 퇴계와 고봉의 현격한 연령의 차이와 정치적인 계산을 배제한 아름다운 학문 논쟁은 오늘날 서로를 경쟁의 상대로만 여기고 다투며 사는 지식인들의 삶과 비교하며 읽으라고 강요한다. 8년에 걸친 사단칠정 논쟁은 아름다운 우리의 학문전통을 전해 준다.

26년의 연령 차이와 이룬 학문적 지위를 문제 삼지 않고 격렬한 논쟁을 하면서도 믿음은 더욱 깊어지는 것을 보면서 생각하는 것은 무엇인가?

'너와 나의 논쟁은 싸움이 아니다. 모름지기 굳건한 믿음에 바탕을 두고 논쟁을 거듭할수록 서로의 사랑과 믿음은 더욱 더 깊고 넓어지는 것이어야 한다.' 고 가르친다.

오늘날 소통과 화합을 입으로만 말하지 말고 실천하자고 다짐하는 많은 사람들에게 일독을 권한다.

강정채 전 前 전남대학교 총장

학문의 즐거움은 물론 삶의 지혜와 시대정신을 배우는

재야학자인 저자는 이 책에서 퇴계와 고봉의 세계를 다각도로 조명하고 있다. 두 분의 학문적 높이와 깊이는 물론 인품의 향기까지를 탐색하고 있다.

이 책을 통해 학문의 즐거움은 물론 삶의 지혜와 시대정신을 배울 수 있다.

김병종 서울대학교 교수, 화가

퇴계와 고봉, 두 분의 소통에서 만남의 신비를

곰곰 헤아려 보면 우리네 삶은 결국 만남의 연속입니다. 어제와 오늘 그리고 내일이란 시간, 그리고 내 자신을 비롯해 모든 존재는 그저 놀람이며 신비일 뿐입니다. 아울러 제한된 시간 속에 모든 만남은 소중합니다. 모든 순간은 그야말로 천재일우千載一遇입니다. 어제 없는 오늘은 없고, 오늘 없는 내일은 없습니다. 그렇기에 '과거에 담긴 미래' 란 명제가 타당성을 지닙니다. 시간뿐 아니라 사람도 그러합니다.

이를 일찍 갈파喝破한 김세곤님은 일찍부터 시간여행을 통해 '소중한 내가 참 좋은 너를 만나 아름다운 우리' 가 된 분들을 엿보는 즐거움을 만끽滿喫하는 즐거움과 재미를 깨친 분입니다. 마치 깨달음의 환희를 보리수 아래서 설파하는 석존釋尊과 참된 행복을 전하는 예수의 심정에 버금가는 깨달음의 벅찬 감동과 기쁨 그리고 넘치는 희열喜悅을 이미 여러 저술을 통해 우리들께 전하셨습니다.

먼 곳 남의 나라가 아닌 이 땅에 똬리 틀어 순간을 알차게 열심히 살아 민족과 강토를 지키고 가꿔 오늘을 마련하신 분들, 그분들의 진솔眞率한 삶을 과장이나 꾸밈없이 들려주십니다. 햇살 눈부신 초여름 초록이 마냥 싱그러운 계절의 여왕에 건네주신 '퇴계와 고봉 두 분의 소통' 은 노동 현장에서 상아탑象牙塔으로 자리를 옮기신 후 첫 번째 사자후獅子吼여서 더욱 각별한 의미로 다가옵니다.

이원복 국립중앙박물관 학예연구실장

목 차

머리말

퇴계와 고봉하면 가장 먼저 생각나는 것이 무엇인가? 사단칠정논변이다. 두 사람은 조선 유학사에 있어 가장 큰 사상 논쟁인 사단칠정논변의 주역主役이었다.

1558년 10월, 이제 막 과거시험에 합격한 32세의 열혈청년 고봉 기대승1527-1572은 국립대학교총장인 58세의 대 유학자 퇴계 이황1501-1570을 서울에서 만나 퇴계의 사단칠정에 대한 해석에 이의를 제기하였다. 퇴계 또한 이에 응수하여 두 사람은 8년 동안이나 치열한 이기理氣논쟁을 하였다.

명종 시절은 유학이 상당히 위축된 시기였다. 명종의 어머니 문정왕후는 정치를 좌지우지하면서 승려 보우를 병조판서로 임명하는 등 불교를 진흥시키었다. 외척 윤원형의 정권 농락에 선비들은 기를 못 피었다. 의식 있는 사림들도 숨죽이고 지내거나 시골로 낙향하였다.

이런 시기에 퇴계와 고봉의 성리학 핵심 이론 논쟁은 장안의 화제였다. 많은 조선 선비들이 이 논쟁에 관심을 가지게 되었고 성리학 공부를 다시

하게 되었다. 퇴계는 오로지 주자를 외치며 주자학을 불교, 도교, 양명학 등 다른 학문으로부터 조선의 통치철학으로 확립하는 데 앞장섰고, 조선 유학을 중흥시킬 유학자로 고봉을 선조 임금에게 추천하였다.

퇴계와 고봉은 1558년부터 1570년 12월 퇴계가 별세할 때까지 13년간 110통 이상 편지를 주고받음으로서 서로 소통하였다. 두 사람은 26살의 나이 차이를 초월하여 흉금을 털어놓고 정치, 사회, 철학, 개인사, 가정사 등을 전 방위적으로 대화하였다.

특히 두 사람의 소통은 요즘 말로 소셜 네트워크였다. 퇴계와 고봉이 서로 주고받은 편지는 배달부에 의하여 필사되어 주변 선비들이 모두 보았기 때문이다.

이 책은 조선 유학의 큰 별, 고봉 기대승에 초점을 맞추고 퇴계 이황과의 관계를 다시금 살펴보는 책이다. 퇴계는 고봉에게 영원한 멘토이고 스승이었다. 퇴계에게 고봉은 성리학을 이끌어갈 수법제자였고, 때로는 학문적 동반자이기도 하였다. 퇴계와 고봉, 두 사람은 주자학을 조선의 이데올로기로 확립시키기 위하여 도반의 길을 걸었다.

또한 두 사람은 외척과 권신에 의해 농락당한 조선을 개혁하기 위하여 함께 뭉쳤다. 고봉이 개혁당 대표로 나서고 퇴계는 후견인이 되었다.

이 시기 개혁당에는 고봉 기대승과 율곡 이이, 박순, 심의겸, 윤두수, 허엽 등 퇴계의 제자들이 주류를 이루었다.

한 때 고봉은 영의정 이준경과 맞서다가 핍박을 당하고 광주로 낙향하였다. 이 때 퇴계는 고봉에게 더욱 신독하고 정진하면서 때를 기다리라고 조언하였다.

이 책은 역사인물 기행 형식으로 쓰여 졌다. 고봉 기대승의 신위를 모신 광주 월봉서원과 고봉이 태어난 곳과 신접살이를 한 곳, 고봉묘소를 답사하고 그가 별세할 때 들렀던 태인 동헌과 정읍 매당, 고봉이 퇴계의 장례식 날 올라간 무등산 규봉, 퇴계와 고봉이 함께 배향된 나주 경현서원 등을 찾았다. 그리고 퇴계가 학문을 이룬 안동 도산서당과 퇴계 태실, 종택, 퇴계 묘소 그리고 우리나라 최초의 사액서원인 영주 소수서원 등도 둘러보았다. 이어서 고봉과 인연을 맺은 사람들인 송순, 양산보, 양응정, 정철, 김언거, 김경우, 임억령, 김성원, 고경명, 박순, 심의겸, 김계휘 등의 흔적도 답사하였다.

이 책을 쓰고 있을 때 한국고전번역원과 도올 김용옥이 주관하는 인문학 콘서트 '고전의 향연' 강좌에서 퇴계와 고봉의 사단칠정논쟁이 진지하게 다루어졌다. '퇴계는 누구인가?' 도 별도로 강의하였는데 '고봉이 누구인가?' 는 자세한 언급이 없어 아쉽다.

따라서 이 책이 '고봉이 누구인지' 를 아는 데 작은 보탬이 되었으면 한다. 또한 광주와 전남 문화관광 진흥에 일조를 할 역사 인물기행 책이 되길 기대한다.

이 책을 쓰는 데 기존의 연구들로부터 많은 도움을 받았다. 특히 한국고전번역원의 '한국고전종합DB 고전번역총서' 와 국사편찬위원회의 인터넷 '조선왕조실록' 은 큰 도움을 주었다.

이 책이 나오기 까지 여러분들의 도움이 컸다. 추천사를 흔쾌히 써주신 한승원 소설가, 김병종 서울대 교수, 강정채 전 전남대총장, 이원복 국립중앙박물관 학예연구실장님에게 감사드린다. 매번 저에게 격려를 하여주시어 몸 둘 바를 모르겠다. 바쁘신 중에도 책 표지 글씨를 써주신 금초 정광주 서예가님, 표지 그림을 그려주신 석주 박종석님, 좋은 그림을 그려준 조진호, 오견규 화백님에게도 고맙다는 말을 전한다. 끝으로 이 책을 만들어준 온새미로 출판사 관계자 여러분에게 감사드린다.

2012년 6월

솔향 강릉, 한국폴리텍 대학 강릉캠퍼스에서

김세곤 삼가

제1부

퇴계와 고봉, 소통하다.

01
고봉 기대승을 만나다

고봉 기대승奇大升 1527-1572을 만나다. 광주광역시 광산구 광산동 너브실의 월봉서원 뒤 백우산 자락에 있는 그의 묘소를 가다. 고봉 선생에게 절을 올리고 선생의 흔적을 찾아서 기행 글을 쓰겠노라고 아뢰다. 소생이 비록 빼어난 재주는 없으나 480여 년 전에 선생이 남기신 큰 뜻과 체취를 역사현장에서 느끼고 퇴계 선생과 13년간 편지로 소통한 것을 대중들에게 알리기 위하여 이제 길을 떠남을 고하다.

고봉 기대승, 그는 누구인가?

고봉 기대승. 그는 조선 유학사에 있어서 북두성 같은 큰 별이다. 그에 대하여 가장 먼저 생각나는 것이 사단칠정四端七情 논쟁이다.

고등학교 때 잘 알지도 못하면서 시험문제에 나온다고 하여 외운 사단칠정논쟁은 그 중심에 퇴계 이황李滉 1501-1570과 고봉 기대승이 있었다. 약칭

월봉서원 뒤에 있는 고봉 기대승 묘소.
기대승은 1527년에 광주 소고룡리에서 태어나 1572년에 별세하여 이곳 백우산자락에 묻혔다.

으로 퇴고退高 퇴계와 고봉라고 부르는 두 유학자는 1559년부터 1566년까지 8년간 성리학 이론 논쟁을 하였다.

사단四端이 무엇이고 칠정七情이 무엇인지, 이理가 무엇이고 기氣가 무엇인지, 이기일원론이 무슨 의미이고 이기이원론이 무슨 뜻인지, 그 차이가 어떤 것인지 하는 점은 너무나 어려워서 지금도 잘 모른다. 다만 사단은 측은惻隱 불쌍하게 여기는, 수오羞惡 부끄러워하는, 사양辭讓, 시비是非하는 마음이 일어나서 인의예지가 되고, 칠정은 희노애락애오욕喜怒哀樂愛惡慾의 일곱 가지

심정心情을 말한다고 마치 무지개 색깔 외우듯이 통째로 외웠다. 그런데 요즘은 칠정을 희노애락애구(두려움)욕喜怒哀樂愛懼慾으로 말하기도 한다. 이기이원론은 퇴계의 주장이고 이기일원론은 고봉과 그리고 율곡 이이李珥 1536-1584의 주장이라고만 알고 있다.

그러면 고봉 기대승은 누구인가? 요즘 들어 그에 대한 문집 〈국역 고봉전서〉를 다시 읽고 있다. 이 책을 읽으면 읽을수록 그는 가히 통유通儒라는 생각이 든다. 통유란 유학에 통달한 사람을 말한다. 이에 대하여는 퇴계 이황의 일화가 있다. 퇴계는 1569년 3월3일 밤에 사직하면서 선조 임금을 만난다. 선조는 퇴계에게 "지금 학문을 한 사람이 몇이나 있느냐?"고 물었다. 퇴계 선생은 답하기를 "학문에 뜻을 둔 선비는 지금도 없지는 않습니다. 그 중에도 기대승은 학문을 널리 알고 조예가 깊어 그와 같은 사람을 보기가 드무니 이 사람은 가히 통유通儒라 할 수 있을 것입니다." 하였다.

고봉은 나이 31세에 남송의 성리학자요 주자학의 시조인 주희朱熹 1130-1200가 쓴 100여권에 달하는 〈주자대전朱子大全〉을 독파하여 〈주자문록〉을 편찬하였으니 가히 성리학에 통달한 사람이라고 할 만하다. 퇴계도 고봉의 분석적이고 예리한 통찰력에 탄복하여, 26살이나 나이 어린 고봉을 학문적 동지로 대하였다.

또 그는 누구인가? 그는 소기묘小己卯이다. 소기묘라는 말은 그가 1558년에 정치에 입문하여 5년이 되는 해인, 1563년에 받은 칭호이다. 명종왕

비 심왕후의 외삼촌인 이량의 당이 그와 박소립, 윤두수, 허엽 등 신진사림들을 제거하려 할 때 그는 1519년에 사화를 당한 기묘명현으로 비유되었고 신진 사림의 거두로 지목되었다. 이 일은 명종 임금이 사실의 진상을 알아 이량의 당이 귀양을 가는 것으로 마무리되었는데, 이 사건으로 기대승은 지도자적 위치를 확고히 하게 되었다. 요즘으로 말하면 개혁파 대표가 된 것이다. 또한 1569년 6월 김개사건이 일어나자 기묘사림을 적극 옹호하고 선조에게 바른 정치를 하도록 간언하기도 하였다.

특히 고봉은 선조에게 제왕학을 가르쳤다. 1567년에 16세의 선조가 즉위하였을 때 첫 경연經筵의 첫 강사가 바로 고봉이다. 사헌부 집의司憲府執義인 그가 경연에 입시하여 아뢰기를 "천하의 일에 옳고 그름이 없을 수 없습니다. 옳고 그름을 밝힌 뒤에야 사람들이 마음으로 복종하고 정부의 명령도 순조롭게 진행되는 것입니다. 대저 옳고 그름은 비단 사람의 마음에서 나오는 것일 뿐만 아니라 실상 천리天理에서 나오는 것입니다. 한때 비록 가리고 베어내 버린다 하더라도 그 옳고 그름을 아는 본심本心은 끝내 없어지지 않습니다."라고 말하였고, 조광조와 이언적의 억울함을 풀어 달라는 건의를 하였다. 선조는 고봉이 돌아가신 후에 어명으로 고봉의 경연록을 편찬토록 하였고 그 책이 바로 〈논사록〉이다.

월봉서원 전경. 광주광역시 광산구 광산동 너브실 마을에 있다.

끝으로 율곡 이이와 우암 송시열宋時烈 1607–1689의 고봉에 대한 평가는 너무나 적절하다. 먼저 율곡 이이의 평을 보자

> 기대승은 젊어서부터 문학으로 세상에 이름이 났다. 넓게 보고 강하게 기억하였으며 기품이 호걸스러워 담론하는 데 있어 좌중 사람들을 능히 복종하게 하였다. 이미 과거에 합격한 뒤로는 청렴한 이름이 났으므로 선비들이 추대하여 영수로 삼았고, 대승도 또한 한 시대를 경륜하는 것으로 자임하였다.
>
> – 〈석담일기〉에서

다음은 우암 송시열의 평이다.

고봉은 박학하고 웅변을 갖춘데다가, 천인 성명天人 性命의 이치와 백가 중기百家衆技의 글을 한결같이 다 분명하게 가려내었다. 이에 퇴계가 자기의 견해를 많이 굽혀 따르고, 밝고 넓은 경지를 홀로 보았다는 것으로 허여許與하였으니, 창을 잡고 방안에 들어간 경우라고 말할만하다.

– 〈고봉전서〉의 '청향소'에서

우리는 왜 고봉 기대승을 만나야 하는가?

다음 세 가지 이유 때문에 그를 만나야 한다고 생각한다.

첫째 고봉은 퇴계와 함께 조선 성리학의 꽃을 피운 쌍벽이기 때문이다. 조선의 성리학은 정몽주, 길재, 김숙자, 김종직, 김굉필, 조광조로 학통이 이어졌으며 조선 중기에 이르러 퇴계 이황과 고봉 기대승이 있어 그 꽃이 활짝 피었다. 특히 1559년부터 1566년까지 8년간에 걸친 퇴계 이황과 고봉 기대승의 사단칠정논변은 조선 유학사에 최대의 사건이다. 이 사건은 당시 조선의 선비들에게 신선한 충격을 주었고 1519년 기묘사화, 1545년 을사사화, 1547년 정미사화 등으로 인하여 실의에 빠졌던 사림들에게 다시 인仁과 의義를 공부할 수 있는 계기를 만들었다. 그리하여 1567년에 선조가 즉위하자 훈구파들은 몰락하였고 사림들의 세상이 되었다.

둘째 고봉은 호남의 정신적 지주이고 호남의 자존심이다. 그가 조정에 출사한 시기1558-1572에는 훌륭한 호남인물들이 학문적, 정치적으로 많이 활동하고 있었다. 송순, 임억령, 오겸, 이항, 김인후등 원로를 비롯하여 유희춘, 양응정, 이후백, 박순, 정철 등 쟁쟁한 인물들이 포진하고 있었다. 그런데 고봉 기대승은 소장 개혁파의 중심으로 언제나 리더 위치에 있었다. 선조에게 유희춘과 노수신의 중용을 건의한 것도 그였다.

광주의 명문가를 기고박기씨, 고씨, 박씨이라고 하는 데 기씨를 맨 앞에 세우는 것도, 전라도에서 유학이 가장 센 곳을 광나장창광주, 나주, 장성, 창평이라고 하는 데 광주를 맨 앞에 내세우는 것도 모두 고봉 기대승 때문이라고 하는 것은 빈말이 아니다.

셋째, 그는 직언을 서슴치 않은 우리 시대의 올곧은 선비이다. 그는 너무 강직하고 직선적이며 거친 성정 때문에 때로는 수렴이 부족하다고, 즉 독선적이고 남의 의견을 듣는 것이 부족하다는 이야기를 들었다. 그러나 그는 할 말은 하고 언로는 열려 있어야 하며 민본이 나라의 근본임을 명쾌하게 설파한 웅변가이었다.

이제 길을 떠난다.

이제 길을 떠난다. 이번 기행은 한편으로는 역사책에서 고봉 기대승을 만나고, 퇴계와 고봉의 13년간에 걸친 편지를 읽으면서 소통의 힘을 발견

하며, 또 한편으로는 역사 현장에서 고봉을 만나는 여정이다. 고봉이 태어난 광주광역시 광산구 소고룡리, 그가 살던 두동마을, 그가 후학들을 가르친 낙암, 그가 별세한 전라북도 정읍시 매당, 그의 묘소와 월봉서원 그리고 임진왜란 후에 만들어진 광주광역시 광산구 산월동 망월봉 아래의 월봉서원도 둘러 볼 것이다.

아울러 식영정, 면앙정, 소쇄원, 요월정, 풍영정 등 그가 계산풍류를 즐기던 곳을 둘러보고 나주 경현서원과 월정서원, 안동 도산서원과 퇴계 묘소, 영주 소수서원 등 그와 인연을 맺은 사람들의 유적도 답사할 것이다. 따라서 이 여정은 상당히 오랜 기간이 될 것이다.

02

달뜨는 봉우리,
월봉서원에서

주말에는 아내와 함께 월봉서원을 자주 간다. 서원을 구경하기도 하지만 서원 뒷산인 백우산의 맑은 공기를 마시기 위하여 고봉선생의 묘소를 지나 귀전암까지 산책한다. 귀전암 가는 길은 정말 좋다. 소나무의 청아함과 시누대숲의 바람, 새들이 지저귀고 이름 모르는 야생화가 여기저기 피어 있다. 쑥, 고사리, 죽순도 있어 아내는 먹거리에 정신이 팔린다. 더욱 좋은 것은 사람이 거의 없다는 점이다. 그래서 사람이 북적대는 무등산보다 훨씬 한가하고 마음의 평화를 느낄 수 있다.

오늘도 여느 때처럼 월봉서원을 간다. 그런데 오늘은 좀 특별하다. 월봉서원을 제대로 답사하기로 마음을 먹고 사진기와 수첩을 챙겼다. 광주광역시 광산구 첨단에서 13번 도로를 따라서 임곡 중학교를 지나 광곡너브실 마을 입구에 도착한다. 마을 입구에는 '빙월당 600m'란 표시판과 월봉서원 그리고 광곡마을이란 표시석이 세워져 있다. 여기에서 조금 더 가면

광주광역시 광산구 광곡마을 입구에 있는 빙월당 안내 표시판과 월봉서원 표시석

광곡경로당이 나오고 고봉학술원과 칠송정이 있다. 돌담길을 따라 조금 더 올라가니 넓은 주차장이 있다. 이곳이 바로 월봉서원이다.

서원 입구에는 두개의 안내판이 있다. 하나는 월봉서원에 대한 안내판이고 다른 하나는 빙월당에 관한 안내판이다. 월봉서원 안내판에는 고봉 기대승에 대한 간단한 소개와 함께 월봉서원의 건립 내역이 적혀 있다. 빙월당 안내판에는 정조임금이 빙심설월氷心雪月이라 하여 서원 강당이 빙월당이 되었다는 말이 적혀 있다.

두 안내문을 읽고서 외삼문으로 들어간다. 외삼문 이름은 망천문望川門이다. 망천이란 냇가를 바라본다는 뜻인데 무슨 연유로 이 문의 이름이 되었을까. 곰곰이 생각하여 보니 고봉이 별세한지 6년이 지난 1578년에 고마산 자락에 있는 낙암 아래에 지은 사당 이름이 망천사望川祠이다. 망천은 '고마산에서 바라보면 황룡강이 보인다.' 는 의미이리라.

월봉서원 외삼문인 망천문

망천문을 지나니 앞면에 빙월당 강당이 있고 좌우에 동재, 서재가 있으며 가운데에 비가 두개 있다.

동재에는 명성재明誠齋, 서재에는 존성재存省齋라고 편액이 붙어 있다. 이 편액은 모두 동춘당 송준길宋浚吉 1606-1672이 쓴 것이란다.

명성재明誠齋라. 이 이름의 연원을 생각해 보니 명明은 〈대학〉의 첫 머리에 나오는 '배움의 길은 밝은 덕을 밝힌다.' 大學之道 在明明德는 글귀에서 나온 것이고, 성誠은 〈중용〉에 나오는 대표적 덕목으로서 '최선을 다한다. 정성, 성의를 다한다.' 는 뜻에서 따 온 것 같다.

그러면 명성明誠은 바로 배움에 있어서 밝은 덕을 밝히는 데 성의를 다하라는 의미이리라. 즉 학생들에게 최선을 다하여 공부하라는 화두 같다.

한편 《중용장구》 제21장에는 "성誠으로 말미암아 밝아지는 것을 성性이라 하고 명으로 말미암아 성해지는 것을 교라 이르니, 성하면 밝아지고 밝아지면 성해진다. 自誠明 謂之性 自明誠 謂之教, 誠則明矣 明則誠矣"라고 적혀 있다. 따라서 사리를 분명히 아는 것을 명明이라 하고, 마음에 거짓이 없고 지극히 진실한 상태를 성誠이라 하는 데 이런 의미로 동재를 명성재로 칭한 것 같기도 하다.

서재의 존성재存省齋는 글자 그대로 해석을 하면 "성찰이 있다"는 의미인데, 성省자가 논어의 오일삼성吾日三省에서 따온 글자인지 또 존存자가 존양存養에서 연원한 것인지 글쎄 잘 모르겠다. 그런데, 재미있게도 존재存齋는 고봉 선생의 또 다른 호이다

이어서 가운데 있는 두개의 비를 자세히 본다. 이 비들은 월봉서원 묘정비와 묘정비 병서이다. 하나는 한문만으로 된 비이고 다른 하나는 한글 번역 비이다. 한글 번역비 앞에서 번역 글을 읽는다. 그런데 한글 번역비 임

에도 한문이 너무 많다. '물 반 고기 반' 이라는 말이 있듯이 한글 반, 한문 반이어서 제대로 읽기가 어렵다. 어려운 글자도 많아서 읽기를 포기할까 생각하였다. 그러다가 중간 부분은 대충 보면서 인내를 가지고 마지막까지 보니, 마지막이 "서기 1998년 무인 5월 상한上澣에 성균관장成均館長 후학後學 경주慶州 최근덕崔根德은 삼가 짓고 번역하다."라고 되어 있다.

이제 서원도 변신하여야 한다. 안내문은 한글세대를 위하여 우리말로 알기 쉽게 적어 놓아야 한다. 외국인을 위하여 영어, 중국어, 일어 등으로 만들어진 안내판도 설치되어 있으면 좋겠다. 광주의 문화 유적들도 2015년 유니버시아드 세계대회 준비에 걸맞게 세계화되어야 한다.

월봉서원 묘정비. 서원의 명칭은 1654년에 효종임금이 사액賜額하였다.

학생들의 강의실인 빙월당 강당에는 여러 개의 편액이 붙어 있다. 가운데에 월봉서원이라는 현판이 붙어 있고 그 우측에는 빙월당, 마루 안쪽 좌측에는 충신당이라고 붙어있다.

빙월당이라는 이름은 정조 임금이 고봉선생의 고결한 학덕을 빙심설월氷心雪月에 비유하여 하사한 이름이고, 월봉서원은 1654년에 효종임금이 사액한 서원이름이다. 그런데 충신당忠信堂은 그 내역을 잘 모르겠다. 논어의 〈학이〉 편에 증자가 한 말인 "나는 날마다 세 가지 점에 대하여 반성을 한다. 남을 위하여 일을 꾀하면서 진심忠을 다하지 못한 점은 없는가? 벗과 사귀면서 신의信를 지키지 못한 일은 없는가? 배운 것을 제대로 익히지習 못한 것은 없는가?吾日三省吾身 爲人謀而不忠乎? 與朋友交而不信乎? 傳不習乎?"에 나오는 충忠과 신信을 합한 당호인 것 같기도 한데 자세한 것은 알 수 없다.

한편 월봉서원 간판 글씨는 이산뢰1603- ?가 썼다고 하며 충신당글씨는 동춘당 송준길이 썼다. 송준길은 우암 송시열과 함께 노론의 영수인데 화순에 있는 조광조의 적려유허비문 글씨도 그가 썼고, 장성의 필암서원에도 그의 글씨가 있다. 그런데 빙월당 글씨는 누구의 글씨인지 알 수가 없다.

특이한 것은 서원 강당에 현판이 이렇게 세 개나 붙어 있는 점이다.

월봉서원은 서원 이름이고, 충신당은 강당이름이며, 빙월당은 건물 이름이어서 3개의 현판이 같이 붙어 있다. 이렇게 현판을 여러 개 붙인 것은 순천시 옥천서원의 예에 따라 그리 하였다고 하나 아무튼 매우 드문 일이다.

빙월당氷月堂. 정조임금이 '빙심설월氷心雪月' 이라 하여 '빙월당' 이라 했다.

강당을 구경하고 나서 왼편에 있는 목판 보관소인 장판각을 지나서 내삼문으로 향한다. 여러 계단을 올라가서 보니 문의 이름이 정안문靜安門이다. 정안靜安이라, 조용하고 평안한 문이라는 의미인데 고봉 선생을 배향 하면서 조용히 평안하게 하라는 뜻 같기도 하다.

그런데 한참 보니 정靜자와 안安자 글자를 〈대학〉에서 본 것 같다. 〈대학〉에서 "지극히 좋은 상태에 머무는 것을 안 다음에 의지가 정해지고, 의지가 정해지면 마음이 흔들리지 않으며, 마음이 흔들리지 않으면 평안할 수 있고,

월봉서원의 내삼문인 정안문. 이곳을 지나면 사당 숭덕사崇德祠가 나온다.

평안하면 바르게 생각할 수 있고, 바르게 생각한 다음에 지극히 좋은 상태에 도달할 수 있다.知止而后有定 定而后能靜 靜而后能安 安而后能慮 慮而后能得"라는 글을 읽은 것 같다. 이 〈대학〉의 글은 학문을 하는 태도를 말하는데 고봉 선생의 성리학 공부 방법이 바로 이 〈대학〉의 글이 아니었을까?

우연히도 〈국역 고봉 전서〉에서 정靜에 관한 고봉의 시 하나를 찾았다.

정靜 자를 읊은 시를 정자중鄭子中에게 주다

내가 대자연의 오묘한 조화를 관찰해보니	吾觀元化妙
움직임과 고요함이 서로 기틀로 발현하네	動靜互機發
고요함 아니면 움직임이 어찌 있으며	非靜安有動
움직임 아니면 고요함은 멍에가 없다	不動靜無軏
움직임은 고요함으로 뿌리를 삼으니	動以靜爲根
고요함은 바로 움직임의 휴식이네	靜乃動而歇
유행은 참으로 헤아리지 못하니	流行儘不測
지극한 고요함은 혹시라도 어지러울 수 없네	至靜無或滑
오직 사람만이 그 받은 것을 체험해서	惟人體其受
고요하고 움직임에 늘 하늘을 대하네	靜動恒對越
고요함에 근본해서 사람의 표준을 세우니	本靜立人極
성인은 인욕의 해침이 없느니라	聖無人欲伐
움직임이 겹치면 본연을 잃게 되니	累動喪本眞
뭇사람들은 부질없이 골몰한다	衆人徒自汨
이 때문에 군자의 배움은	所以君子學
고요함을 주로 하여 공경하고 소홀함이 없네	主靜敬毋忽
마음을 더듬어 기운을 기르고	探心以養氣
창졸간에도 경계하고 두려워하네	戒懼乎倉卒
마침내 습관이 천성을 이루면	終然習與成
많은 잘못을 보완할 수 있도다	亦可補剩刖
선현들이 후학을 사랑하며	前賢惠後學
역력히 이러한 의미 보여주었네	歷歷茲義揭

그대는 본래의 고요함 지켜서　　君其守本靜
묵묵히 알고 힘을 다하도록 하오　　默會力須竭

이 시에 나오는 정자중은 정유일鄭惟一 1533-1578로 호는 문봉, 자는 자중이며 퇴계 이황의 문인이다. 그는 대사간과 이조판서를 지냈으며 퇴계와 고봉의 편지에 자주 나오는 인물이다.

이윽고 사당으로 들어갔다. 사당 이름은 숭덕사崇德祠이다. 글씨는 전주 출신 서예가 강암 송성용이 썼다는데 낙관落款이 없다. 그런데 사당이름을 왜 숭덕사라고 하였을까? 고마산 낙암 밑에 처음 만들어진 사당은 망천사라고 하였는데 이곳으로 이전하여서는 '덕을 숭상한다.'는 의미의 숭덕사라고 한 이유는 무엇일까. 아마 외삼문 이름이 망천문이니 또 망천사라고 붙이기는 곤란하였겠지만 숭덕사라고 이름 지은 이유를 잘 모르겠다.

사당에는 고봉 선생의 신위가 배향되어 있다. 예전에는 눌재 박상과 사암 박순, 사계 김장생과 신독재 김집도 함께 배향하였다 하나 그들의 신위는 지금은 없다. 문틈으로 고봉 선생의 신위를 보는 것으로 만족하고 밖에서 잠시 묵념을 하고서 숭덕사를 나왔다.

이제 월봉서원 답사를 마무리 한다. 서원을 나오기 전에 묘정비 번역비에서 고봉선생에 대한 찬사를 읽는다.

고봉 기대승의 신위가 모셔진 숭덕사崇德祠

미묘를 정밀하게 연구하니	精究微妙
도체를 꿰뚫었네	道體透洞
널리 보고 조예가 뛰어나서	博覽超詣
탐구하고 토의해 종합하고 분석하였네	探討約綜
주대한 말씀은	奏對之辭
논사록으로 외우고	論思以誦

사칠이기설은	四七之說
철학의 지표라 칭송하네	指南以頌
법도 지키기를 준엄하게 하니	典則峻嚴
예학에도 달통하였네	禮學達通
많은 선비들이 추앙해	多士追仰
사당 세워 받들고	建祠供奉
백세의 모범 되니	百世矜式
월봉이라 사액하였다네	賜額月峯
경과 의 함께 세웠으니	敬義偕立
길이 뒤를 따르리	永年隨踵

월봉서원배치도

숭덕사
(崇德祠)
내삼문
정안문
(靜安門)
장판각
(藏板閣)
월봉서원강당
충신당
월봉서원
빙월당
전사각
(典祀閣)
월봉서원
묘정비
병서
월봉서원
묘정비
존성재
(存省齋)
명성재
(明誠齋)
〈서재〉
〈동재〉
외삼문
망천문
(望川門)

03

고봉 기대승의 탄생

광주광역시 광산구 신룡동 용동마을

고봉 기대승이 태어난 곳을 찾아 나선다. 먼저 고봉 기대승의 탄생에 대한 기록을 살펴보자. 월봉서원 묘정비에는 이렇게 적혀 있다.

> 선생의 휘는 대승大升이고, 자는 명언明彦이며, 호는 고봉高峯이고 또 존재存齋라고도 한다. 성은 기씨奇氏로 행주幸州 사람이다. 고考의 휘는 진進이고 호는 물재勿齋이며, 호가 복재服齋인 아우 준遵과 더불어 학행으로 세상에 저명했다. 기묘사화 때 복재가 화를 입자 세상일에 뜻을 멀리하고 광주 고룡향古龍鄕으로 물러나 살게 되었다. 비妣는 진주 강씨로 사과司果 휘 영수永壽의 따님이다. 중종 22년1527 11월 18일 선생께서 고룡리古龍里 집에서 태어났다.

고봉 기대승이 태어난 날은 1527년 11월18일이고 장소는 광주 고룡리 송현동 집이다. 그의 아버지는 물재 기진奇進 1487-1555이고 어머니는 진주 강씨이다. 원래 행주 기씨 가문은 본관이 행주인데 행주는 지금의 경기도

행주산성에 있는 행주기씨 유허비

고양시이다. 그의 호 고봉高峯도 고향의 산봉우리 이름을 따서 붙인 것이라고 한다. 고봉 집안은 대대로 서울에서 살았다. 그런데 기대승의 작은 아버지 복재服齋 기준奇遵 1492-1521이 1519년 기묘사화로 1521년에 죽자 이에 상심하여 그의 아버지 기진이 서울에서 살다가 광주로 내려왔다고 한다.

그러면 기준奇遵에 대하여 알아보자. 그는 조광조와 함께 개혁정치를 한 기묘명현으로서 1513년중종 8년에 사마시에 합격하고 이듬해 별시문과에 급제하였다. 사관史官을 거쳐 홍문관 정자로 일한 뒤 사가독서 하였고 수찬修撰등을 역임했다. 또한 농민에게 토지를 나누어 주는 토지개혁안인 균전법을 중종 임금에게 건의하여 훈구파로부터 질시를 받기도 하였다.

홍문관 응교종4품였던 그는 1519년중종 14년 11월 15일 기묘사화가 일어난 날, 홍문관에서 당직을 하던 중에 조광조 · 김식 · 김정, 김구등과 함께 하옥되었다. 다음날 그는 조광조의 과격한 논의에 아부하였다는 이유로 국문을 받았다. 그는 다음과 같이 진술한다.

신은 나이 28세입니다. 소년 시절부터 옛사람의 글을 읽었습니다. 집에 있으면 효도와 우애를 정성껏 하는 것이 마땅하고, 조정에 있으면 충성과 의리를 정성껏 하는 것이 마땅하다고 생각하였습니다. 뜻이 같은 사람과 옛 도를 강구하여 나라를 요순堯舜 시대의 다스림과 같은 경지에 이르도록 기약하였습니다. 선한 자는 좋아하였고 선하지 못한 자는 미워하였습니다. 조광조는 어렸을 때부터 교유하였고, 김식 · 김구 · 김정은 근래에 상종하였는데, 그들의 논의가 과격한지 모르고 교유하였을 뿐이며 아부하였다는 것은 사실이 아닙니다.

결국 조광조는 전라도 능성현지금의 화순군 능주면으로 김정은 전라도 금산으로 기준은 충청도 아산으로 유배되었다. 이보다 앞서 기준의 맏형인 기형奇逈은 어머니를 봉양하기 위하여 무장茂長현감으로 있었다. 기준 집안은 5형제로서 기형이 첫째이고 기진은 넷째, 기준은 다섯째 막내이다. 기준은 울적한 마음에 어머니 계신 곳을 바라보고 회포를 풀고자 고을 사람과 함께 산에 올랐다. 첩첩한 산이 하늘을 버티어서 어머니 계신 곳이 더욱 아득하여 그는 그냥 도로 배소配所에 돌아왔다.

1519년 12월 16일 중종은 다시 어명을 내린다. 조광조에게는 사약이 내려지고 김정은 전라도 진도로, 기준은 함경도 온성으로 유배지를 옮기게 된다. 그런데 1520년 4월말, 온성에서 유배 중인 그는 아산에서 배소를 이탈한 일이 발각되어 다시 의금부로 잡혀와 추국을 당하게 되었다. 이때 아산 현감은 자기가 중한 죄를 받을까 두려워 그가 도망쳤다가 스스로 돌아왔다고 진술하였다. 이리하여 형장에서 혹독한 심문을 받았고 피투성이가 된 채 그는 임금에게 죄가 없음을 상소하였다. 마침내 중종은 1520년 6월에 기준에게 곤장 100대에 유배지 온성에서 가시 울타리가 쳐지는 위리안치를 당하도록 하는 전교를 내린다. 이 후 그는 삭풍이 몰아치는 두만강 변 온성에서 행동이 제약된 채 귀양을 살다가 1521년 10월에 신사무옥辛巳誣獄이 일어나자 목 졸라 죽이는 교형을 당하였다.

〈기묘록〉과 허균의 〈학산초담〉에는 기준의 죽음과 관련된 시詩들이 적혀 있다. 〈기묘록〉에는 그의 꿈 이야기가 기록되어 있다. 그가 하루는 궁궐에서 당직을 하다가 꿈을 꾸었다. 꿈에 나그네가 되어 국경 바깥의 산을 넘고 물을 건너는 등 정처 없이 헤매었는데 고난이 너무 심하여 길가에서 시 한수를 읊조렸다고 한다.

낯 선 이 먼 땅의 강산도 고향 땅과 같은데
하늘 끝에서 눈물 흘리며 외로운 배에 의지했네
검은 구름은 끝없는데 강의 관문河關은 닫혔고
고목은 떨어져 쓸쓸한데 성곽은 텅 비었네

들길은 가늘게 가을 풀 속에 갈라졌고
인가는 아스라이 석양 속에 담겨 있네
만 리 길 가는 돛배는 돌아오지 않으니
푸른 바다 아득히 소식조차 끊기었구나

뒤숭숭하여 꿈에서 깨어 보니 꿈에 읊조린 시가 너무나 생생하여 당직실 벽에 이 시를 적어 두었는데 얼마 지나지 않아 그는 사화를 당하였다.

그런데 이상한 것은 그가 함경도 온성으로 유배를 가는 도중에 보는 풍경이 바로 꿈에서 읊었던 시의 내용과 너무나 똑 같았다. 유배 길에 그는 말을 멈추고 시를 읊으며 처절히 흐느끼니 따르던 사람들도 모두 눈물을 흘렸다. 〈기묘록〉에는 "사람 일은 모두 먼저 정해짐이 있는 것을 알 수 있다고 하면서 많은 선비들이 이 시를 서로 전하면서 애석해하였다"고 적고 있다.

다음은 우리나라 최초의 국문소설 〈홍길동전〉을 지은 허균의 〈학산초담〉에 실려 있는 기준의 절명시 이다. 그는 30살의 젊은 나이에 함경도 온성에서 죽으면서 이 시를 읊었다 한다.

해 떨어져 하늘은 칠흑과도 같고	일락천여흑 日落天如黑
산은 깊어 골짜기가 구름과 같네.	산심곡사운 山深谷似雲
천년토록 지키자던 군신의 의는	군신천재의 君臣千載意
슬프다. 하나의 외로운 무덤뿐.	추창일고분 惆悵一孤墳

나라를 위하여 충성을 다하였으나 다가오는 것은 죽음뿐이라는 비참함이 가득 배인 시이다. 한편으로는 부패하고 타락한 세상이 원망스럽기도 하다. 허균은 〈학산초담〉에서 "이 시를 읽으면 사람으로 하여금 심장과 간장이 다 찢어질 정도로 비장함과 참담함이 느껴진다."고 적고 있다.

이렇게 집안이 풍비박산이 나자 기준의 형제들은 상심한다. 기준의 둘째 형 기원奇遠은 장성으로 이거하고 바로 윗 형 기진奇進은 광주 소고룡리에 정착한다. 소고룡리는 지금의 광주광역시 광산구 신룡동 용동 마을이다.

그러면 용동마을은 어디인가? 광주에서 임곡가기 전에 '비시동 마을'이 있다. 버스 정류장 앞에는 신촌마을 2km라는 팻말도 보이고 오남재吾南齋라는 표시석도 있다. 이 길을 따라 곧장 가면 오른편에 제각 같은 큰 기와집이 하나 보이는데 이곳이 바로 용동 마을이다.

용동 마을 입구에 가면 '덕성군 물재 기공 유허비'가 있다. 이 유허비가 바로 고봉의 아버지 물재 기진의 가계와 생애가 적혀 있는 비이다. 물재공 기진이 광주로 내려온 것은 이 근처에 그의 처가의 인척이 있었기 때문이다. 기대승의 외가는 전라도 영광이다. 고봉의 외고조부는 의정부 좌찬성을 지낸 진성군 강희맹姜希孟 1424-1483이고 외증조부가 강학손1455-1523인데 강학손이 유배를 당하여 영광으로 내려왔다 한다. 강학손의 큰 아들은 강영수인데 고봉의 외조부이고, 강학손의 넷째아들은 강구수이며 그는 광주에서 살았다 한다.

광주광역시 광산구 신룡동 용동마을 입구에 있는 덕성군 물재 기진공 유허비. 물재 기진공은 고봉의 부친이다. (위) 용동 마을 입구에서 바라본 오남재.(아래)

물재공 유허비에서 조금 가면 기와집 한 채가 나온다. 문에는 "행주 기씨 덕성군 문중"이라고 팻말이 붙어 있다. 이곳이 바로 오남재吾南齋이다. 오남재란 한자를 물재공 입장에서 풀이하면 재미있다. "내가 드디어 남쪽으로 내려오도다."라는 뜻이다.

바로 이 마을에서 조선 성리학의 거유巨儒 고봉 기대승이 태어났다. 마을 이름이 용동龍洞인 것처럼 그는 용의 자리에서 태어난 것이다.

04
고봉 기대승의 어린 시절

고봉의 생애1527-1572 46년을 개관하면 크게 2단계로 나눌 수 있다. 즉 1527-1558까지 32년과 1558년-1572년 14년으로 나눌 수 있는데 그가 과거에 합격하여 벼슬길에 나선 1558년은 그의 생애에 있어서 전환점으로 볼 수 있다.

기대승이 태어난 1527년은 1392년에 건국된 조선왕조가 140여년이 되는 해로서, 세종의 둘째 아들 세조가 조카 단종을 폐위하고 정권을 잡은 이후 성종이 김종직등 사림을 등용하였고 연산군 때에 사림들이 무오 · 갑자사화를 겪는다. 그런데 연산군의 폭정이 심해지자 1506년에 중종반정이 일어나서 훈구파들이 득세한다. 이런 가운데 중종은 훈구파를 견제하기 위하여 조광조등 신진 사림들을 등용한다. 조광조 · 김정 · 김식 · 기준 등 청년 사림들은 위훈삭제 등 급진적으로 개혁 정치를 꾀하다가 훈구파의 반격을 받아 1519년 11월에 기묘사화가 일어난다. 조광조는 전라도 능주에서 사약을 마시고 고봉의 작은 아버지 기준도 교형에 처해진다. 고봉의 부친 기진이 광주에 내려온 것도 기묘사화의 여파였다.

기대승은 중종 시대에 태어나서 인종, 명종, 선조 임금 초기까지 살았는데, 명종 시절 까지만 하여도 훈구파가 정권을 잡아 의를 실천하고자 하는 사림파들은 뜻을 펴지 못하였고 선조 임금 대에 이르러서야 사림들이 정치 전면에 나서게 되었다.

여기에서 그의 전반기 생애 32년을 다시 두 시기로 나누면 1기는 1527년부터 1545년까지 19년이고 1545년은 을사사화가 일어난 해로 그는 이 해에 〈자경설〉을 지었다. 2기는 1546년부터 1558년까지 13년간으로서 이 시기에 그는 결혼을 하고 부친을 여의고 성리학 공부에 매진하였고, 1558년에 과거에 급제한다.

그러면 고봉의 어릴 적 시절 19년간을 알아보자. 그는 어린 시절을 광주광역시 광산구 신룡동 용동마을에서 보냈다. 그런데 그의 어릴 적 흔적은 찾아보기 어렵다. 생가生家가 남아 있지 않기 때문이다. 다만 〈물재공 유허비〉 있는 곳이 그의 생가터라고 추측 할 뿐이다.

그의 어린 시절에 관한 이야기는 그가 1545년에 쓴 〈자경설自警說〉에 의존할 수밖에 없다. 〈자경설〉과 관련된 〈고봉선생 연보〉를 살펴보자.

인종 원년 을사1545 선생 19세

7월 인종이 승하하자, 중종이 승하했을 때와 같이 곡림하고 소식素食하였다. 사화가 일어났다는 소문을 듣고는 식음을 전폐하고 눈물을 흘리며 두문불출하였다. 한편 자경설自警說을 지어 스스로를 경계하였다.

그러면 그가 지은 〈자경설〉을 자세히 살펴보기로 한다. 그의 11세까지의 일기를 살펴보자

태어난 지 1년 만에 조모를 여의었고 7~8세쯤 되어서는 어머니를 여의고서 오직 아버지를 의지했는데, 아버지는 나를 고생하시면서 길러주셨다. 나는 어려서 질병이 많아 죽으려다 살아났는데, 오늘에 이르러 아득히 그 일을 생각하니 비통하기 그지없다. (중략)

계사년7세에 비로소 가정에서 수학하였고, 다음해인 갑오년8세 7월에 망극의 비통함을 당하여 이로 인해 학업을 그만두기로 결정하고 다시는 학문을 일삼지 않았다. 대체로 아버지께서도 역시 큰일을 당한 터라 글을 가르치지 않으셨다. 그러다가 을미년9세에 〈효경孝經〉을 읽고 글씨도 배우고 또《소학小學》을 외기도 하여 거의 자포자기의 지경에는 이르지 않을 것을 기대하게 되었다. 그런데 뜻밖에 하늘이 재앙을 내리고 귀신 역시 무정하여 병신년1536년 10세 겨울에 작은 누이가 역질疫疾로 죽었다.

아버지께서는 환난과 재앙이 거듭됨으로 인하여 산사山寺로 피해 가 계셨으므로

나도 따라가서 글을 읽고 글씨도 익혀 패 진취의 희망이 있었다. 그해 겨울부터 정유년11세가을에 이르기까지 아버지께서 절에 계시다가 늦가을에는 서울에 가실 일 때문에 집으로 돌아오셨다.

이 글을 보면 고봉의 11세까지의 어릴 적 생활은 다음 네 가지로 특징지어진다. 첫째 그는 어려서 질병이 많아 죽으려다 살아났다는 것이다. 즉 병약病弱한 것이다. 이 병약은 그에게 계속 따라 다닌 것 같다. 나중에 그가 관직을 사양하는 사직서에 보면 힘줄과 핏줄이 땅기어서 심하게 아픈 증상이 지속되고 있음을 호소하고 있다.

둘째, 모친과 누이가 죽은 슬픔을 어린 시절에 맞이하게 된다. 그는 8살 때 모친인 진주 강씨1501–1534를 여의고, 10살 때 누이가 역질로 죽는다. 이런 슬픔은 그의 정신세계에 상당한 영향을 미쳤을 것이다.

원래 고봉의 형제간은 5남1녀 이었다. 그런데 3형제만 남고 나머지는 일찍 죽었다. 기대승은 둘째 아들이다. 위로 나이가 한 살 더 많은 형 대림1526–1565이 있고, 아래로는 나이가 일곱 살 차이 나는 동생 대절1534–1567이 있다. 동생 대절은 태어난 지 석 달 만에 어머니를 여의었다. 또 〈자경설〉에는 그는 외가 집에서 형과 같이 자랐으며 외종조모가 그를 정성스럽게 키웠다는 글이 있다. 어릴 때 모친을 여의었으니 외가에서 그를 측은하게 여기어 예쁘게 키웠으리라.

셋째, 그의 글공부는 상당히 늦게 시작하였다는 점이다. 요즘도 공부는 보통 네 살이 되면 배우는 데 일곱 살에 공부를 시작하였으니 상당히 늦은 감이 있다. 일설에 의하면 아버지 물재공이 공부를 안 시켰다고 한다. 물재勿齋란 호에는 '공부는 하지 말라.' 라는 뜻이 숨어 있는데 세상이 싫어 고향을 버리고 이곳에 온 아버지 물재공 입장에서는 자식이 학문을 하여 또 다시 삼촌 기준처럼 화를 당할 수도 있다고 걱정하였으리라. 차라리 촌부가 되어 조용히 사는 것이 더 마음 편하다고 생각하였으리라.

넷째, 고봉은 처음에는 아버지가 가르침을 받고 공부를 하였고 서당에는 안 다녔다는 것이다. 그의 스승은 바로 아버지라는 점이다. 아버지가 산사에 가 있을 때 고봉도 따라가서 공부를 한 기록들이 있는데 어릴 적 스승은 바로 그의 아버지였다. 하기야 은거하는 생활이었으니 일찍부터 서당에 다닐 가정 형편도 안 되었으리라.

한편 〈고봉 연보〉를 보면 고봉은 7세부터 공부에 열의를 보였고 작은 아버지 기준이 그의 모델이 되었음을 알 수 있다.

계사1533 선생 7세

비로소 학업을 시작하였다. 매일 새벽에 일어나 정좌하고 암송하여 읽기를 쉬지 않았다. 사람들이 혹 너무 열심히 하느라 힘들겠다고 위로라도 하면 "나는 이 공부가 좋아서 한다."고 대답하였다.

정유1537 선생 11세

향숙鄕塾에 나아가 《대학장구大學章句》를 배웠는데, 학우들이 배우는 것까지 아울러 통달하였으며, 수학數學과 육갑六甲과 오행성쇠五行盛衰의 이치에도 정통하였다. 김공 집金公緝이 연구聯句로 '식食' 자를 시제詩題로 내어 선생의 글 짓는 것을 시험하자, 선생은 즉시 응하여 읊기를 "밥먹을 때에 배부르기를 구하지 않는 것이 군자의 도이다.食無求飽君子道 " 하였다. 이에 김공이 칭찬하기를 "너의 계부季父인 덕양 선생德陽先生 기준을 말함이 도덕과 문장으로 사림의 영수가 되었는데, 너 또한 그 가업家業을 계승할 만하구나." 하였다.

이어서 12세부터 18세까지에 그는 공부를 매우 열심히 하였음을 알 수 있다. 또한 용산 정희렴을 스승으로 삼고 글을 배웠으며 18세에 당시 광주 목사 송순을 만난 기록도 보인다.

14세에 항상 〈자치통감강목資治通鑑綱目〉을 애독하여 매일 《자치통감강목》한 권씩을 다 읽었고 15세에 서경부西京賦 1백 30구句를 지었다. 그의 스승 용산龍山 정희렴 선생이 이 글을 보고 평론하기를 "그 글을 읽어보면 그 사람을 상상할 수 있는 것이니, 의당 그 성문聲聞이 오래도록 사람들에게 전파하겠다. 생각이 멀고 기氣가 장대하며, 말이 고상하고 문장이 통창하다. 비록 간간이 설고 껄끄러운 데가 있기는 하나, 다만 이것은 조그만 흠일 뿐이다. 조금만 더 진취하면 문득 옛 작자作者의 경지에 이를 것인데, 더구나 그 밖의 과문科文이야 말할 나위가 있겠는가. 축하할 뿐이다." 하였다. (중략)

16세에《주역周易》을 읽었는데 침식을 잊을 정도로 매우 열심히 연구하였다. 17세에는 〈전한서前漢書〉·《후한서後漢書》 및 《여지승람輿地勝覽》을 읽었다. 18세인 1544년에 중종이 승하하자, 졸곡 때까지 곡림哭臨하고 소식素食하였다. 또한 목사 송순宋純이 유생儒生 가운데 더 배우기를 청한 자들을 선발하여 글을 강송講誦하도록 하고, 반드시 그 강송하기 시작한 때를 기록하여 기간이 오래 되었으면 곧 학업 성취도의 여하를 심사하곤 하였다. 나는 맹자와 한유의 글을 읽었다 (후략)

- 〈자경설〉에서

월봉서원의 가을

수채화가 조진호 畵

조선대학교 미술학과 졸업
개인전, 단체전 다수
광주미술상 실행위원
광주광역시, 대구광역시 심사위원 역임
무등미술대전, 순천미술대전 운영위원 역임

05

고봉의 신접살이

광주광역시 광산구 두정동 두동마을

기대승은 22세인 1548년에 19세의 함풍이씨지금은 함평이씨라 부른다.와 결혼을 하였다. 그의 부인 이씨1530-1596는 충순위忠順衛 이임李任의 2남 2녀 중 차녀이고, 참판 이종수李從遂의 증손이며 처가는 나주이다.

고봉은 둘째 아들이라서 따로 신접살이를 하여야 했다. 그곳이 바로 두말이라고도 하는 두동마을인데 이 마을은 용동 마을 바로 앞마을이다. 두동마을 버스정류장에서 왼쪽 길로 가면 당산나무가 있는 마을이 나오는데 이 마을의 공식 명칭은 광주광역시 광산구 두정동 두동마을이다.

이 마을 가기 전 왼편에 "금화지그"라는 공장이 있고 그 위에 나대지가 있는데 이곳이 바로 고봉이 살던 집터이다. 그 위에는 고봉의 후손 기씨 묘가 있다. 고봉 기대승의 집터 자리는 풀만 무성하다. 집터의 흔적은 전혀 찾아 볼 수가 없다.

고봉 기대승이 살던 집터. 지금은 나대지이다.(위쪽)
고봉 살림집에서 바라본 용동마을(아래 왼쪽), 고봉 선생의 집터 옆 대숲 길(아래 오른쪽)

이곳에서 바라보니 바로 앞마을이 용동마을이다. 오남재도 잘 보이고 그의 부모 묘소가 있는 용동마을 뒷산도 잘 보인다.

고봉의 집터에서 오른 쪽으로 가면 대숲 길이다. 이 대숲 길을 따라서 조금 올라가면 큼직한 은행나무 두 그루가 있다. 이 은행나무는 고봉이 심었다 한다. 그렇다면 나무의 나이가 450년은 족히 된다. 이곳에서 오른쪽을 보니 황룡강 지류가 보인다. 이 지류를 따라서 고봉의 아버지 기진이 배로 이삿짐을 날랐다 한다. 당시에 강은 유용한 교통수단 이었다.

늠름한 은행나무. 고봉 선생이 심었다.
근처에는 '백운정白雲亭' 이 있었다.

이 은행나무 근처에 〈백운정白雲亭〉이라는 정자가 있었다 한다. 일반적으로 은행나무는 집이나 정자 앞에 심는데 정자는 은행나무 바로 뒤편에 세워졌을 것이다. '백운정' 이름은 고봉의 '백운정에서 양사기를 전별하며' 라는 시와, 오봉五峯 이호민李好閔 1553-1634이 지은 고봉 선생 만장에 나온다. 죽재竹齋 양사기楊士奇 1531-1586는 봉래 양사언의 동생인데 시를 잘 지었고 고봉과 친한 친구였다 한다. 고봉의 양사기 전별시에는 '산골의 외로운 정자, 석양이 머무는 누대' 라는 표현이 있고, 시의 내용으로 보면 대나무와 국화가 많아 운치가 아름다운 곳으로 추측된다.

고봉의 집 정경은 그가 쓴 시 〈유거잡영 15수〉에 잘 나타나 있다. 이 시를 읽어보자.

유거잡영幽居雜詠 오언 사운 15수

작은 집 깨끗하고 시원한데	小堂淸且爽
꽃과 대나무 성긴 발에 비치네.	花竹映疎簾
흰 돌을 깔아서 길을 열었고	白石鋪開路
푸른 솔가지 꺾어 처마를 때웠네.	青松折補簷
가을 국화 흔들리매 자리가 향기롭고	榻香霜菊動
술잔을 더하니 귀가 달아오르네.	耳熱酒杯添
취한 뒤에 시 읊고 싶은 마음이 발동하니	醉後詩情發
미친 듯이 읊기에 붓끝이 닳네.	狂吟筆退尖

(중략)

속태를 따르는 일이 없으니	事無趨俗態
문을 닫아 땅과 발이 서로 닿았네.	閉戶地接簾

솔바람 소리 빈집을 채워주고　松韻盈虛室
매화 가지는 짧은 처마를 지나네.　梅梢過短簷
바람은 구름길을 따라 사라지고　風從雲徑息
달은 대나무 가지에 내려앉네.　月向竹枝添
가업을 지금 항상 생각하고 있으니　舊業今常念
종남산이 꿈속에 뾰족하게 보이네.　終南入夢尖

한 쪽박의 물로 누항에 살거니　一瓢居陋巷
진세가 드리운 발에 막혀 있네.　塵世只隔簾
정원엔 푸른 대에 맑은 바람 일고　綠竹淸風院
처마엔 푸른 솔에 밝은 달이 비치네.　蒼松明月簷
한적한 곳이라 인적도 드물고　幽閒人更寂
소쇄한 곳이라 취미가 생기네.　瀟灑興頻添
시 읊기 즐겨 그칠 줄 모르거니　喜詠不知止
공연스레 붓만 닳아 뾰족해지네.　空勞玉兔尖

(중략)

해를 가린 소나무는 장막 같고　遮日松如幄
마루에 당한 대나무는 발과 같네　當軒竹似簾
벽에는 서자의 걸상을 달았고　壁懸徐子榻
꽃은 적선의 처마에 춤을 추네　花舞謫仙簷

학을 길들이는 사이 세월이 흐르고　調鶴光陰換
차를 달이며 시냇물을 더하네.　烹茶澗水添
사립문 온종일 닫고 앉아　紫門終日閉
홀로 봉선화 꽃이 뾰족함을 감상하네.　獨賞鳳觜尖

〈유거잡영〉은 고봉이 1570년 2월 그가 벼슬을 사직하고 낙향하여 두동마을 옛집에 살면서 쓴 시이다. 옛집의 정경과 이 집에서 살아가는 맛과 자신의 심사가 잘 나타나 있다.

사실 그가 낙향한 것은 원로대신들과의 불화 때문이었다. 고봉은 그의 말 대로 거친 성정에, 호오 시비好惡 是非가 너무나 분명하여 주변에 그를 못마땅하게 여기는 대신들이 많을 수밖에 없었다.

〈유거잡영〉시는 얼핏 보면 고향집에 와서 유유자적하는 모습을 그린 것으로 보이나, 자세히 들여다보면 속인들이 나를 안 알아주니 이제는 낙향하여 책 읽고 제자 키우며 살겠다는 다짐이기도 하다.

이 시들을 읽어 보면 고봉의 집 주변에는 대나무와 소나무 그리고 국화가 심어져 있음을 알 수 있다. 마치 도연명의 시 〈귀거래사〉에 나오는 세 갈래 길에 심은 나무와 꽃과 같다. 원래 삼경三逕은 한나라의 연주자사 장후가 왕망이 집권하자 벼슬을 그만두고 향리인 두릉에 은거하면서 정원 안에 소나무 · 대나무 · 국화가 심어진 세 갈래 좁은 길을 만들어 놓고 구중과 양중이라는 친구만 오게 하여 놀았다는 고사故事에서 나온 말이다.

그러면 고봉의 결혼생활로 화제를 돌려보자. 그는 나이 24세 되던 해 1550년 8월에 이 집에서 첫 아들 효증을 낳는다. 고봉은 부인 이씨와 4남 3녀를 두었는데, 1남 2녀는 어려서 죽어 3남1녀 만 남았다. 고봉 기대승이 퇴계 이황에게 보낸 1564년 2월1일 편지에 보면 1563년 섣달 초순에 둘째 아이가 병으로 죽었다는 기록이 나온다. 고봉은 그 편지에서 일곱 살인데 뭐든지 빨리 깨우쳐 사랑스러웠는데 갑자기 아이를 잃었다고 적고 있다.

장남 효증孝曾은 일찍부터 재명才名이 있어 진사進士에 올랐으며 벼슬은 첨정僉正에 이르렀다. 그 다음이 효민孝閔과 효맹孝孟이다. 딸은 김인후의 손자 김남중金南重에게 시집갔는데, 정유왜란丁酉倭亂때 왜적을 만났으나 굴욕을 당하지 않고 죽었다.

고봉과 아내 이씨 부인과는 사랑이 각별하였던 것 같다. 〈국역 고봉전서〉에는 그가 아내에게 바친 시 한수가 있다. "취중에 아내에게 주다醉中細君"가 그것이다.

취중에 아내에게 주다 醉中細君

백년도 이제는 꿈속만 같으니	百歲如今醉夢間
기쁘게 놀면 어느 곳이 편안치 않겠나.	歡遊何處不清安

밤이면 등잔불 그대와 함께하여 　　夜來燈火唯君共
속마음 나누면서 만년에 한가롭게 보내오리. 　　細討幽期卜晩閑

이 시는 그가 말년에 낙향하여 시골집에서 지은 시 같다. 취중진담이라고 한다. 고봉은 맨 정신으로는 낯간지러워서 아내에게 사랑한다는 말을 못한다. 술 취한 김에 술을 핑계 삼아 아내에게 사랑을 표현하고 있다.

세군은 중국 한나라의 동방삭이 자기 아내를 부르는 애칭이다. 동방삭이란 인물은 고개를 삼천 번 이상 굴러서 오랫동안 장수한 삼천갑자 동방삭이다. 그동안 고생이 많은 아내와 함께 늘그막에 편안하게 오랫동안 잘 지내겠노라는 고봉의 속마음이 담긴 정이 넘치는 시이다.

06

물재공 유허비와 오남재,
그리고 고봉 부모의 묘소에서

물재공 유허비와 오남재

다시 용동마을을 간다. 먼저 간 곳은 덕성군 물재공 유허비이다. 이곳을 여러 번 왔지만 이번에는 덕성군물재기공유허비德成君勿齋奇公遺墟碑 뒷면을 자세히 본다. 거기에는 기진奇進의 가계와 생애 그리고 자식에 대한 이야기가 적혀 있다. 그의 생애와 자식 이야기는 이미 언급하였으므로 기진의 가계에 대하여 이야기 하고자 한다. 물재공 기진의 증조부는 기건奇虔인데, 그는 문종 때에 대사헌을 역임한 청백리였으나 단종이 폐위되자 벼슬을 버리고 야인생활을 하였다. 세조가 다섯 번이나 출사를 권하였지만 끝내 조정에 나가지 않은 절의파이었다. 그의 부친 기찬奇襸도 홍문관 응교 벼슬을 하였다.

물재공 유허비를 보고나서 오남재로 향한다. 오남재는 넓은 주차 공간 옆에 있는 기와집이다. 담장도 'ㄷ' 자로 되어 있고 건물도 세 채이다. 대

오남재의 편액.

문에는 '행주기씨 덕성군 문중' 이라는 간판과 '임곡 용동길 96 신룡동 428' 이라고 주소가 붙어 있다.

오남재로 들어갔다. 오남재는 네 칸 집이다. 물재공 기진이 이 집을 짓고 '내가 드디어 남쪽으로 내려 왔다' 는 것을 기념하기 위하여 지은 집의 당호가 오남재이다.

오남재 마루위에서 한문 편액 하나를 보았다. 이것이 바로 고봉의 부친 물재공이 자식들에게 훈계한 글 〈과정기훈過庭記訓〉이다. 그러면 〈국역 고봉전서〉에 실린 글을 읽어 보자.

과정기훈過庭記訓

내가 어릴 때부터 정훈庭訓 아버지의 교훈**을 받아 오늘에 이르렀으니, 이제는 이룬 것이 있음직한데도 기질이 낮고 용렬하여 어리석기가 처음과 같으니 생각하면 슬**

프기 그지없다. 지나간 일은 지금 어찌할 수 없지만 앞으로 힘쓰지 않을 수 있겠는가. 일찍이 말씀하시기를 "소씨邵氏 소백온 邵伯溫에게도 《문견록聞見錄》이 있었다. 학자들은 모름지기 듣고 보는 대로 기록하여 잊지 않도록 대비해야 한다." 하셨다. 이에 들은 것을 기록하여 조석으로 완미하려 한다. 아버지께서 일찍이 이렇게 말씀하셨다.

○ 학문을 하는 데는 모름지기 부지런해야 하고 또 반드시 외어야 하며 슬쩍 지나쳐버려서는 안 된다. 읽으며 생각하고 생각하며 짓곤 하되 모두 부지런히 해야 하며 또 그 중에 한 가지도 폐해서는 안 된다.

○ 내가 너희들에게 학문을 힘쓰게 하고자 한 것이 어찌 작록爵祿을 바라서 그러겠느냐. 바로 너희들로 하여금 어버이에게 효도하고 형제간에 우애하여 다행히 조상을 욕되게 하지 않게 하고자 해서일 뿐이다.

○ 이 세상에 살면서 모든 사람들과 행동을 너무 달리해서는 안 된다. 다만 모름지기 마음에 부끄러움이 없도록 하는 것이 옳다. 요컨대 순수한 태고太古로 마음가짐을 하고 자연스러움으로 몸가짐을 하는 것이 매우 좋다. 나는 너희들에게 연못에 가서 고기 낚고 산에 가서 땔나무 하고 거친 밭 매 가꾸어 어버이를 섬기게 하려고 하는데, 남이야 뭐라고 하든 무슨 걱정이 있겠느냐.

○ 내가 어렸을 적에 집이 가난하여 어머니께서 몹시 고생하시면서 나를 길러주셨다. 그래서 매양 어서 입신출세하여 이 망극한 은혜를 보답하겠다고 생각해왔었는데, 이 뜻을 이루기도 전에 어머니가 먼저 세상을 떠나셨으므로 이것이 나의 영원한 슬픔이 되어버렸다. 너희들은 오늘날 잘 먹고 잘 입고 살면서 왜 공부를 하지 않느냐? 내가 자경子敬 복재 기준奇遵의 자과 가장 우애로워 항상 한 이불을 같이 덮고 누워서 "우리 형제가 모름지기 한 구석을 담당해야 할 것이

다."고 했었다.

○ 항상 천문도天文圖를 모사模寫하고, 또《자치통감資治通鑑》을 베껴서 기예技藝에도 두루 통하여, 거의 한 가지라도 얻은 것이 있기를 기하고자 했었다.

○ "우리들이 뜻을 얻으면 의당 다른 궁핍한 이들을 구휼할 것이고 만일 뜻을 얻지 못하더라도 남의 구휼을 받지는 않겠다."고 하였는데, 불행하게 자경子敬은 죄를 얻어 유배되었고 나는 또한 떠돌아다니느라 한 번도 그 뜻을 이루지 못하였으니, 한탄을 금할 수 없다. 너희들은 이 뜻을 알아야 한다.

○ 지금 세상에는 학문을 강구하지 않아, 한때는 서로 좋게 지냈다가도 뒤에는 도리어 곤욕을 보이곤 하니, 말을 하자면 한심하기 그지없다. 부디 함부로 친구를 사귀지 말라. 요컨대, 친구는 없을 수는 없지만 또한 사귐을 삼가지 않아서는 안 된다.

○ 벼슬길의 풍파는 매우 두려운 것이다. 자기의 뜻을 행하기도 전에 재앙이 이미 따르게 되는 것이니, 다만 잘 헤아려서 가고 오고하는 것이 좋으나, 그것도 은거하는 것만은 못하다.

○ 주자朱子는 벼슬한 날짜가 겨우 40여 일밖에 되지 않았으니, 학자들은 또한 이 뜻을 반드시 알아야 한다. 진실로 자기의 뜻을 행하려면 일개 현縣만으로도 충분할 것이다.

〈국역 고봉 전서 1권〉에서 인용

매우 가슴 뭉클한 가훈이다. 가훈은 가문의 명예와 영광을 위하여 집안 대대로 내려오는 가르침이다. 중국의 〈안씨가훈〉을 읽은 적이 있다. 안씨가훈을 읽고서 이 가르침이 세상을 올바르게 그리고 모나지 않고 오래 사는 지혜라고 느끼었다. 물재공 기진의 가훈 또한 단순하게 고봉 선생에 국한 되는 것은 아니리라. 조용헌 교수가 그의 책 〈오백년 내력의 명문가 이야기〉에서 언급하였듯이 이 가훈이 기씨 가문의 노블레스 오블리주를 이루는 기저가 되었으리라.

고봉 부모의 묘소를 찾아서

다음으로 가는 곳은 고봉 부모 묘소이다. 고봉 부모 묘소는 오남재 뒷산에 있다. 오남재 뒷길을 따라 계속 올라가면 소나무가 삼면에 심어져 있고 묘소가 여러 개 있다. 이 중에 문인석과 석주가 있고 옆에 단이 하나 있는 곳 바로 옆에 묘 두 봉이 나란히 있다. 바로 고봉의 아버지 물재공 기진과 어머니 진주강씨 묘이다. 묘 옆에 있는 단은 물재공의 첫 번째 부인 방씨 단이다.

고봉은 1555년 정월 보름 그의 나이 29세에 부친상을 당한다. 그때 물재공 기진1487–1555의 나이는 68세이었다. 부인 강씨1501–1534와 사별한지 21년 동안 홀로 지내면서 세상 풍파를 다 겪고 한 많은 세상과 이별을 한 것이다. 고봉이 쓴 묘기墓記에 보면 부친 물재공은 1487년 12월에 태어났고 6세에 그의 부친고봉의 조부을 잃었다 한다.

한편 장성에서 살았던 큰 선비 하서 김인후1510–1560의 문집인 〈하서전집 : 중 p361–362〉에는 그가 지은 '기상사 진 만사 2수' 가 있다.

기진의 별세를 애도하는 5언 율시 만시 2수를 살펴보자

제1수

아우와 함께 학업을 쌓았었는데
풍파의 이별이라 한이 길구려.
궁한 운명이 장한 뜻을 저버렸으니
낮은 벼슬 어버이를 위한 것이라오.
경서와 역사책으로 천고를 꿰뚫어 보고
영고는 온갖 꽃을 어루만지네.
부질없이 계산溪山에 흥을 부치니
백년이 바쁘다는 것을 알 까닭이 있소.

제2수

늘그막에 촌구석에 은둔하였으나
한정부閒情賦를 읊은 적이 몇 해 이던고.
아들 가르친 시는 훈계에 족하고
몸가짐은 모두 다 본받을 만 해

구름을 바라보며 낮에 졸았고
눈 속에 산 헤매며 황정을 캤네.
남가의 꿈속남가일몽에 한 번 들어가니
천추에 다시 밝지 못하리로다.

이 시는 1수에는 기진의 아우 기준과의 이야기, 2수에는 기진의 은둔적 삶과 아들 기대승 이야기가 나온다. 김인후와 기준과는 특별한 인연이 있다. 하서 김인후가 9살1518년때 중종 임금의 총애를 받은 교리 기준이 장성 맥동마을에 들러서 하서를 만났는데 그때 기준이 김인후에게 임금님의 붓을 주었다 한다. 나중 일이지만 하서집안과 고봉 집안은 사돈을 맺는다. 하서의 손자 김남중과 고봉의 딸 기씨가 혼인을 하였다.

하서는 기진의 은둔적 삶을 도연명의 삶에 비유하고 있다. 한정부閒情賦는 벼슬을 마다하고 귀거래한 진나라의 은일시인 도연명365-427이 시골에서 지은 시이다.

한편 〈국역 고봉전서〉에는 물재공 묘기와 부인 진주강씨에 관한 묘 이장 내역이 기록되어 있다. 물재공이 별세하자 고봉은 먼저 돌아가신 모친 묘에 쌍분으로 합장하려고 하였단다. 그런데 땅을 파자 물이 나와서 자리를 옮기고 1555년 3월에 집 뒤에 묘를 썼다. 그리고 다음해인 1556년 3월에 모친 묘를 부친 묘 오른쪽에 이장하였다.

고봉 부모의 묘는 왼쪽이 부친 물재공 묘이고 오른쪽이 모친 진주강씨묘인데 가운데에 비가 세워져 있다. 비의 한 줄에는 '증贈 순흥보작공신 숭정대부 의정부 좌찬성 겸 판의금부사 덕성군 행장사랑 경기전 참봉 기진奇進지묘' 또 한 줄에는 '정경부인 진산강씨부우祔右' 라고 적혀 있다.

경기전 참봉慶基殿 參奉이라. 경기전은 전라북도 전주시에 있는 태조 이성계의 영정을 봉안 한 곳인데 관원으로 종5품 영 1명과 종9품 참봉 1명을 두었다 한다. 그는 재상의 천거로 1527년에 경기전 참봉에 제수되었으나 실제 부임하지는 않았다. 기진은 별세 후 의정부좌찬성 덕성군을 증贈받았다.

그 옆에 '증 정경부인 남양방씨 신위단' 이라는 비가 하나 더 있다. 물재공의 전처인 방씨의 신위이다. 원래 방씨는 충청북도 청주시 수신리에 묘가 있어 고봉이 가끔 성묘를 하였는데 나중에 묘를 잃어 버려서 기씨 문중에서 1965년에 단을 세운 것이다.

고봉 부모의 묘위에는 기진의 장손인 기효분 부부의 묘가 있다. 고봉의 형 기대림의 큰 아들이 여기에 묻혀 있다.

그들은 평소 살던 집 뒷동산에서 저승에 가서도 고봉이 잘 지내기를 기원하였으리라.

광주광역시 광산구 신룡동 용동마을 오남재 뒷산 중턱에 모셔진 고봉 부모의 묘소.

07

퇴계와 고봉, 소통하다

13년간의 편지

퇴계와 고봉, 13년간 편지를 주고받다

오남재에서 낙암으로 가는 길을 걸으면서 퇴계 이황과 고봉 기대승의 만남에 대하여 생각한다. 퇴계와 고봉은 1558년 10월에 처음 만난 이후 퇴계가 1570년 12월 8일 퇴계가 별세할 때까지 13년간 백 여 통 이상의 편지를 주고받았다. 물론 여기에는 조선 유학사에서 가장 큰 논쟁인 사단칠정논변 편지도 들어 있다.

고봉 기대승은 1558년명종13년 10월 서울 서소문에 있는 이황의 집에서 퇴계를 처음 만난다. 그 때 고봉의 나이는 32세이었고 퇴계는 고봉보다 26세 많은 58세 이었다. 그 당시 퇴계는 지금의 국립대학교 총장인 성균관 대사성이었고 고봉은 이제 막 과거에 급제한 벼슬 없는 백면서생이었다.

13년간의 편지소통은 퇴계가 먼저 시작한다. 퇴계는 고봉에게 첫 편지를 보낸다.

명언明彦에게 절하고 답함. 기 선달奇先達 앞

병든 몸이 문 밖을 나가지 못했는데 어제 찾아 주어 만나고 싶어 하던 소원을 이루었으니 얼마나 다행인지 모르겠습니다. 몹시 고맙기도 하고 매우 부끄럽기도 하여 뭐라고 드릴 말씀이 없습니다. 내일 남행南行은 결정하셨습니까? 겨울철에 먼 길을 떠나는 데는 몸조심이 상책입니다. 덕을 높이고 생각을 깊이 하여 대업大業을 궁구하기를 간절히 바라며 이만 줄입니다. 황滉.

1559년 1월 5일에 퇴계는 고봉에게 두 번째 편지를 보낸다. 퇴계는 고봉을 만난 이후 선비들 사이에서 사단칠정에 대한 논란이 분분함을 알게 된다. 그래서 퇴계는 사단칠정에 대한 해석에 고심을 하고 스스로 수정을 한 편지를 보낸 것이다. 이 편지에서 사단칠정론에 관한 부분을 읽어 보자

퇴계가 고봉에게 준 글, 절략節略

선비들 사이에서 그대가 논한 사단칠정설四端七情說을 전해 들었습니다. 나의 생각에도 스스로 전에 한 말이 온당하지 못함을 병통으로 여겼습니다마는, 그대의 논박을 듣고 더욱 잘못되었음을 알았습니다.

그래서 이것을 "사단四端이 발發하는 것은 순리純理이기 때문에 언제나 선善하고

칠정七情이 발하는 것은 겸기兼氣이기 때문에 선善·악惡이 있다."라고 고쳤는데, 이렇게 하면 괜찮을지 모르겠습니다.

1559년 8월14일에 고봉은 퇴계에게 사단칠정론에 이의를 제기하는 편지를 보냈고, 이후 두 사람은 1566년 11월까지 8여 년 간에 치열하면서도 심오한 사단칠정논쟁을 벌였다. 그리고 1570년 11월17일 퇴계가 고봉에게 보낸 편지를 마지막으로 두 사람의 소통은 마무리된다.

퇴계 이황, 그는 누구인가?

그러면 여기에서 퇴계 이황李滉 1501–1570에 대하여 알아보자.

천원권 화폐에 있는 퇴계 초상화

퇴계 이황. 우리는 일상에서 그를 자주 본다. 그는 천원 권 지폐를 통하여 우리에게 너무나 친숙한 조선의 유학자이다. 천원 권 지폐 앞면을 살펴보자. 오른쪽에 '퇴계 이황1501–1570' 이라고 적힌 작은 글씨와 함께 그의 초상화가 있고 왼쪽에는 위에 매화나무가 아래에 명륜당이 그려져 있다. 화폐의 뒷면에는 산수화와 도산서당으로 추측되는 집이 그려져 있고 집안에는 선비 한사람이 있다. 천원 권 지폐에는 명륜당, 매화. 도학자. 도산서당, 산수화 이런 것이 어우러져 퇴계의 브랜드를 잘 설명해주고 있다.

먼저 이긍익의 〈연려실 기술〉에서 퇴계의 약력을 알아보자.

> **이황**李滉**은 자는 경호**景浩**이며, 호는 퇴계**退溪**요, 본관은 진보**眞寶**로서 온계**溫溪 **해**瀣**의 아우이다. 신유년**1501**에 나서 중종 무자년에 진사가 되고 갑오년에 문과에 급제하여 벼슬이 좌찬성·판중추부사에 이르렀고, 영의정에 추증되었으며, 시호는 문순**文純**이다. 경오년**1570**에 죽으니 나이 70세였다. 선조 묘정**廟庭**에 배향되고 문묘**文廟**에 종향**從享**되었다.**

매우 간략한 설명이다. 필자가 관심을 가지는 것은 퇴계라는 호와 인간 퇴계의 모습이다.

먼저 퇴계라는 호의 내역을 살펴보자. 이황은 1545년 을사사화 후 병약病弱을 구실삼아 모든 관직을 사퇴하고, 46세1546년가 되던 해 낙동강 상류 토계兎溪 또는 土溪 지금의 안동시 도산면 토계동의 동쪽 바위 위에 양진암養眞庵을 짓고 독서에 열중하였다. 이때 실개천 토계의 토兎자를 퇴退 자로 고치고, 자신의 호를 삼았다.

퇴계라는 호의 의미를 가장 잘 나타내 주는 것은 그가 지은 오언절구 한 시이다.

몸이 벼슬에서 물러나니 어리석은 내 분수에 편안한데	身退安愚分 (신퇴안우분)
학문은 퇴보하니 늘그막이 걱정스럽네.	學退憂暮境 (학퇴우모경)
이 시냇가 곁에 비로소 거처를 정하니	溪上始定居 (계상시정거)
흐르는 물 굽어보며 나날이 반성하네.	臨流日有省 (임류일유성)

안동시 도산면의 퇴계 종택 앞에는 이 시가 적힌 비가 있다.

안동시 도산면 퇴계 종택 앞에 있는 퇴계 시비

이 시를 읽으면서 은퇴와 출세 그리고 학문 공부에 대하여 생각하여 본다. 고금을 막론하고 출세하고 싶고, 이름을 남기고 싶으며, 잘 먹고 잘 살기 싫은 사람이 어디 있으랴. 그렇지만 그런 욕망은 화무십일홍이다. 진정으로 역사에 이름을 남기는 일은 정진하고 의연하며, 추하게 살지 않으면서 무엇인가 한 가지를 이루는 것이다.

이제 퇴계의 삶에 대하여 알아보자. 퇴계는 1501년 11월25일 경상도 예안현 온계리, 지금의 경상북도 안동시 도산면 온혜리에서 태어났다. 퇴계 태실은 원래 퇴계의 조부가 살 던 곳인데 지금은 "진성이씨 온혜 종택"이 되었다.

퇴계의 부친은 진사 이식이고 모친은 춘천 박씨이다. 퇴계는 8남매7남1녀 중 막내아들로 태어났다. 원래 그의 아버지는 의성김씨와 결혼하여 3남1녀를 두었다.그 중 1남은 일찍 죽었다 부친은 첫 부인이 별세하자 다시 춘천박씨와 재혼하여 4형제를 두었다. 이 중 막내아들이 바로 이황이다.

그런데 그의 아버지 찬성공 이식은 퇴계가 태어난 지 7개월 만에 병을 얻어 별세한다. 그때 부친의 나이 마흔이었다. 이 당시 어머니 박씨는 32세였는데 전실 소생과 자기가 낳은 자녀 7남매를 혼자서 키워야 했다.

퇴계의 어머니는 농사와 누에치기를 하며 가족의 생계를 이끌어 갔고 가난 속에서도 자식들을 공부시키었다. 어머니 박씨는 "흔히 세상에서는 과부 자식들은 배우지 못할 것이라고 욕들을 하는데 너희들이 남보다 백 배 이상 노력하지 않으면 어찌 이 허물을 벗을 수가 있겠느냐"며 행실을 바르게 할 것을 경계하였다. 그만큼 퇴계는 어머니로부터 엄한 가정교육을 받고 자랐다.

퇴계는 12세에 작은 아버지 이우李堣로부터 《논어》를 배우고, 14세 때부터 혼자 독서하기를 좋아하였다. 특히 도연명陶淵明의 시를 사랑하고 도연명을 흠모하였다 한다.

19세에 이황은 성리학에 상당히 심취하였나 보다. 그가 지은 심사心事 시를 읽어보자.

유독 초당의 만 권 책을 사랑하여	獨愛林廬萬卷書
한결같은 심사로 지내온 지 십여 년	一般心事十年餘
근래에는 근원의 시초를 깨달은 듯	邇來似與源頭會
내 마음 전체를 태허太虛로 여기네.	都把吾心看太虛

이황은 20세에 침식을 잊고 주역 공부에 몰두한 탓에 건강을 해쳐서 그 뒤로부터 병이 많은 사람이 되었다 한다.

퇴계는 가정적으로 불운하였다. 두 부인과 사별하였고 아들을 먼저 보내야 했다. 그는 21세에 부인 허씨에게 장가들어서 23세에 아들 준寯이 출생하였고 27세에 둘째 아들 채寀가 출생하였으나 첫 부인 허씨가 산후통으로 죽었다. 30세에 이황은 다시 권질의 딸 권씨에게 장가를 간다. 권씨 부인은 정신 질환이 있는 여인이었다. 그녀의 아버지 권질은 권전의 형이었는데 권전은 기묘사류己卯士類로서 안처겸의 옥사에 연루되어 죄를 입고 죽었다. 권질도 연좌되어 사화를 당한다.

그런데 둘째 부인도 퇴계의 나이 46세에 죽고, 둘째 아들 채도 혼인을 앞두고 1548년에 죽는 불행을 겪는다.

퇴계는 그의 나이 34세 되던 해인 1534년에 과거에 급제하고 승문원 부정자로 벼슬살이를 시작한다. 그는 43세까지는 비교적 순탄하게 중앙정계에서 벼슬살이를 하였다.

1543년 10월, 43세의 이황은 종3품인 성균관사성으로 승진하자 성묘를 핑계 삼아 고향으로 내려간다. 순탄하게 벼슬을 하던 퇴계가 낙향을 결심하게 된 것은 이미 어지러워진 조정의 분란 때문으로 보인다. 이 당시 세자 인종의 외척과 명종의 친어머니 문정왕후 외척 간에 갈등이 표면화하려는 조짐이 있었고, 성균관 친구인 하서 김인후1510-1560의 낙향도 그에게 영향을 주었다.

1545년 을사사화 후에 이황은 윤원형의 오른 팔인 권신 이기李芑에 의해 관직을 삭탈당하기도 하였으나 곧 복직되었다. 이후 그는 병을 구실삼아 모든 관직을 사퇴하고 고향으로 내려간다. 문정왕후가 섭정을 하면서 외척 윤원형이 득세하였고, 봉은사 주지 보우가 병조판서로 등용되는 등 불교가 대접받고 유학이 괄시를 받았다. 이런 분위기에서 인의와 지치의 세상을 기대하기는 어려웠을 것이다.

이황이 46세가 되던 1546년, 이황은 고향인 낙동강 상류 토계兎溪의 동암東巖에 양진암養眞庵을 얽어서 독서에 전념한다. 이때 토계를 퇴계退溪라 개칭하고, 자신의 아호로 삼았다. 불행하게도 이 해에 둘째 부인 권씨가 세상을 떠났다.

퇴계는 48세에 충청도 단양군수가 되었다. 단양군수가 된지 얼마 되지 않아 둘째 아들 채寀가 세상을 떠났다. 그는 정혼하여 결혼을 앞두고 있었다. 그런데 퇴계는 둘째 아들과 정혼한 며느리를 다른 곳으로 시집가도록 하였다. 당시로서는 도저히 있을 수 없는 파격적인 행동이었다.

단양에서의 근무는 9개월로 끝났다. 일설에는 이 시기 퇴계는 관기 두향과 애틋한 로맨스를 나누었다 한다. 도학자 퇴계와 기생 두향의 사랑 이야기는 최인호의 장편소설 〈유림 3권〉에 자세히 나와 있다.

그는 다시 풍기군수로 근무한다. 1549년 12월에 그는 조선 최초의 사액서원賜額書院인 소수서원紹修書院을 마련하였다. 전임군수 주세붕은 송나라의 주자가 백록동서원白鹿洞書院을 부흥한 선례를 좇아서 고려 때 유학자 안향이 공부하던 곳에 백운동서원을 세웠다. 그런데 퇴계는 이 서원에 편액扁額 · 서적書籍 · 학전學田을 하사하여 줄 것을 경상감사를 통하여 조정에 청원하여 실현을 보게 되었다.

경상 감사가 조정에 보고하니, 조정에서는 서원의 이름을 소수서원이라 하고, 대제학 신광한을 시켜 기문記文을 짓게 하였고, 사서오경과 성리대전 등의 책을 내려 주었다.

이 일이 있은 후 이황은 경상감사에게 세 번이나 사직서를 올려 관직에서 해임해 주기를 청하고, 회답을 기다리지 않은 채 고향으로 돌아왔다. 50세가 되던 새해에 경상감사는 퇴계가 함부로 임지를 버리고 갔다 하여 두 계급 강등처분을 내렸다.

고향에 돌아온 퇴계는 퇴계 서쪽에 한서암寒栖菴을 지었다. 그런데 퇴계는 큰 슬픔을 맞는다. 형 이해李瀣가 귀양 가는 도중에 별세하였다는 부음을 듣는다.

이해李瀣 1496-1550년는 작은아버지 우堣에게 이황과 같이 글을 배웠다. 그는 1525년에 진사가 되었고, 1528년 식년문과에 급제하여 1533년에 사간 · 정언 등을 거쳐 1541년 직제학에 올랐으며, 이어 좌승지 · 도승지 등을 역임하였다. 1544년에 그는 대사헌 · 대사간 · 예조참판을 지내고, 이해에 또 다시 대사헌이 되었다. 이해李瀣는 인종이 즉위한 뒤에도 계속 대사헌으로 있었는데 권신 이기李芑가 우의정에 발탁되는 것을 반대하였다. 이기李芑는 그를 원망하였는데 이 일이 나중에 화근이 된다.

1545년명종 즉위에 이해李瀣는 강원도관찰사, 1547년에 황해도관찰사, 1549년에 충청도관찰사를 거쳐 1550년에는 한성부 우윤이 되었다.

그런데 그는 명종의 외삼촌 윤원형의 최측근 이기의 심복인 사간 이무강의 탄핵을 받아 무고사건에 연루된다. 그때 주위사람들이 권세에 거짓으로 굴복하면 화를 모면할 수 있다고 그에게 권하였으나 그는 거절한다. 다행히도 명종이 그의 결백함을 알고 특별히 갑산에 귀양 보내는 것으로 그쳤으나, 곤장을 맞고 귀양 가는 도중에 양주에서 별세하였다.

이때부터 이황은 은퇴를 더욱 결심한 것 같다. 그러나 세상은 그를 그냥 가만두지 않았다. 52세 때 그는 성균관 대사성에 임명된다. 품계를 뛰어넘어 발탁된 것이다. 3년간을 대사성으로 근무한 퇴계는 55세 되던 해에 병으로 세 번 사직하고 고향으로 돌아간다.

이후 그는 다시 58세인 1558년 7월에 명종의 부름에 별 수 없이 서울로 가서 성균관 대사성과 공조참판에 임명되었다. 이때 퇴계와 고봉은 서울 서소문의 저택에서 처음 만나고 사단칠정논변의 시작과 함께 13년간의 소통이 이루어진 것이다.

1558년부터 1570년, 13년간의 조선
– 퇴계와 고봉의 행적을 중심으로

1559년 2월에 퇴계는 다시 안동으로 내려간다. 명종임금은 그를 수차례 불렀으나 사직 상소를 올리고 안동에 머물면서 후학을 양성한다. 1561년. 퇴계의 나이 61세에 드디어 도산서당陶山書堂이 준공된다.

퇴계는 서당이 준공되자 너무 좋아서 시를 지었다.

도산서당

순임금 친히 질 그릇 구우니
즐겁고 또 편안하였으며
도연명 몸소 농사지으니
또한 얼굴에 기쁨 넘치네.

성인과 현인의 마음 쓰는 일
내 어찌 터득하리오만,
흰 머리 되어 돌아와
<시경>의 <고반 시> 읊어보네.

대 순 친 도 낙 차 안
大舜親陶樂且安
연 명 궁 가 역 환 안
淵明躬稼亦歡顏
성 현 심 사 오 하 득
聖賢心事吾何得
백 수 귀 래 시 고 반
白首歸來試考槃

퇴계는 순임금과 같은 성인과 도연명 같은 현인의 삶이 부러웠나 보다. 퇴계는 '순임금이 하수의 가에서 도산서당의 도陶자와 같은 뜻의 도자기를 구우며 즐거워한 것과 도연명이 귀거래 하여 은자의 삶을 즐긴 것을 나 같이 어리석은 이가 어찌 알 수 있을 것' 인가 하고 겸손해 한다.

도산서당은 방이 두 칸이고 마루가 하나이다. 완락재玩樂齋는 퇴계가 기거한 방이고 암서헌巖栖軒은 제자를 가르치는 마루이다.

완락재는 겨우 한 사람이 지낼 정도로 좁은데 벽에 서가書架가 설치되어 있다. 완락재는 '완상하여 즐기는 방'이라는 의미인데 퇴계가 지은 시를 음미하여 보자

완락재

경敬을 주로 함은 또한 모름지기
의義를 모으니 공부이니
잊지도 말며 돕지도 말고
차츰차츰 두루 통달하여야 하네.

꼭 태극이 염계의
오묘함에 도달한다면
비로소 믿겠네. 천년에
이 즐거움 똑같음을

맹자가 말한 임금과 신하 사이의 공경함을 주장함은 모름지기 호연지기의 의를 모으는 공부이니, 이런 학문에 두루 통달하여야 한다. 염계 주돈이가 지은 태극도설 같은 오묘한 경지에 도달하는 즐거움에 빠지고 싶다.

이 시 내용 자체가 퇴계의 마음이다. 퇴계의 학문하는 의지가 담겨있다. 암서헌은 '바위에 깃든 집' 이라는 의미이다. 퇴계의 시를 읽어보자.

암서헌

증자는 안연 칭찬하여
찼는데도 빈 듯하다 하였고,
유병산은 끌어서 펼쳐 주었네.
회옹을 처음으로.

늘그막에 엿보고 터득하였구나.
바위에 깃든다는 의미를
널리 요약함과 못에 다달은 듯 얼음 밟듯 함.
스스로 소원해질까 걱정되네.

증 씨 칭 안 실 약 허
曾氏稱顔實若虛
병 산 인 발 회 옹 초
屛山引發晦翁初
모 년 규 득 암 서 의
暮年窺得巖栖意
박 약 연 빙 공 자 소
博約淵氷恐自疎

공자의 제자인 증자는 안연을 칭찬하여 '있는 데도 없는 것 같고, 찼으면서도 빈 듯하다' 고 하였다. 주희의 스승인 병산 유자휘1101–1147는 주희를 처음으로 이끌어 학문을 활짝 펼쳐 주었다. 늘그막에 주자의 '바위 가에 거처하며 작은 효과 드러나기 바란다.' 다는 뜻을 겨우 터득하기는 하였으나, 안연의 학문 태도인 박약문에 대해 널리 배우고 예로써 요약하는과 증자의 필생 공부방법인 연빙살얼음을 건듯이 조심하는의 가르침을 소홀히 하고 멀어질까 걱정이다. 이 시에는 퇴계가 학문하고 제자를 가르치는 태도가 담겨있다.

한편 도산서당 왼편에는 기숙사가 있다. 기숙사는 공工자 형태로 집 두 채가 연결되어 있다. 퇴계는 제자들이 공부에 열중하기를 권장하는 의미에서 기숙사를 공工자 모양으로 짓도록 하였단다.

기숙사는 모두 여덟 칸이다. 공부하던 동편마루는 시습재時習齋, 휴식하던 서편마루는 관란헌觀瀾軒, 침실은 지숙료止宿寮라고 이름 지었고 기숙사 이름은 농운정사隴雲精舍로 붙이었다.

이렇게 도산서당이 지어지자 퇴계는 아호를 '도옹陶翁'이라 하고, 서당에 기거하면서 독서 · 수양 · 저술에 전념하는 한편 많은 제자들을 가르쳤다. 도산서당에 몰려든 제자가 너무 많아 몸살이 날 정도였다.

이 시기에 퇴계는 고봉과 사단칠정논변 등 성리학이론에 대한 치열한 토론과 논쟁을 하였다.

문정왕후의 별세로 세상이 바뀌다.

1563년에 명종의 하나뿐인 아들인 순회세자가 13세의 나이로 죽었다. 그리고 1563년 8월에 심왕후의 외삼촌 이량이 유배를 간다. 이때 기대승은 이량으로 부터 삭직을 당하기도 하였으나 곧 복직이 된다.

1565년 4월에 문정왕후가 드디어 별세한다. 문정왕후는 불교를 신봉하여 국가이념인 조선의 성리학을 극도로 위축시키었다. 사림들은 외척과

안동 도산서당

훈구파의 기세를 눌러 은거하거나 조용히 지내야만 하였다. 그런데 문정왕후가 별세하자 분위기가 변한다. 외척 윤원형은 탄핵을 당하고 벼슬에서 물러나 1565년 11월에 죽는다. 이리하여 외척정치가 종지부를 찍는다.

〈명종실록〉의 사관은 이렇게 평가했다.

> **윤원형이 권력을 쥐고 뒤흔든 지 20년 사이, 조정의 정사는 혼탁했고 염치는 깡그리 쓸려버렸다. 민생은 도탄에 빠졌고 나라의 명맥은 문드러졌다. 종묘와 사직이 망하지 않는 것이 다행일 뿐이다.**

이후 명종은 퇴계를 조정에 나오도록 여러 번 불렀다. 1566년 초에 퇴계는 공조판서 벼슬을 제수 받아 안동을 떠나 서울로 가다가 예천에서 병이나 사직소를 올리고 다시 안동 도산으로 돌아 온 적도 있다. 이 때 퇴계는 도산서당에 와서 절우사에 핀 매화를 보고 너무 기뻐 시 매화시 두 수를 짓는다.

1567년에 명종은 다시 퇴계를 부른다. 별수 없이 퇴계는 6월에 서울로 올라간다. 그런데 퇴계가 서울에 머무른 지 3일후인 6월28일에 명종임금이 32세의 나이로 승하한다. 왕위를 물려줄 후계자도 없는 비운의 임금이었다. 그런데 퇴계는 명종 임금의 인산장례식도 보지 않고 안동으로 내려간다. 이때 퇴계는 사람들로부터 많은 비난을 받았고 그는 장문의 변명 편지를 고봉에게 보낸다.

명종 다음으로 선조1552-1608가 임금이 된다. 그는 중종의 일곱째 아들인 덕흥군의 셋째 아들이었다. 적통이 아닌 방계에서 16세의 나이로 임금이 된 것이다. 선조는 치세를 위하여 사림을 등용한다. 오랫동안 귀양을 살았던 노수신과 유희춘를 중용하고 퇴계도 다시 부른다. 퇴계는 몇 번 사양하다가 별수 없이 1568년 7월에 서울로 들어간다. 〈국조보감〉에는 퇴계가 도성에 들어온 것을 이렇게 적고 있다.

> **7월. 판중추부사 이황이 명을 받고 서울로 들어왔다. 이황이 부름을 받고 늦게 나왔다는 이유로 대궐에 나와 대죄待罪하니, 상이 답하였다. "지금 내가 경을 얻었으니 실로 국가의 복이다."**

이리하여 퇴계는 경연에서 강의를 하고 8월7일에 〈무진육조소戊辰六條疏〉를 올린다. 〈무진육조소〉는 68세의 노학자가 17세의 어린 임금 선조에게 가르쳐주는 제왕의 길이다.

〈무진육조소〉의 내용은 다음과 같다.

첫째, 계통繼統을 중히 하여 인효仁孝를 온전히 하소서
둘째, 시신侍臣 · 궁인들이 참소하고 이간하는 것을 막아서 명종궁明宗宮과 선조궁宣祖宮, 양궁을 친하게 하소서.
셋째, 성학聖學을 독실하게 하시어 그것으로 정치의 근본을 세우소서.
넷째, 인군人君 스스로가 모범적으로 도덕과 학술을 밝혀서 인심을 바르게 하소서.

다섯째, 군주가 대신에게 진심을 다해 접하고 대간臺諫을 잘 채용하여 군주의 이목을 가리지 않게 하소서.

여섯째, 성심省心으로 몸을 닦고 살펴서 하늘의 사랑을 받게 하소서.

선조는 이 소를 감명 깊게 읽는다. 그리고 친히 쓴 서찰로 비답을 내렸다.

"내가 소장을 보고 여러 번 깊이 생각해 보건대 경의 도덕道德이야말로 고인들에 비교하더라도 짝할 자가 적다. 이 6개 조항은 참으로 천고의 격언이요 당금當今의 급무急務이다. 내 비록 하찮은 인품이지만 어찌 가슴에 지니지 않을 수 있겠는가." (선조실록 1568년 8월 7일)

李滉以六條上疏。上答曰 : "予觀疏章, 反覆深思, 卿之道德, 質之古人, 亦鮮其倫。凡此六條, 眞千古之格言, 乃當今之急務。予雖渺末, 敢不服膺?"

이어서 퇴계는 12월초에 〈성학십도聖學十圖〉를 올린다. '성학십도'의 원래 명칭은 〈진성학십도차병도進聖學十圖箚并圖〉로 진進·차·병도의 글자를 생략하고 보통〈성학십도〉로 부른다.

이는 퇴계가 선조로 하여금 성왕聖王이 되어 선정을 베풀도록 간절히 바라는 마음에서 올린 것이며 퇴계의 유학사상을 체계화한 결정판이다. 퇴계는 물론 여러 대신들은 선조가 세자로서 군왕 교육을 받지 않고 갑자기 임금이 되었기 때문에 제왕학 공부가 필요하다고 생각한 듯하다. 특히 선조가 빠른 시기에 성리학적 통치철학을 알려면 성리학의 기본 사상에 대한 이해가 필수적이라고 퇴계는 생각하여 성학십도를 만든 것이다.

성학이란 성왕이 되는 학문이란 뜻이요, 성왕이란 곧 서양철학에서 말하는 철인의 왕자란 의미이다. 한편 성학은 유학을 지칭하기도 하는 데, 넓은 의미로 모든 사람이 성인이 되도록 하기 위한 학문으로 풀이하기도 한다.

≪성학십도≫는 서론의 내용이 담긴 〈진 성학 십도차進聖學十圖箚〉에서 시작하여 10개의 도표와 해설로 되어 있다.

10개 조목은 첫째 염계 주돈이의 〈태극도설太極圖說〉에 근거한 〈태극도太極圖〉, 둘째 횡거 장재의 〈서명西銘〉에 근거한 〈서명도西銘圖〉, 셋째 주희의 《소학小學》에 근거한 〈소학도小學圖〉, 넷째 《대학大學》에 근거한 〈대학도大學圖〉, 다섯째 주희의 백록동서원의 규약에 근거한 〈백록동규도白鹿洞規圖〉, 여섯째 정복심程復心의 〈심통성정도〉를 수정 보완한 〈심통성정도心統性情圖〉, 일곱째 공자의 인에 근거한 〈인설도仁說圖〉, 여덟째 정복심의 〈심학도〉에 근거한 〈심학도心學圖〉, 아홉째 주희의 〈경재잠〉에 근거한 〈경재잠도敬齋箴圖〉, 열째 남당 진백陳柏의 〈숙흥야매잠〉에 근거한 〈숙흥야매잠도夙興夜寐箴圖〉이다.

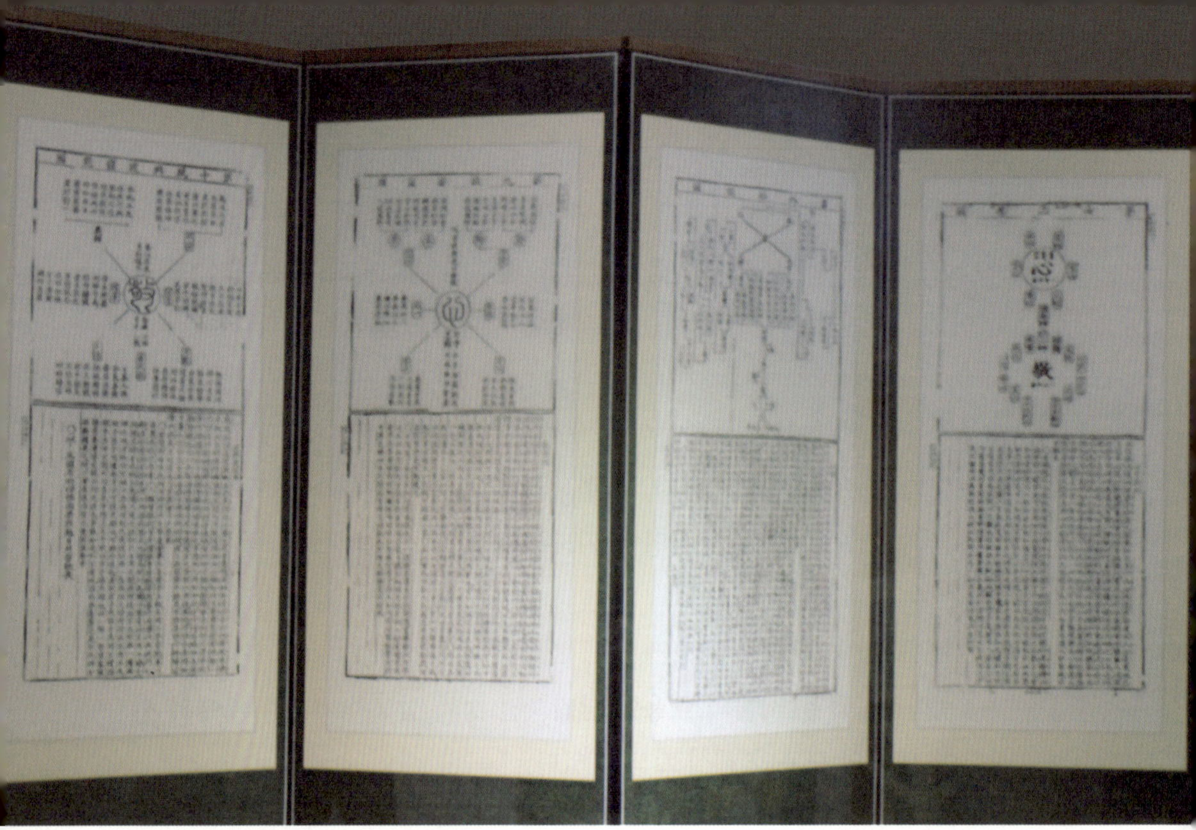

성학십도. 영주 소수서원 박물관 소장

한편 선조는 이것이 학문하는 데 매우 절실한 것이라 하여 그것을 병풍으로 만들라고 명하였고 항상 곁에 두고 이를 공부하였다.

한편 퇴계는 〈성학십도〉를 만들면서 고봉에게 잘못된 곳을 지적해 달라고 한다. 그리고 아직 사람들에게 보이지 말라는 당부까지 한다. 이에 고봉은 성학십도를 면밀하게 살펴보고 퇴계에게 의견을 보낸다.

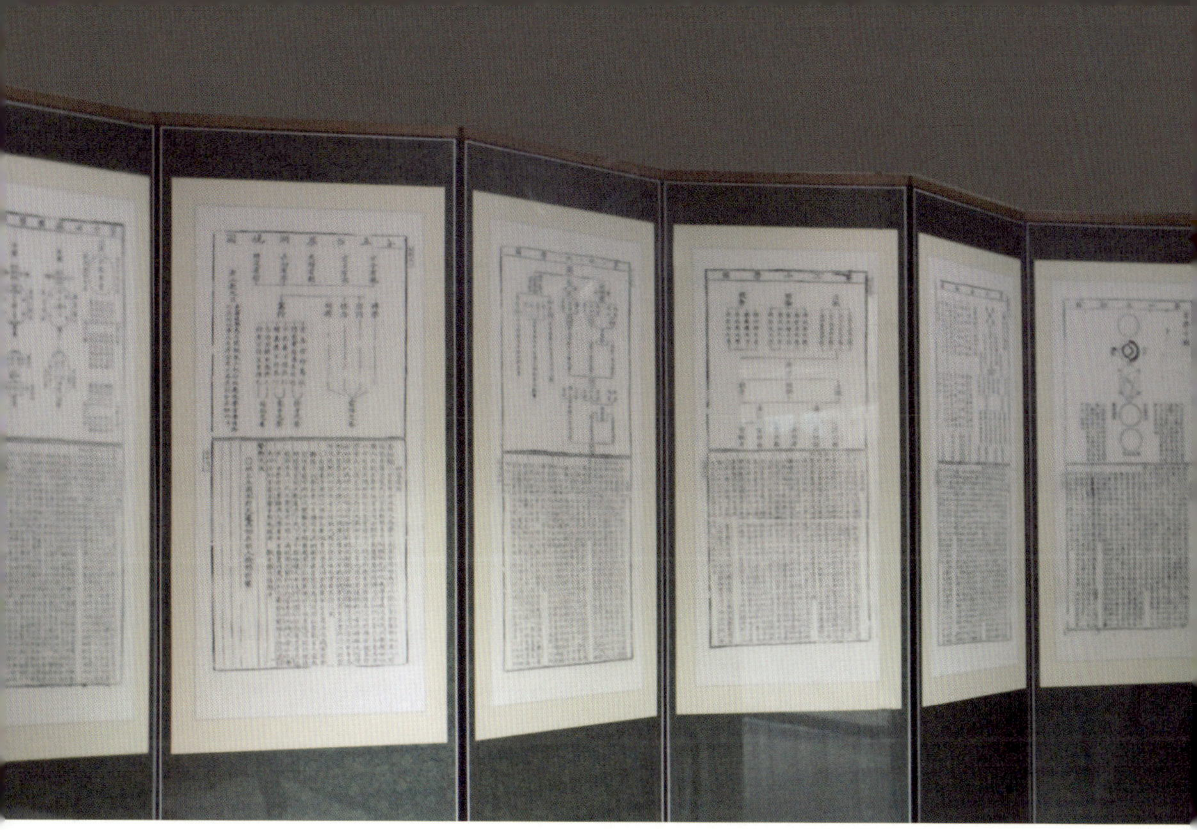

요컨대 무진육조소와 성학십도는 퇴계가 말년에 선조 임금이 내성외왕內聖外王하기를 바라는 마음에서 심혈을 기울인 역작이다. 내성외왕內聖外王! 내성은 내적인 도덕 수양을 깊게 하는 것이고 외왕은 일의 성과를 내는 것이다. 한 나라의 통치자인 임금은 자기수양도 하면서 백성을 잘 살게 하는 업적도 내야 한다. 즉 경세치용經世致用할 수 있어야 한다.

서울에서 6-7개월 생활을 한 퇴계는 다시 안동으로 내려갈 결심을 한다. 벼슬에서 물러나 후학을 양성하고 성리학을 공부하겠다는 일념이었다. 마침내, 퇴계는 1569년 3월3일 저녁에 야대청夜對廳에 입대하여 선조에게 물러갈 것을 빌어서 허락을 받는다. 선조는 퇴계에게 머물 것을 재삼 권하였으나, 퇴계는 물러갈 것을 더욱 간절하게 비니, 임금이 "경이 이제 돌아간다면 말하고 싶은 것이 있지 않겠는가?" 하면서 여러 가지 이야기를 오랫동안 하였다.

이 날의 이야기를 선조실록을 통하여 그 정황을 알아보자.

선조 3권, 1569년 3월 4일

이황을 인견하자 출처의 도리, 정치의 요지, 학문의 방도를 두루 진달하다

상이 야대청夜對廳에 나아가 이황을 인견引見하고는 아뢰고 싶은 말이 있느냐고 물으니, 이황은 출처出處의 도리, 정치의 요지, 학문의 방도를 두루 진달하고 국조國朝의 일과 인재를 임용하는 일에 대해서도 언급하였다. 상이 이르기를,

"학문하는 사람 중에 아뢸만한 자가 있지 않은가? 어려워하지 말고 말하는 것이 옳을 것이다." 하니, 이황이 아뢰기를,

"그 일은 말씀드리기 어렵습니다. 학문에 뜻을 둔 사람이 지금 어디 한 두 사람뿐이겠습니까. 옛날에 어떤 사람이 정자程子에게 묻기를 '문인門人들 중에 누가 학문의 도 道를 얻었는가?' 하자, 정자는 '얻은 사람이 있다는 것은 쉽게 말할 수 없다.'고 하였습니다. 그 당시에 유작游酢 · 양시楊時 · 사양좌謝良佐 · 장역張繹 · 이유李籲 · 윤돈尹焞 등 많은 사람이 있었는데도 얻은 사람이 있다고 말하지 않았는데, 더구나 신이

임금을 기만하면서까지 아무개가 얻은 바가 있다고 아뢸 수 있겠습니까. 그 가운데 기대승이 문자文字를 많이 보았고 이학理學에도 조예가 가장 높으니 통유通儒니다. 다만 그는 수렴收斂 공부가 부족한 것이 미진한 점인데 소신이 평상시에 이 점을 부족하게 여겨서 좀 더 공부하라고 권면하였습니다. 그러나 이러한 유자儒者도 얻기가 쉽지 않습니다."

하였다. 상이 이르기를,

"이 말은 지당하다. 나로서는 그 만분萬分의 일인들 알 수 있겠는가. 상은 평상시에 그가 문장을 잘 짓는다고 여겼다."

하니, 이황이 아뢰기를, "그런 문장도 역시 얻기가 쉽지 않습니다."

하였다.

퇴계가 조목, 정유일, 김성일, 김부륜, 이덕홍, 유성룡, 김취려, 우성전 등 당시에 널리 알려진 영남의 제자들을 젖혀두고 거친 성정의 기대승을 선조에게 추천한 것은 정말 이례적인 일이었다. 퇴계가 고봉을 통유로 추천한 이유는 퇴계는 일찍부터 고봉이 성리학에 있어서는 당대 최고의 유학자임을 익히 알았기 때문이다. 퇴계는 고봉만큼 박학다식한 성리학자가 없다고 생각하였다. 퇴계는 도산서당 제자라는 학연이나 영남이라는 지연을 전혀 따지지 않았다. 참 큰 유학자의 면모답다. 지금이라면 어떠했을까? 그것이 가능하였을까?

선조에게 고향으로 돌아가도록 허락을 받은 퇴계는 1569년 3월4일에 서울을 떠난다. 그 날 고봉은 퇴계를 동호東湖에서 전송하고 정유길의 정자

몽뢰정에서 전별연을 하였으며 강가의 농막에서 유숙한다. 다음 날 고봉은 봉은사까지 따라가 함께 하룻밤을 자면서 송별한다.

고봉은 배 위에서 한 절구의 이별시를 퇴계에게 드린다.

넘실넘실 밤낮으로 흐르는 한강수야	漢江滔滔日夜流
떠나시는 우리 선생 네가 좀 말려다오	先生此去若爲留
강변에서 닻줄 끌고 이리저리 배회할 제	沙邊拽纜遲徊處
떠나심에 애 간장 가득 찬 이 시름을 어이하리.	不盡離腸萬斛愁

퇴계 역시 시를 지어 고봉에게 화답한다.

배 위에 앉아 있는 인물들 참으로 명류名流이니	列坐方舟盡勝流
돌아가고픈 마음 하루 종일토록 매어있네.	歸心終日爲牽留
이 한강수 떠다가 벼룻물로 써서	願將漢水添行硯
끝없는 작별 시름 베껴 보려네.	寫出臨分無限愁

두 시 모두 7언 절구로 운은 유留와 수愁이다. 머물고 싶어 하는 마음과 작별의 시름을 운으로 한 시이다. 이 시를 읽어 보면 고봉과 퇴계가 작별을 얼마나 아쉬워하고 있는지를 알 수 있다.

이 자리에서 퇴계는 고봉에게 자기가 평소에 지은 매화 시 8수를 건네주면서 화답을 요청한다. 며칠 후 고봉은 퇴계에게 답시를 보낸다. 퇴계와 고봉이 주고받은 매화 시 8수에 대한 소개는 부록을 보기 바란다.

고봉은 1569년 4월에 좌승지가 되어 임금을 자주 뵙는다. 그런데 1569년 6월부터 소당과 노당의 갈등이 표면화된다. 젊은 신진 개혁파들은 을사사화 등을 일으킨 권신들을 척결하자고 주장하였으나 대신들은 급격한 개혁을 미루고 안정 위주로 정책을 펴고 있었다. 이에 기대승 · 이이 · 심의겸 등 퇴계의 문인을 중심으로 한 소장파와 영의정 이준경, 좌의정 권철 등 노장파가 극심한 갈등을 겪는다. 1569년 6월9일자 선조실록 참조

1569년 6월1일자 선조수정실록을 읽어보자

선수 3권, 1569년 6월 1일

당파의 형색이 노당 · 소당으로 뚜렷이 갈라지다

이때 상이 신정新政 **초기라서 잘 다스려보려는 생각이 매우 절실하였다. 그런데 등용된 신진**新進**의 선비들이 모두 이황을 종주**宗主**로 삼고, 떼를 지어 서로 교유하며, 학문을 강론하면서 그들 스스로 한 무리가 되었다. 세도**世道**를 만회하고 부정한 것을 제거하고 깨끗한 것을 드러내는 것을 제일로 삼았는데, 당시 사람들이 소기묘**小己卯**라고 지목하였다. 따라서 윤원형 · 이량의 무리로서 버림을 당하여 쓰이지 못**

하는 자들이 많았으니 이들은 원망이 뼈에 사무쳤고, 소위 명망名望이 있는 구신舊臣이라는 자들은 비록 많은 세변世變을 겪으면서도 지조를 잃지 않았다고 자부하고 있었으나 세태에 따라 부침浮沈하면서 오랜 동안 부귀와 안일에 젖어 있었다.

그런데 신진들이 선배를 경시하면서 속류들이라고 비난하는 것을 보고서는 모두 불평을 품은 채 그들끼리 또 한 무리를 이루고 있었다. 윤원형과 이량의 당류들이 이때를 노려 유언流言을 퍼뜨려서 양쪽 사이를 선동하여 조정을 어지럽게 만듦으로써, 기회가 오면 저들에게 분풀이를 하려고 했었다.

이준경은 기묘사화를 징계삼아 과격한 처사를 억제하려는 뜻을 지니고 있었다. 그러나 성품이 원래 고집스럽고 완강하였으므로 자기는 중립을 지킨다고 자신하면서, 유자儒者를 조롱하고 비평하여 심지어 이황을 산새山禽에다 비유하였기 때문에, 사뭇 신진들과 사이가 좋지 않았다. 그런데 김개金鎧는 자신이 촉망을 받고 있는 것을 이용하여 소요를 일으켜 볼 생각으로 기대승 이하 5~6명을 탄핵함으로써 이준경에게 붙으려고 하였다. 그리하여 우선 기묘 사람들의 득실을 논평하면서 은근히 이황을 배척하는 것으로 주상의 뜻을 떠 보려고 하였던 것이다. 그러나 주상의 마음이 굳게 정해져 있고 이준경도 원래 사류士類를 해칠 뜻이 없었기 때문에 변은 일어나지 않았는데, 이황은 이 소문을 듣고는 더욱 두려워하였고 기대승에게 퇴피退避할 것을 애써 권하였다. 그리고 구신들도 각자 모두 안정을 되찾았다. 그러나 이때부터 당파의 형색形色이 뚜렷이 갈라졌으므로 여염에서는 노당老黨·소당少黨으로 지목하여 부르게 되었다.

이 시기에 을사사화를 일으킨 척신에 대한 위훈 삭제와 희생자 복권 등의 논의가 소당과 노당 간에 격렬하게 일어나 조정은 어수선하였다. 그 예로 이준경과 이이도 갈등을 일으킨 것이다. 실록을 살펴본다.

선조 3권, 1569년 9월 25일

이이가 을사년의 위훈을 속히 고칠 것을 청하다

이준경이 상을 모시고 있다가 말이 을사년의 일에 미치자, 아뢰기를,

"위사衛社할 당시 선사善士로서 더러 연좌되어 죽은 자가 있는데 그 상처가 아직 아물지 않았습니다."

하니, 이이가 아뢰기를,

"대간의 발언이 어찌 이처럼 불분명하게 호도할 수 있겠습니까. 위사衛社는 곧 위훈僞勳이며, 그 때 죄를 얻은 자는 모두 선사善士입니다. 인묘仁廟께서 승하하셨을 때 중종의 적자로는 다만 명종 한 분뿐이었으니, 천명과 인심이 어찌 다른 사람에게 돌아가겠습니까. 그런데도 간흉들이 감히 하늘의 공을 탐내어 사림을 참벌斬伐함으로써 위공僞功을 녹훈했는지라 신명과 사람이 함께 분개한 지 오래입니다. 이제 성상의 신정新政 벽두를 당하여 위훈僞勳을 삭제하고 명분을 바로잡음으로써 국시國是를 정하는 일을 늦추어서는 안 됩니다."

하였다. 이준경이 아뢰기를,

"이 말이 옳기는 합니다. 그러나 선조先祖의 일을 갑자기 고칠 수는 없습니다."

하니, 이이가 아뢰기를,

"그렇지 않습니다. 명종께서는 어린 나이로 즉위하셨기 때문에 간흉들의 속임수에 엄폐됨을 면하지 못했지만 지금은 하늘에 계신 신령께서도 그 간악함을 통조洞照하셨을 것입니다. 아무리 선조의 일이라 해도 어찌 고치지 못할 이유가 있겠습니까." 하였다.

안타깝게도, 기대승은 영의정 이준경의 미움을 샀다. 1569년 7월에는 좌승지를 그만두고 9월에는 이준경에게 성균관 대사성 직책 수행을 잘못하였다는 질책까지 받고 대사성을 그만두었다. 고봉은 1570년 2월에 광주로 낙향한다. 광주에서 고봉은 낙암을 짓고 후학을 가르칠 준비를 한다. 또한 퇴계 부친의 묘갈명을 완성하고 퇴계의 태극과 물격설에 대하여 의문을 제기하고 편지를 보낸다. 퇴계는 10월15일에 그의 주장이 잘못되었음을 인정하는 편지를 고봉에게 보내는데 고봉도 11월15일에 답신을 한다.

1570년 12월8일 퇴계가 안동에서 별세하자 퇴계와 고봉의 서신 교류도 끝난다. 두 유학자의 정치와 사회, 학문과 가정사에 대한 많은 이야기가 퇴계의 죽음으로 종료된다.

퇴계가 종명하려는 즈음에 제자들이 점을 치니 겸괘謙卦가 나왔다. 주역에 겸괘는 군자유종君子有終이다. 이 뜻은 "군자는 겸손에 뜻을 두고 이치에 통달하므로 하늘을 즐기어 경쟁을 아니 하고, 안으로 충실하므로 퇴양하여 자랑을 아니 하며, 겸손함을 편하게 지어 종신토록 변치 않는다."이다. 이 괘는 학문과 겸양으로 인격을 완성한 군자가 유종의 미를 거두니 역시 길하고, 죽어서 그 후광도 길하리라는 괘이다.

한편 퇴계는 고종명考終命하기 20일전인 11월17일, 고봉에게 마지막 편지를 보낸다. 26살이나 연하의 후배에게 극존칭의 서두로 시작되는 퇴계의 마지막 편지를 읽어 보자.

절을 하며 답하여 올리는 편지, 기 승지 댁

험난한 길을 무릅쓰고 멀리 사람을 보내어 부치신 진중하고 자세한 혜서惠書와 가르쳐 주신 별지를 받고서 근래 한가로이 수양修養하면서 도를 음미하시는 가운데 신명의 도움으로 행복하심을 구체적으로 알고는 염려되던 마음이 매우 위로되었습니다. (중략)

그리고 내 몸도 금년에는 쇠약하고 피로함이 특히 심한데, 원근의 후생들은 남의 생각을 헤아리지 않고 많은 사람들이 배우겠다고 번갈아 가며 찾아옵니다. 그리하여 백방으로 사절해 돌려보내고 나면 다음 사람이 또 찾아옵니다. 그중에는 강력히 거절할 수 없는 자도 있어 분수에 따라 응대하다 보니 이로 인하여 더욱 피곤해집니다. (중략)

종래從來의 물격설物格說과 무극이태극설無極而太極說은 나의 견해가 잘못되었으므로 이미 설을 고쳐 정사正寫하여 영공에게 전하라고 김이정에게 부쳤으나, 아마도 전해지지 않은 듯 하므로 지금 한 통의 글을 올리는 바이니 밝게 양찰하기 바랍니다. 근심으로 마음이 어지러워 대략 적었습니다.

삼가 어려운 시절에 더욱 몸을 아끼고 학문의 성취를 게을리 하지 말아 시대의 소망에 부응하기를 바라면서 삼가 답서를 올립니다.

경오년1570 11월 17일 황 돈.

이 편지는 고봉이 험난한 길을 무릅쓰고 멀리 사람을 보내어 보낸 편지에 대한 답서이다. 고봉은 퇴계의 병환이 깊어졌다는 소식을 듣고 11월 15일에 편지를 써서 광주에서 안동까지 직접 사람을 보내어 병문안을 드리었다. 퇴계의 손자 이안도의 고종기

11월 15일자 고봉의 편지는 자신의 처신을 반성하고, 물격과 태극에 대한 견해가 서로 일치되어 기쁘다는 말을 전하면서 부디 건강하시라는 안부를 전한다.

호남과 영남이 막히고 멀어 배알拜謁할 길이 없으므로 몸소 경계의 말씀을 받들거나 의심나고 애매한 것을 여쭤보지 못하는 것이 한스럽습니다. 종이를 펴 놓고 편지를 쓰려 하니 슬픈 생각이 일어, 동쪽을 바라보며 눈물을 흘립니다. 세모歲暮가 가까워 추운 날씨가 더욱 사나워지는 이때에 몸을 더욱 돌보시길 천만 번 비오며 이만 줄입니다. 아울러 살펴주시기 바랍니다. 삼가 절하고 답장을 올립니다.

경오년1570 11월 15일 후학 대승이 절하고 올립니다.

이 편지를 받고 퇴계는 인편에 답장을 보낼 생각으로 즉시 답장을 쓴다. 그런데 그는 건강이 악화되어 다른 사람에게 대필하도록 하였다. 그는 이 편지에서 심통성정도를 고치는 문제에 대하여 언급한다. 마지막까지 자신의 이론을 고치는 학구열이 너무 감동적이다. 그리고 이미 10월15일 편지에 고봉에게 자기의 견해가 잘못되었음을 밝힌바 있지만, 자기가 주장한 물격설과 태극설이 잘못되었음을 다시 한 번 밝힌다. 편지의 마지막 글은 후학 기대승을 정말 아끼는 마음이 담긴 겸허한 문장이다.

> **"삼가 어려운 시절에 더욱 몸을 아끼고 학문의 성취를 게을리 하지 말아 시대의 소망에 부응하기를 바라면서 삼가 답서를 올립니다."**

이 구절이야말로 이 시대를 사는 지식인들이 진실로 음미할 만한 당부이다. 지금 우리는 무엇을 어떻게 하여야 하는 지를.

이로써 고봉과 퇴계의 13년간의 소통은 대미大尾를 장식한다.

13년간 퇴계와 고봉이 주고받은 편지의 내용

그러면 퇴계와 고봉이 13년간 주고받은 편지는 어떤 내용이었는가?

두 사람의 편지는 단지 사단칠정 논변 같은 성리학 논쟁만이 아니었다. 정치, 제례와 상례, 가정사, 개인적 부탁과 출처에 대한 상담 등도 들어있다.

퇴계와 고봉의 편지는 처음에는 사단칠정논변으로 시작되었지만 성리학에 대한 궁금증을 편지로 주고받았고 태극, 물격 등 주요 논제에 대한 논쟁도 하였다. 또한 정치 상황과 세상 돌아가는 이야기도 하였고, 고봉의 동생과 아들이 죽었다는 소식과 퇴계의 증손자가 홍역으로 죽은 일, 며느리가 유핵乳核 유방암을 앓고 있다는 집안일에 대한 이야기도 하고 여러 편의 시도 주고받았다. 고봉은 퇴계에게 글씨 등을 써 달라고 부탁하였고 퇴계는 고봉에게 부친 묘갈명을 지어 달라고 하고, 고봉에게 잘못 만들어진 책을 불태워달라는 부탁을 하기도 하였다.

퇴계와 고봉, 두 사람은 전방위적으로 소통하였다. 두 사람은 26살 차이에도 불구하고 흉금을 털어놓고 소통하였다. 인터넷, 휴대문자가 발달한 요즘도 26살이나 어린 한 세대 차이가 나는 사람과 13년간 소통을 하기가 쉽지 않을 것인데, 퇴계와 고봉은 나이를 초월한 소통을 한 것이다.

특히 두 사람의 소통은 요즘말로 말하면 소셜 네트워크였다. 퇴계와 고봉이 서로 주고받은 편지는 배달부에 의하여 필사되어 주변 선비들이 모두 돌려 보았다.

조선 유학사는 퇴계와 고봉이 13년간 주고받은 편지를 조선시대 성리학의 일대 사건으로 평가하고 있다. 퇴계와 고봉의 만남은 주자1130-1200와 이연평1093-1163의 만남에 비유되기도 한다.

08

퇴계와 고봉과의 사단칠정논변

퇴계와 고봉의 만남에 대하여 생각하다 보니 신촌 마을에 도착하였다. 신촌 마을은 기씨 집성촌이다. 낙암 가는 길은 다시 마을 입구에서부터 걸어서 오층 석탑이 있는 탑골로 가서 산길을 가야 한다. 다시 길을 걸으면서 퇴계 이황과 고봉 기대승의 사단칠정四端七情 논변'사칠논변' 이란 약칭을 쓰기도 함에 대하여 생각한다. 이 논변은 조선유학사에 있어서 가장 큰 철학 논쟁이요, 인간의 본성에 관한 심오한 토론이다. 이 논쟁은 독창적인 조선 주자학을 확립하는 계기를 만들었다.

사단칠정 논변은 1559년 1월 5일에 퇴계가 고봉에게 보낸 편지에서부터 시작하였다. 여기에 대하여 고봉은 1559년 8월에 퇴계에게 이의를 제기하였고 이후 고봉과 퇴계는 1559년부터 1566년까지 8여 년 간 격렬하면서도 심오한 사단칠정논변을 벌였던 것이다.

그러면 먼저 사단칠정의 개념부터 알아보자. 사람은 세상에 태어날 때 이성理性과 감성感性을 함께 타고 태어났다. 사단四端은 인간이 갖는 본성 중에 이성적 理性的 본성을 말하는 데, 이는 맹자가 성선설의 입장에서 주장한 것으로 인仁의 단端인 측은지심惻隱之心 불쌍함을 앎, 의義의 단端인 수오지심羞惡之心 부끄러움을 앎, 예禮의 단端인 겸양지심謙讓之心 = 사양지심 辭讓之心 양보하는 마음, 지智의 단端인 시비지심是非之心 옳고 그름을 판단하는 마음을 사단 四端이라 한다. 한편 칠정七情은 인간이 나면서 가지고 있는 감성적 본성으로 〈예기禮記〉에 나오는 인간의 일곱 가지 감성인 희喜 즐거워하는, 노怒 노여워하는, 애哀 슬퍼하는, 락樂 즐기는, 애愛 사랑하는, 오惡 미워하는, 욕欲 욕심을 부리는을 말하는 데, 칠정을 희노애구懼 두려워하는애오욕으로 말하기도 한다.

퇴계와 고봉의 사단칠정 논변의 발단은 추만 정지운1509-1561이 제작한 〈천명도설天命圖說〉에서부터 시작한다. 천명도설은 주자학의 여러 이론을 알기 쉽게 하나의 도형으로 그리고, 여기에 간단한 설명을 곁들인 것인데 그 내용은 천명, 심성, 오행, 이기, 사단 칠정, 존양, 성찰 등 성리학의 핵심명제가 정리되어 있다. 원래 이것은 정지운이 그의 동생 정지림에게 성리학의 핵심을 알기 쉽게 가르치기 위하여 1538년경에 만든 것이라 한다.

그런데 정지운은 1553년 10월에 당시 성균관 대사성인 퇴계를 서울에서 만난다. 두 사람은 모두 집이 서울 서소문 근처였다. 추만은 퇴계를 만나서 자기가 작성한 〈천명도설〉중에 사단칠정에 대하여 퇴계에게 자문을 구한다. 이에 퇴계는 추만이 “사단은 이에서 생기고 칠정은 기에서 생긴다 사단발어리 칠정발어기 四端發於理 七情發於氣"라고 한 것을 "사단은 이의 발함이요. 칠정은 기의 발함이다사단이지발 칠정기지발 四端理之發 七情氣之發"라고 고쳐 주었다. 그 후 정지운은 이황이 감수한 〈천명도설〉을 발간하였고 이 책은 당시에 선비들에게 큰 관심거리였다.

고봉이 정지운을 만난 것은 1558년 8월이다. 고봉은 그 시기에 서울로 과거시험을 보러가면서 장성에 사는 학자 하서 김인후1510–1560와 태인에 사는 일재 이항1499–1576을 만나서 태극도설을 비롯한 성리학의 근본 주제에 대한 토론을 나누었고 이 자리에서 〈천명도설〉을 본 것으로 보인다. 그리고 그는 8월 중순에 경기도 행주에 있는 선영에 성묘를 갔다가 고양에 사는 정지운을 만났고 두 사람은 〈천명도설〉에 대하여 의견을 나누었다. 고봉은 그 자리에서 퇴계의 해석에 이의를 제기한 것 같다.

1558년 10월에 고봉은 과거시험 문과 을과에 1등으로 급제한다. 이후 고봉은 퇴계를 서울 서소문 퇴계 자택에서 만난다. 이 때 고봉은 퇴계의 사단 칠정의 해석에 강한 의문을 제기한 것으로 보인다. 당시에 퇴계는 당대에 가장 존경을 받는 58세의 원숙한 슈퍼스타 성리학자로서 벼슬이 성균관 대사성지금의 국립대학교 총장이었고, 고봉은 이제 갓 과거에 합격한 32세의 새파란 학문에 호기심 많은 열혈청년이었다.

그러면 먼저 퇴계와 고봉간의 사단칠정논변을 일지를 정리하여 보자〈표1〉

〈표1〉 퇴계와 고봉간의 사단칠정논변 일지

○ 1559년 1월5일 퇴계, 고봉에게 첫 번째 편지를 보내다.
○ 1559년 8월14일 고봉, 퇴계에게 첫 번째 편지를 보내다
○ 1559년 10월24일 퇴계, 고봉에게 두 번째 편지를 보내다.
○ 1560년 8월 8일 고봉, 퇴계에게 두 번째 편지를 보내다.
○ 1560년 11월5일 퇴계, 고봉에게 세 번째 편지를 보내다.
○ 1561년 4월10일 고봉, 퇴계에게 세 번째 편지를 보내다.
○ 1562년 10월16일 퇴계, 고봉에게 네 번째 편지를 보내다.
(사단칠정논변 1차 마무리되다.)
○ 1566년 7월15일 고봉, 퇴계에게 네 번째 편지를 보내다.
○ 1566년 윤10월26일 퇴계, 고봉에게 다섯 번째 편지를 보내다.
○ 1566년 11월6일. 퇴계, 고봉에게 여섯 번째 편지를 보내다.
(사단칠정논변 종료되다.)

〈표1〉에 따라 퇴계와 고봉의 사단칠정 논변 전개 과정을 살펴보자.

1559년 1월 5일에 퇴계는 고봉에게 두 번째 편지를 보낸다. 퇴계는 고봉을 만난 이후 선비들 사이에서 사단칠정에 대한 논란이 분분함을 알게 된다. 그래서 퇴계 스스로가 사단칠정에 대한 해석에 고심을 하고 스스로 수정을 한 편지를 보낸 것이다. 이 편지가 바로 사단 칠정논변의 시발점이 되었는데 이 편지의 사단칠정론에 관한 부분을 읽어 보자

퇴계가 고봉에게 준 글, 절략節略

선비들 사이에서 그대가 논한 사단칠정설四端七情說을 전해 들었습니다. 나의 생각에도 스스로 전에 한 말이 온당하지 못함을 병통으로 여겼습니다마는, 그대의 논박을 듣고 더욱 잘못되었음을 알았습니다.

그래서 이것을 "사단四端이 발發하는 것은 순리純理이기 때문에 언제나 선 善하고 칠정七情이 발하는 것은 겸기兼氣이기 때문에 선善・악惡이 있다."라고 고쳤는데, 이렇게 하면 괜찮을지 모르겠습니다.

퇴계의 편지를 받은 고봉은 1559년 3월에 자신의 견해를 피력한 글을 써 놓고 서울에서 퇴계를 만나서 논의를 하려고 하였는데, 퇴계가 이미 2월에 안동으로 내려가자 8월에 퇴계에게 두통의 편지를 보낸다.

1559년 3월에 고봉이 퇴계에게 보낸 편지를 읽어보자.

퇴계 선생님께 올립니다.

삼가 문안드립니다. 건강은 어떠하신지요? 앙모仰慕하는 마음 끝이 없습니다. 저는 외람되게도 후하게 염려해 주신 덕분에 근근이 지탱하고 있습니다. 지난달 18일에 선생께서 보내 주신 1월 5일의 서신 한 폭幅과 아울러 달력 한 부를 받았습니다.

(중략)

사단・칠정론은 바로 제가 평생 동안 이에 대해 깊이 의심해 온 사안입니다. 그러나 저의 식견이 아직도 분명치 못하고 어렴풋한데, 어찌 감히 망녕된 주장을 펴겠습니까? 삼가 선생께서 고치신 설說을 자세히 연구해 보니 의심이 풀리는 듯합니다. 그러나 저의 생각에는 먼저 이理와 기氣에 대해서 분명히 안 뒤에야 심心·성性·정情의 뜻이 모두 낙착落着되는 곳이 있어서 사단·칠정도 분별하기 어렵지 않으리라 여겨집니다. 후세의 여러 선생이 논한 것이 자세하고 분명하지 않은 것은 아니나, 자사子思·맹자孟子·정자程子·주자朱子의 말씀으로 질정質正해 보면 모두 취지가 다른 것 같으니, 아마도 이·기에 대하여 분석을 하지 못해서인 듯합니다.

저의 어리석은 소견을 진술하여 선생께 바른 뜻을 구하고자 하였으나, 오랫동안 정신없이 바빠서 다시 살필 겨를이 없었습니다. 그리고 또 글로 쓰다 보면 잘못되기 쉬운 염려가 있어 감히 진술하지도 못했습니다. (중략)

기미년1559 3월 5일 후학 고봉 기대승이 올립니다.

고봉은 8월14일과 15일에 연달아 쓴 편지에서 사단칠정에 대한 그의 주장을 첨부한다. 여기에서 고봉은 '사단과 칠정은 모두 정인데 사단은 이理로 칠정은 기氣로 분리한다는 것은 맞지 않다'는 논리를 편다. 또한 이는 기의 주재이고 기는 이의 재료여서 본래 구분되기는 하나 실제 사물에 있어서는 혼재되어 나눌 수 없다는 것이다.

자사子思가 말하기를 "희喜·노怒·애哀·락樂이 아직 발현하지 않은 것을 중中이라 하고, 발하여 절도節度에 맞는 것을 화和라 한다." 했고,

맹자孟子가 "측은惻隱한 마음은 인仁의 단서이고, 수오羞惡-부끄러워하고 미워하는의 마음은 의義의 단서이고, 사양辭讓의 마음은 예禮의 단서이고, 시비是非의 마음은 지智의 단서이다."라고 했습니다. 이것은 바로 성정性情에 관한 이론으로서 옛 유학자들이 다 밝힌 것입니다.

그런데 제가 연구해 보건대, 자사의 말은 그 전체를 말한 것이고, 맹자의 논論은 그 일부분을 떼어 낸 것이었습니다.

대개 사람의 마음이 아직 발현하기 전에는 그것을 성性이라 하고, 이미 발현한 뒤에는 그것을 정情이라 하는데, 성은 언제나 선하고 정은 선·악이 있습니다. 이는 당연한 이치입니다. 다만 자사와 맹자가 강조하는 것이 서로 다른 까닭에 사단과 칠정의 구별이 있게 된 것이지 칠정 밖에 따로 사단이 있는 것은 아닙니다. (후략)

이에 퇴계는 1559년 10월24일에 고봉에게 상당히 장문의 두 번째 편지를 보낸다. 그는 사단 역시 정이라는 고봉의 견해에 동의하면서도 사단과 칠정은 근원이 다르다고 한다. 즉 사단은 본연지성에 근원하고 칠정은 기질지성에 근원한다는 것이다.

1560년 8월, 고봉은 다시 퇴계의 주장 하나하나를 12조목으로 나누고 이를 철저히 분석한 소책자를 보낸다. 고봉은 사단과 칠정을 나누어 논의하는 것은 좋지만 이를 간단하게 도식화圖式化하면 마치 두 가지의 대별되는 정이 있는 것 같고, 정에 두 가지의 선이 있어 하나는 이에서 발원하고 다른 하나는 기에서 발원하는 것처럼 오해를 불러일으킬 수 있다는 것이다.

고봉의 편지를 받아 본 퇴계는 더욱 심사숙고한다. 그리고 1560년11월에 퇴계는 고봉의 주장에 대한 답변을 적은 소책자를 보낸다. 여기에는 자기의 주장과 일치하는 것, 자기가 잘못 안 것, 자기의 주장과 근본적으로 견해가 다른 것 등으로 분류를 하고, 자기가 잘못 안 것은 잘못 알았다고 솔직히 시인是認한다. 참, 큰 선비다운 태도이다.

그러면서 사단칠정을 "말을 타고 가는 사람"에 비유한다. 즉 '사단은 이가 발하여 기가 따르고 칠정은 기가 발하여 이가 탄다.'는 이기호발설 理氣互發說을 편다. 퇴계의 편지 일부를 읽어 보자.

옛사람이 사람이 말을 타고 드나드는 것으로써 이理가 기氣를 타고 움직이는 것을 비유한 것은 참으로 좋은 비유입니다. 무릇 사람은 말이 아니면 출입하지 못하고, 말은 사람이 아니면 길을 잃게 되니, 사람과 말이 서로 따라야 하며 떨어질 수 없습니다. 이 비유를 가리켜 어떤 이는 넓게 보아 '간다'는 사실만을 말하니, 사람과 말이 모두 그 가운데 있는 것입니다. 사단 · 칠정을 혼합하여 말하는 것이 그것입니다. 또 어떤 이는 '사람이 간다.'는 것만 가리켜 말하니, 이 경우 말馬까지 아울러 말하지 않더라도 말이 가는 것이니, 사단이 그것입니다. 또 어떤 이는 "말이 간다."는 것만 가리켜 말하니, 이 경우 사람까지 아울러 말하지 않더라도 사람이 가는 것이니, 칠정이 그것입니다.

그런데 지금 그대는 내가 분별하여 사단·칠정을 말하는 것을 보고는 매양 혼합하여 말해야 한다는 말을 인용하여 공격하니, 이는 어떤 사람이 "사람이 간다. 말이 간다."고 말하는 것을 보고서 사람과 말은 하나이니 나누어 말할 수 없다고 역설하는 것입니다. 또 내가 칠정을 기의 발현이라고 말한 것을 보고는 이의 발현이라고 우깁니다. 또 어떤 사람이 "말이 간다."고 하는 말을 듣고는 반드시 사람도 간다고 해야 한다고 우기는 것입니다. 또 내가 사단을 이의 발현이라고 말한 것을 보고는 또 기의 발현이라고 역설하니, 이는 어떤 사람이 "사람이 간다."고 말하는 것을 듣고는 반드시 말도 간다고 해야 한다고 우기는 것입니다. 이것은 바로 주자朱子가 이른바 숨바꼭질이라고 말한 것과 비슷합니다. 어떻게 생각하십니까.

여기에 대하여 고봉은 1561년 4월에 다시 세 번째 편지를 보낸다. 이 편지에서 고봉은 퇴계의 주장인 '사단은 이가 발하여 기가 따르고 칠정은 기가 발하여 이가 탄다理發氣隨 氣發理乘'를 상당히 진전된 이론으로 생각한다. 그러면서 그는 퇴계의 주장을 '정이 발할 때는 혹 이가 움직여 기가 함께하기도 하고, 혹 기가 감응하여 이가 타기도 한다.理動氣俱 氣感理乘'로 고치는 것이 어떠한지를 편지에 쓴다.

그렇지만 고봉은 퇴계가 아직도 이기이원론적인 입장을 고수하는 점에 대하여는 비판을 한다. 그는 주자가 "사단은 바로 이발理發이고 칠정은 바로 기발氣發이다."고 한 것은 대설對說이 아니고 인설因說이라고 하면서, 대설은 곧 좌左와 우右를 말하는 것과 같은 것으로서 상대시켜 말함이고 인설은 상上과 하下를 말하는 것과 같은 것으로 사단 칠정은 인설로 보아야 한다고 주장한다.

또한 그는 본연지성과 기질지성을 달月로 비유하여 설명한다. 본연지성은 하늘에 있는 달이고 기질지성은 물에 뜬 달이다. 그런데 물에 뜬 달은 물이 맑은지 흐린지에 따라서 달라진다는 것이다. 즉 선과 악이 섞여 있다는 것이다.

> 천지의 성天地之性은 비유하자면 하늘에 있는 달月이고, 기질의 성氣質之性은 비유하자면 물속에 있는 달입니다. 달이 비록 하늘에 있고 물에 비쳐 있어 다른 듯하지만, 달은 하나의 달일 뿐입니다. 그런데 하늘의 달은 달이라 하고 물에 비친 달은 물이라고 한다면, 어찌 잘못이 있다고 말 할 수 없겠습니까? (중략)
>
> 더구나 사단과 칠정은 바로 이理가 기질에 떨어진 뒤의 일이니서 마치 물에 비친 달빛과 흡사한데, 칠정은 그 빛에 밝고 어두움이 있는 것이며, 사단은 특별히 밝은 것입니다.
>
> 칠정에 밝고 어둠이 있는 것은 진실로 물의 청탁 때문이고, 사딘이 절도에 맞지 않음은 비록 빛이 비록 밝지만 물결의 움직임을 피하지 못했기 때문입니다. 삼가 바라건대, 이런 이치로 다시 생각해 보심이 어떻겠습니까?

한편 고봉은 지금까지의 논쟁을 두 사람의 짐을 한 마리 말에 싣고 가는 것에 비유하면서 논쟁이 첨예화 되는 것을 걱정하였다. 26살이나 어린 고봉이 아무리 학문논쟁이라지만 너무 예의 없이 달려드는 것을 피하고 싶었으리라. 또한 이 논쟁으로 어느 한쪽이 상처를 받는 것은 피하고 싶었으리라.

고봉의 편지를 받은 퇴계는 고봉의 주장에 대하여 반박하는 편지를 썼으나 붙이지는 않았다. 퇴계 역시 논쟁이 더 치열해지는 것을 원하지 않았나 보다.

1562년 10월16일, 퇴계가 사단칠정에 대한 고봉의 편지를 받은 지 1년 6개월이 되던 때, 퇴계는 고봉에게 시 한 수를 적어 보낸다. 이 편지는 이제 논쟁을 마무리를 하자는 의미로서 고봉이 지난 번 보낸 편지에 한 마리 말에 짐 실은 두 사람의 비유에 대한 화답이었다.

> 그러므로 다시 생각을 일으켜 회답하기를 전처럼 용감히 하지 않고, 다만 공의 편지에 두 사람이 한 마리의 말에다 짐을 실었다는 비유로 인하여 희롱삼아 절구絶句 한 수首를 지었는데, 지금 이 시를 보냅니다.
>
> 짐 실은 두 사람 경중을 다투지만　　兩人馱物重輕爭
> 높낮음을 헤아려 보면 이미 공평하네.　　商度低昂亦已平
> 이쪽을 누르고 저쪽으로 돌리자면　　更剋乙邊歸盡甲
> 짐의 무게 어느 때나 공평해질까　　幾時馱勢得勻停
>
> 한번 웃어주십시오. 하하

그로부터 4년이 지난 뒤인 1566년 7월, 고봉은 퇴계에게 네 번째 편지에 후설과 총론을 지어 보낸다. 일종의 종합편이다. 퇴계는 이에 흡족하며 1566년 11월6일에 고봉에게 마지막 편지를 보낸다. 이로써 두 사람간의 8년간의 치열한 성리학 논쟁인 사칠논변 즉 우주론과 심성론을 포괄한 학문사에 빛나는 논쟁은 종료된다.

지금까지 1558년부터 1566년까지 8년간에 퇴계와 고봉이 사단칠정논변을 하는 과정을 살펴보았다.

이제 퇴계와 고봉의 주장을 간략하게 비교하여 보면 〈표2〉와 〈그림1〉과 같다.

〈표2〉 퇴계와 고봉의 주장에 대한 비교

퇴계의 주장	고봉의 주장
이기이원론	이기이원론
주리설	주기설
대설	인설
칠정과 사단을 구분七對四	사단은 칠정에 포함七包四
가치론, 실천 지향적	존재론, 논리지향적

〈그림1〉 사단과 칠정의 관계

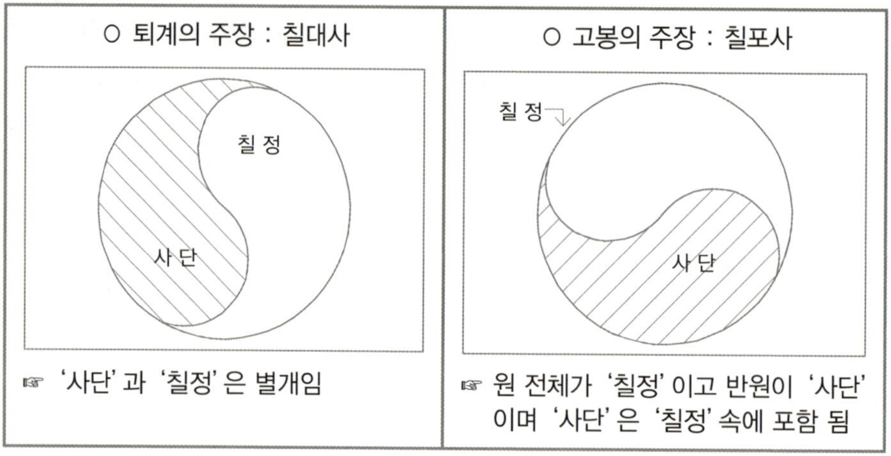

퇴계의 이론은 이와 기를 분리한다. 즉 이와 기를 대칭적으로 본다. 따라서 사단과 칠정은 별개라는 것이며 학자들은 이를 칠대사七對四로 이름 붙인다. 이황의 이론은 인간은 이성적理性的 동물이라는 데서부터 출발한다. 즉 인간은 이성을 가지고 감정을 컨트롤 한다는 가치론지향적 입장에서 출발한다. 그리고 선한 행동을 하기 위하여 인간은 이성을 실천하여야 한다는 것이다.

이에 반하여 고봉의 이론은 논리지향적이다. 그는 사단과 칠정, 이와 기를 하나의 현상 즉 존재론적 입장에서 본다. 즉 이와 기는 분리할 수 없으며 사단과 칠정은 섞여 있다는 것이다. 따라서 그는 이와 기는 인과관계를 가지며 칠정은 사단을 포함하고 있다는 소위 칠포사七包四 이론을 전개한다.

한마디로 퇴계는 이기이원론을 고봉은 이기일원론적 입장을 고수하는데 이 입장은 평행선을 달리고 있다.

퇴계와 고봉이 별세한 후 얼마 있다가 다시 이기논쟁이 일어난다. 즉 퇴계의 영남학파가 주장하는 주리론과 율곡의 기호학파가 주장하는 주기론이 치열하게 논쟁을 하고 이에 따라 학파와 붕당이 형성되게 된 것이다. 여기에서 주목할 부분은 기호학파를 이끈 율곡 이이1536-1582가 고봉 기대승의 주기설을 계승하고 있다는 점이다. (현상윤, 〈조선유학사 p134〉 참조)

그러면 여기에서 퇴계와 고봉의 사단칠정논변이 당시 조선 유학과 선비사회에 미친 영향을 살펴보자. 먼저 조선 유학에 미친 영향을 보면 이 논쟁은 독자적인 조선 성리학의 확립에 결정적 역할을 하였다. 이 철학 논쟁으로 조선 유학은 이, 기, 심, 성, 정, 본연지성, 기질지성등 성리학에 있어서 핵심용어에 대한 개념 정립을 하게 되었고 인간 본성에 대한 심오한 철학적 성찰은 향후 조선 유학사에 수많은 논쟁의 단초를 제기하였다.

다음으로 당시 조선 선비사회에 미친 영향을 보자. 사단칠정논변이 시작한 1558년부터 논쟁이 마무리된 1566년은 명종1534-1567이 임금을 한 시절이었다. 11세의 어린 나이에 임금이 된 명종은 어머니 문정왕후1501-1565의 손아귀에 꽉 잡혀 있어, 눈물의 왕이라고 야사野史는 말한다. 문정왕후는 중국의 서태후만큼 조선 중기에 권력을 장악한 여걸로서 유학을 쇠퇴시키고 불교를 중흥시킨 인물이다. 봉은사 주지 보우를 병조판서로 임명할 정도로 그녀는 불교를 숭상하고 유학을 기피하였다. 또한 을사사화 1545년, 정미사화1547년이후 조정은 문정왕후의 동생 윤원형등 외척들이 장악하여 신진 사림들은 숨을 죽이고 살아야 하였고 벼슬에서 물러나 산림에서 재야 생활을 하고 있었다.

이런 시기에 퇴계와 고봉의 사단칠정논변은 유학을 숭상하는 선비들에게 비상한 관심을 가지게 하였고 깨어 있는 선비들은 두 사람의 편지를 서로 베끼어서 읽어 보고 이에 대한 열띤 토론을 한 것이다. 다시 말하면 사칠논변으로 말미암아 조선의 선비들이 성리학에 큰 관심을 가지게 되었고 성리학을 다시 공부하게 되었다. 이런 결과 1567년 7월에 선조가 즉위하자 훈구파가 사라지고 사림들이 정치를 하는 세상이 되었다.

여기에서 우리가 본받아야 할 점은 퇴계와 고봉의 논쟁 태도이다. 두 사람은 서로 이 · 기에 대한 논점이 달라서 격렬한 논쟁을 벌였지만 서로 신뢰를 가지고 상호 존중하여 조선 유학 발전에 크게 이바지 하였다.

두 사람의 논쟁 태도에 대한 여헌 장현광張顯光 1554-1637의 글은 압권이다.

> 퇴계는 항상 몸을 거두어 감추고 겸손하며 깨끗하게 높은 절개를 지키는 도道로 스스로 지켰고,
> 고봉은 매양 발양發揚되고 직설적이며 준절峻切한 의리義理로 스스로 힘썼으니,
> 두 분의 기상이 합하지 않을 듯한데도 오직 독실히 믿어 의심하지 않고 서로 좋

아하여 싫어함이 없는 뜻은 갈수록 더 친밀하고 정성스러웠다.

그리하여 때로는 누르고 때로는 치켜 주었으며, 권한 때도 있고 경계한 때도 있었다.

심지어는 조그마한 편지에 있어서도 서로 권면한 것이 모두 서로 붙들어 주고 채찍질하며 절차탁마切磋琢磨한 내용이었다.

그러므로 비단 고봉이 퇴계 선생에게 질정을 받았을 뿐만 아니라, 퇴계께서도 고봉에게 의뢰하여 유익함을 받은 것이 많았으니, 그 탁마하여 성취한 것이 깊다 하겠다.

- 장현광이 1629년인조 7년에 쓰다.

장현광은 김굉필의 외증손자인 한강 정구1543-1620의 문하생이다. 퇴계 이황의 문인인 정구는 영남 남인의 태두로 일컬어지는 데 그의 수제자가 바로 장현광이다.

장현광의 평은 한마디로 절차탁마切磋琢磨이다. 절차탁마란 '끊고 닦고 쪼고 갈다.' 라는 뜻이다. 절차는 동물의 뼈나 뿔을 손질할 때 칼과 톱을 쓰고 줄이나 대패로 손질하는 과정을 탁마는 옥이나 돌 같은 광물질을 쪼고 가는 과정을 말하는 데, 그 출전은 〈시경〉책 위풍衛風 편에 있는 시 "기욱淇奧" 이다.

저 기수淇水의 굽어진 곳을 바라보니	첨피기욱 瞻彼淇奧
푸르른 대나무가 무성하구나.	녹죽의의 綠竹猗猗
빛나는 군자여!	유비군자 有匪君子
자르는 듯 다듬는 듯 하고,	여절여차 如切如磋
쪼는 듯, 가는 듯하구나.	여탁여마 如啄如磨
위엄이 있고도 너그러우며	슬혜한혜 瑟兮僩兮
빛나고도 뚜렷하구나.	혁혜훤혜 赫兮咺兮
빛나는 군자여!	유비군자 有匪君子
끝내 잊지 못하겠네.	종불가훤혜 終不可諼兮

이 시는 원래 위나라 무공武公의 위대함을 칭송하는 시이다. 무공은 95세가 되어서도 항상 신하들에게 가르침을 청하였고 부지런히 나랏일을 돌보았다. 그래서 백성들이 강가에 무성하게 자란 대나무의 아름다움에 비유하여 그를 칭송한 것이다.

그런데 이 시는 〈대학〉과 〈논어〉에도 나온다. 〈대학〉에는 지극한 선에 이르려면 절차탁마를 하여야 한다는 것이다. 즉 글을 배우고 읽고 토론하면서 도학을 공부하고절차 切磋 스스로를 반성하여 수양과 덕을 닦아야탁마 琢磨하여야 군자가 된다는 것이다. 〈논어〉 학이 편 15장에도 절차탁마 관련 글이 나온다.

퇴계 이황과 고봉 기대승의 논쟁 태도는 오늘을 살아가는 지식인, 학자, 정치가, 언론인, 논객들에게 정말 귀감이 된다. 죽비소리와 같다.

고봉 기대승과 하서 김인후, 일재 이항, 추만 정지운의 만남

<고봉과 일재 그리고 하서의 태극논쟁>

1558년 7월 기대승은 과거를 보러 서울로 올라가면서 장성에서 하서 김인후를 뵙고 나서 태인현(지금의 전북 정읍시 태인면)에 들러 일재 이항을 뵈었는데 두 사람간의 대화가 우연히 태극의 이론에 이르렀다. 두 사람은 논의를 하루 종일 하였지만 견해가 달랐다. 그 해 겨울에 고봉은 고향으로 돌아가는 길에 다시 이항을 만나 논쟁을 하였으나 견해는 전과 같았다.

기대승은 '태극은 음양이 섞이지 않는다.'는 입장이었고, 일재는 '음양은 하나의 태극이지 정밀함과 거침, 근본과 말단에 있어 구분이 없다'는 입장이었다.

그 뒤에 고봉은 하서를 찾아뵙고 그 이론을 물었는데 하서의 뜻은 고봉과 같았다. 즉 '도와 그것을 담은 그릇의 구분에는 경계가 있어야 한다. 그러니 태극과 음양은 하나라고 해서는 안 된다.'는 입장이었다.

이런 일이 있고나서 하서의 아들이자 일재의 사위인 종룡이 일재에게 두 사람의 대화를 전하였다.

이에 일재는 하서의 하인을 통하여 고봉에게 편지를 보냈다. 그런데 하서가 이 편지를 중간에 보고, 짧은 편지 한통을 일재에게 보냈으며, 하서는 일재의 편지와 하서가 일재에게 보낸 짧은 편지를 고봉에게 전해주었다.

이후 일재는 고봉에게 다시 편지를 보냈으며 고봉 또한 답을 하였다.

고봉은 퇴계에게 태극논쟁에 관하여 그간에 오고 간 편지를 보내고 그 견해를 물었다. 이에 대하여 퇴계는 호남의 인물들이 우리나라에서 보기 드물게 주자학 논의를 하는 일에 대하여 깊이 감탄하고 흠모하면서 고봉의 의견에 동조하였다. 자세한 것은 퇴계와 고봉 간에 주고받은 편지에 있다.

여기에서 하서 김인후1510-1560와 일재 이항1499-1576에 대하여 알아본다.

하서 김인후金麟厚 1510-1560. 자는 후지厚之, 호는 하서河西 · 담재澹齋이고 도학과 절의와 문장을 겸비한 호남의 대 선비이다. 호남 선비로서 유일하게 문묘에 배향된 그는 장성에서 태어났는데 김안국, 최산두에게서 글을 배웠다. 어릴 때부터 신동으로 소문이 나서 조광조의 삼촌 조원기, 기대승의 삼촌 기준등을 만나 칭찬을 들었다. 1531년중종 26 성균사마시에 합격하여 성균관에 입학했다. 성균관에서 이황과 함께 학문을 닦았으며 1540년 별시문과에 급제하였다. 이듬해에 호당湖堂에 들어가 이황, 나세찬, 임형수등과 함께 사가독서賜暇讀書하고 홍문관저작이 되었으며, 1543년 홍문관박사 겸 세자시강원설서가 되어 세자인 인종을 가르쳤고, 홍문관부수찬에 이르렀다. 1545년 7월에 인종이 죽고 을사사화가 일어나자 옥과현감 자리를 사직하고 귀향하여 평생 초야에 묻히었다. 하서는 학문과 출처를 모두 갖춘 학자이었고 1,600수에 이르는 시를 썼다. 소쇄원 48영과 면앙정 30영, 자연가등이 대표 시 이다. 저서로 <하서집> <백련초해>등이 있다.

1560년 8월8일자 고봉이 퇴계에게 보낸 편지에는 하서의 별세에 대한 글이 적혀 있으며, 퇴계는 9.1자 고봉에게 보낸 편지에서 하서에 대하여 조의를 표한다. 즉 퇴계는 "김 하서는 성균관과 홍문관에서 같이 지낸 적이 있었는데, 처음 공부에 들어간 곳이 대부분 노장老莊이어서 한창때에 시와 술로 몸가짐을 흐트러뜨린 것이 애석하다고 하면서, 그런데 듣자니 늘그막에 우리 학문에 뜻을 두었다하고 학문을 논한 글을 보았더니 정밀하여 탄복하였는데 갑자기 고인이 되었다니 비통하다."고 적고 있다.

하서 김인후의 흔적은 전남 장성의 필암서원과 황룡면 백동마을의 백화정, 난산, 묘소 등 여러 곳에 있다.

그러면 일재一齋 이항李恒 1499-1576에 대하여 알아보자. 그는 조선 중기의 문신 · 학자로 정읍 칠보산 아래에 일재一齋라는 정사를 짓고 학문에 열중한 학자이다. 처음에는 무신이었으나 뒤늦게 학문에 정진하였다. 그는 40세인 1539년부터 조상의 토지가 있는 태인현에 내려와 농사를 지으면서 학업에 매진하였다. 1558년 7월 고봉과 태극논쟁을 벌였고 그의 제자는 김천일, 최경회, 황진, 고종후, 김점 등이다. 정읍시 북면의 남고서원에 그의 신위가 배향되어 있고 칠보산 보림사에는 그가 강학하던 바위가 있다. 저서에 《일재집》이 있다.

<고봉과 추만의 인연>

고봉 기대승과 추만秋巒 정지운鄭之雲 1509-1561과의 인연은 고봉이 1558년 8월에 선영인 경기도 고양군에 성묘하러 가면서 시작된다.

이때 두 사람은 사단칠정논변의 단초가 되는 천명도설에 대하여 논의를 한 것으로 보인다.

정지운은 조선 중기의 학자로 자는 정이靜而이다. 경기도 고양에서 태어나 모재 김안국과 사재 김정국 형제를 스승으로 모시고 학문에 정진하였다. 그는 동생인 지림之霖에게 성리학의 핵심을 쉽게 이해할 수 있도록 글 가르치기 위해 천명도설天命圖說을 지었다.

추만은 1561년에 별세한다. 고봉은 추만을 조의하는 만시를 1561년 7월 21일자 퇴계에게 보내는 편지에 동봉한다.

추만을 애도하다 悼秋巒

작년에는 하서를 곡했고 去歲哭河西
금년에는 추만을 곡했네. 今歲哭秋巒
좋은 사람들 연달아 떠나니 善人相繼行
도는 떠나 돌아올 때 없네. 道喪無時還

나의 고루한 자질 念我固陋資
누구에게 의존할까 已矣何所扳
쓸쓸히 어두운 방에 누웠으니 寂寞臥幽齋
눈물만이 부질없이 졸졸 흐르네. 流淚空潺湲

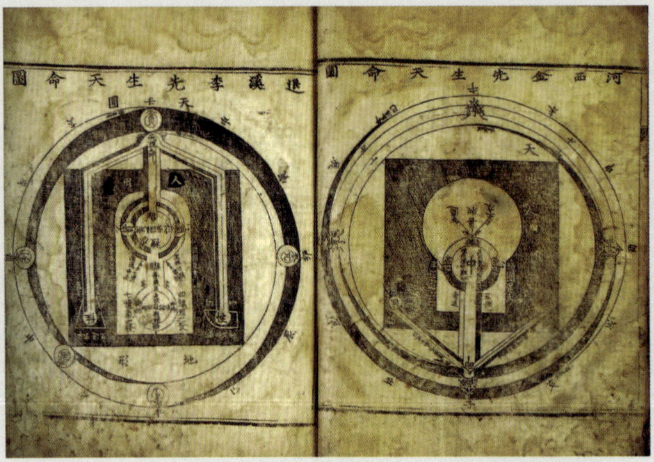

퇴계 이황과 하서 김인후의 천명도 (국립광주박물관 도록 허가번호 광박200911-2)

09
퇴계, 고봉의 멘토가 되다

낙암으로 걸어가면서 퇴계와 고봉의 관계를 생각한다. 두 사람은 어떤 관계인가? 영남의 노 유학자와 호남의 젊은 학구파 선비는 서로에게 누구인가? 13년간 그들이 주고받은 편지를 통하여 두 사람의 관계를 다시 한 번 생각하여 본다.

먼저 〈연려실기술〉에 적힌 고봉의 이야기부터 하자. 고봉은 1558년 4월에 두류산지금의 지리산 유람 때에 남명 조식曺植 1501–1572을 만났단다. 그런데 두 사람은 안 좋은 만남이 되고 만다. 젊은 고봉이 너무 격하게 밀어 붙어서 그랬을까.

> 젊었을 때 남명 조식이 그를 보고 말하기를, "이 사람이 뜻을 얻으면 반드시 일을 그르치겠다." 하였고, 기대승도 또한 "조식은 유학자가 아니다"라고 말하여 두 사람이 서로 인정하지 않았다.
>
> – 연려실기술에서

그런데 고봉은 퇴계를 만나고 나서 그를 진정한 스승으로 생각한 듯하다. 1558년 가을, 고봉은 퇴계를 처음 만나자 마자 천명도설에 대한 해석이 잘못되었다고 거침없이 직격탄을 날린다. 그런 고봉을 퇴계는 어떻게 생각하였을까? 선배도 몰라보고 막 대드는 거친 성정의 햇병아리 학도. 학문에 대한 열정은 누구보다도 강하나 버릇이 너무 없는 열혈청년. 동네에서 권투 좀 잘 한다고 한국 챔피언에게 막무가내로 달려드는 고봉을 어떻게 생각하였을까?

퇴계는 그런 고봉을 장래가 촉망되는 선비로 생각한 듯하다. 비록 거칠기는 하여도 잘 갈고 닦으면 대 유학자가 될 인재로 본 것 같다.

퇴계와 고봉과의 13년간의 편지는 퇴계가 먼저 편지를 보내는 것에서 시작한다. 두 번째 편지도 퇴계가 보낸다. 퇴계가 자기의 사단칠정론을 수정하는 편지이다. 과거를 합격한 후 광주로 내려온 고봉은 1559년 3월에 퇴계에게 편지를 보낸다. 그런데 이미 퇴계가 안동으로 내려 간 뒤라서 이 편지가 전달되지 못하였다. 서울로 올라간 고봉은 1559년 8월 14일과 15일 사단칠정론 제1서를 쓰면서 퇴계에게 인생 상담을 한다.

고봉은 퇴계에게 벼슬과 학문 사이에서의 고민을 털어 놓는다. 이 당시는 고봉은 갓 벼슬살이를 시작한 시절이었다. 면신례 즉 호된 신고식을 치르는 중이었다. 고봉은 퇴계에게 자신의 진로에 대한 고민을 털어 놓는다 이런 고봉의 고민에 대하여 퇴계는 1559년 10월24일에 편지를 써서 고봉의 고민에 대한 상담을 하여 준다. 퇴계는 인생 선배로서 벼슬과 학문 사이에서 헤맨 자기의 경험을 이야기하면서 고봉이 큰 그릇이 되기를 원한다.

그러면 고봉이 1559년 8월14일과 8월15일에 퇴계에게 보낸 편지를 자세히 읽어보자.

삼가 문안드립니다. 건강은 어떠하신지요? 그리운 마음 끝이 없습니다. 저는 선생님께서 염려해 주시는 덕택에 근근이 지내고 있습니다. 다만, 의지가 굳지 못하여 바닥없는 구렁에 빠져 있는 것 같습니다. 몸을 굴려 빠져 나오려 합니다만, 끝간 데를 알 수 없을 뿐입니다. (중략)

서울에 도착한 뒤에도 계속 병을 앓고 있어서 승문원承文院의 면신례免新禮도 처음에는 가지 못했습니다. 누워서 오래 몸조리를 한 뒤에야 겨우 나갈 수 있게 되어, 지난달 하순에야 비로소 면신례를 다 마쳤습니다.

면신례免新禮. 이 의식은 조선시대에 벼슬을 처음 시작하는 관원이 선배 관원들에게 성의를 표시하는 의식이다. 보통 술과 안주를 준비하여 성대하게 대접하였다. 부임 즉시 '허참례許參禮'라 하여 일차 향응을 베풀고, 열흘쯤 뒤에 '면신례'라는 명목으로 다시 주연을 벌여야 하였다. 이 기간 동안에 선배관원들은 온갖 방법으로 신참관원을 시험하고 괴롭혔는데, 이 시련과정을 '면신' 이라고 불렀다. 이 때 선배들은 인격적인 모독을 가하고 직무상의 함정에 빠뜨리는 것은 물론 육체적인 가혹행위나 구타도 행하였다. 오늘날 우리 사회의 일각에서 행해지는 '신고식申告式' 이란 명목의 가혹행위나 향응의 관례도 여기에서 유래한 것으로 생각된다.

고봉의 편지는 계속된다.

산림山林에서 야인野人으로 지내다가 하루아침에 세상의 그물에 걸려 잘못 떨어져, 넘어지고 자빠지고 이리저리 몰리니 가지 않은 곳이 없고 보는 것마다 놀랍고 어지럽지 않은 것이 없었습니다. 그 고초는 이루 말로 다할 수 없습니다. 지금은 놀란 마음이 조금 진정되기는 하였습니다마는 여전히 무성한 숲이 생각나고 너른 들판이 그립습니다. 저의 타고난 품성이 어째서 이처럼 괴기怪奇하고 편벽된지 모르겠습니다. (중략)

저는 제 주장에 얽매어 한갓 옛글만을 익혔을 뿐인데다가, 나이가 들어서도 줄곧 초야에서 지냈으므로 완고한 성품이 이미 굳어 바로잡기가 어렵습니다. 지금에야 준비를 하고 이 세상에 나가려 합니다만, 성질이 괴팍하고 게을러서 어딜 가든 문제가 되니, 어리석은 이 몸을 어루만지며 때때로 탄식만 할 뿐입니다.

지난날 배운 것을 다시 익히고 깊이 연구하여야 처음에 뜻한 바를 거의 저버리지 않게 될 것인데, 잡다한 일이 저를 얽어매어 하루종일 겨를이 없습니다. 또 속마음을 털어놓고 말할 만한 곳도 없으니 어찌하면 좋겠습니까? 멀리 산마루의 구름을 바라보노라면 저도 모르게 자꾸 선생님께서 계신 곳으로 고개가 돌아가곤 합니다. 어느 때나 뵙게 될지 탄식과 그리움뿐입니다. (후략)

이 편지를 쓴 다음날 고봉은 다시 퇴계에게 편지를 쓴다.

이미 편지를 다 쓰고 난 뒤이지만, 저의 성심을 선생님께 알려 드려야 할 것이 있어 번거로움을 무릅쓰고 다시 아뢰옵니다. 저는 진실로 학문을 아는 자도 아니고 학문에 뜻을 둔 자도 아닙니다. 다만 소싯적에 얕은 재능으로 고금의 책들을 제법 두루 읽었을 뿐입니다. 그러나 그것은 글을 잘 하여 벼슬을 구하려는 계획에 불과하였습니다. 그 뒤 과거科擧에 실패하고 나서 다시 성현들의 글을 구해 보게 되었는데, 그것도 다만 스스로 즐긴 것일 뿐, 진실로 힘을 다하여 종사從事한 것은 아니었습니다. 이와 같은데도 감히 입을 열어 성정性情의 이치에 대하여 입을 열어 옳지 못한 죄를 범하였으니, 스스로 자신을 헤아리지 못했다고 이를 만합니다. (중략)

고봉은 자기 고백을 한다. 그 고백은 계속된다.

또 저는 바탕이 경박하고 기운이 허약하여 공부해야 하는 곳에 힘을 집중하지 못했고, 공부도 늦게 시작해 병통이 매우 많습니다. 공부를 할 때 마다 정신이 조각나 흩어지는 것을 뉘우칩니다만, 성정의 본원本源에 대하여 어떻게 공부를 해야 할지 모르겠습니다. 이것은 비록 저 스스로 노력할 일이요, 스승이나 친구에게 의지할 바가 아닙니다마는 선생님께서 깨우쳐 주시기 바랍니다.

저는 성품이 본래 물정에 어두워 세상과 맞지 않습니다. 벼슬을 버리고 물러나 숨으려고 하면 자취를 감추기 어렵게 되고, 힘써 벼슬에 종사하자니 몸과 마음이 모두 괴롭습니다. 이 두 가지를 다 등한히 할 바엔 차라리 시속 時俗에 위배될망정 제 뜻대로 하는 것이 낫지 않겠습니까. 이 일은 일찍이 마음속으로 결정한 바였지만 사람들의 의견이 같지 않았습니다. (중략)

병을 앓고 있는 사람이 몸도 돌보지 않고 면신례에 응하는 것이 진실로 마땅치 않음을 잘 알고 있으면서도 많은 사람들의 핍박을 면할 수 없어서 무릅쓰고 일을 끝냈습니다. 이것은 저의 식견이 높지 못한 소치이니 다시 말해서 무엇 하겠습니까. 그러나 이 세상에 사는 자가 조금만 이상한 일이 있으면 뭇사람들의 놀림과 배척을 면치 못하고, 끝내는 몸이 위태로워지거나 뜻을 억눌러야 하는 데에 이르게 됨을 볼 수 있습니다. 한탄스럽고 한탄스럽습니다. 바라건대 선생님서는 나아갈 방향을 가리켜 주십시오.

저는 항상 '처세가 진실로 어려운 것은 나의 학문이 지극하지 못한 것을 걱정할 뿐이다. 나의 학문이 지극해지면 처세에 반드시 어려움이 없을 것이다.'라고 생각하고 있습니다. 이 말의 뜻이 어떻습니까? 아울러 일일이 살펴보시고 깨우쳐 주시기 바랍니다. (후략)

고봉은 출처의 고민을 두 통의 편지로 소상하게 퇴계에게 호소한다.

이런 고봉의 편지를 받은 퇴계는 10월24일자로 답장을 한다. 이 편지에는 고봉의 고민에 대한 상담과 사단칠정론 1서에 대한 답서가 들어 있다.

이어 편지 세 통의 뜻을 되풀이 하여 살피니 그대가 마음을 기울여 저를 그리워하고 있음을 볼 수 있었으며, 또한 저를 한 없이 슬프고 한탄스럽게 했습니다.

"대체로 출처거취出處去就는 마땅히 스스로 결정해야지, 내가 남을 위해 꾀할 수 있는 일이 아니며, 또한 남이 나와 함께 꾀할 수 있는 것도 아니다."라는 호강후胡康侯의 소견이 탁월하여 본받을 만합니다.

호강후胡康侯는 중국 송나라 유학자인 호안국胡安國을 말한다. 벼슬에 나아감과 물러남에 대한 말은 주진朱震의 물음에 답한 말로 〈송사〉 '열전' 에 수록되어 있다.

다만 평소 이치에 정밀하지 못하고 의지가 굳지 못하면, 스스로의 결정이 혹시 시대의 도리에 어둡거나 또는 자신의 욕구에 밀려 그 마땅함을 잃을 뿐이라는 점이 걱정될 뿐입니다. 보내 준 글의 뜻을 자세히 보건대 "아직 학문이 이루어지지도 않았는데 갑자기 나왔으니, 벼슬길이 원래의 뜻을 빼앗길까 염려되니, 돌아가서 끝까지 학문을 연구하고 싶다." 하였습니다. 이것이야말로 옛 사람들도 얻기 어려웠던 것이고 오늘날 세상에서도 볼 수 없는 일입니다. 그러기에 나는 그대 앞에서 옷깃을 여미고 깊은 경의를 표하면서도, 또 한편으로는 그대 때문에 근심하고 또 두려워하지 않을 수 없습니다.

퇴계는 고봉의 견해에 대하여 상당히 황당해 한다. 고금의 선비들이 해내지 못하는 일을 생각하고 있으니 한편으로는 경외스럽고 한편으로는 걱정이 된다. 이어서 그는 자신이 살아온 길을 토로한다.

잠시 제가 몸소 겪은 일을 말하겠습니다. 저는 젊어서 일찍이 학문에 뜻을 두었으나, 선생이나 동료들이 이끌어 주지 못했기 때문에, 얻은 것은 조금도 없이 몸에 병만 깊어졌습니다. 그 때 마땅히 산속에 들어가 평생을 마칠 작정을 하고 조용한 곳에 초막草幕을 짓고서 글을 읽고 뜻을 길러, 아직 미진한 바를 더욱 추구하여야 했습니다. 그렇게 수십 년 동안 공부를 더 하였다면 병도 낫고 학문도 이룩해 세상의 모든 일이 제 뜻대로 되었을 것입니다.

그런데 어떻습니까? 돌아보건대, 저는 그렇게 하지 않고 과거를 보고 벼슬을 구하는 일을 좇아가면서, "내가 일단 과거의 길을 가보고 혹시 되지 않으면 물러가고 싶으면 물러나자. 누가 나를 잡을 것인가."라고만 생각하였습니다. (중략) 오늘에 이르러서는 진퇴양난이 되고 비방한느 논의가 산적山積하여 두려운 생각이 극에 달하게 될 줄은 생각도 하지 못하였습니다.

일찍이 스스로도 산야에 어울리는 성품을 가졌다고 생각하여 작록爵祿을 바라지 않았지만, 학문이 이치에 밝지 못하고 시대의 도리에 어두워 처음을 한 번 그르쳤는데, 뒤에 그것을 깨달았지만 수습하지 못하고 이 지경에 이르렀습니다. 그럼에도 제가 옛 의리를 좇아갈 수 있는 까닭은, 저의 병이 이와 같다는 것을 온 나라 사람들이 다 아는 바이고, 천지와 귀신이 함께 굽어보는 바이며, 핑계가 아니기 때문입니다.

퇴계는 자신의 경험을 고봉에게 토로한다. 벼슬과 학문 사이에서 퇴계가 겪은 고민과 방황, 그리고 회의懷疑를 진솔하게 이야기 한다.

그런데 그대의 경우에는 나보다 훨씬 처신하기 어려운 점이 있을 것입니다. 이 문제에 대하여 이미 그대가 물어오셨으니 나의 생각을 대략 이나마 말씀 드리겠습니다.

그대는 빼어난 기상과 동량棟梁의 재질을 갖추어, 출사出仕하기 전부터 명망이 원근에 파다하였고 출사하자 온 나라의 관심이 그대에게 쏠렸습니다.

퇴계는 고봉이 잘 났다고 평가하고 있다. 출사 전에 이미 〈주자문록〉을 지어서 주자에 밝은 성리학자임이 호남에 널리 알려졌고, 출사하자마자 퇴계 자신과 성리학 논쟁을 하고 있으니 고봉이 잘 나기는 잘 난 것이다.

긴 노정路程의 출발이 비로소 시작되었는데 몸에 나 같은 병도 없으면서, 벼슬을 버리고 물러나 숨고자 한다면 세상 사람들이 선뜻 그대를 놓아 주겠습니까? 세상 사람이 자기를 버리지 않는데 자기가 세상을 버리려고 한다면, 그럴수록 더욱 벗어나지 못할 것입니다. 게다가 병든 저처럼 자주 사퇴하기를 빌기도 어렵지 않겠습니까? 사람들의 책망도 병든 저를 책망하는 것보다 더 심하지 않겠습니까? 바로 이 점이 내가 그대를 위하여 걱정하고 두려워하는 바입니다.

그러므로 그대를 위한 계획은 마땅히 벼슬길에 나오기 전에 일찍 학문에 뜻을 세우는 것이어야 했습니다. 그렇게 했다면 학문에도 전념할 수 있었고 도道도 얻을 수 있었을 것입니다. 그리하여 이로 말미암아 한 시대에 도학道學의 깃발을 세워 우리 나라의 끊어진 학통學統의 창도자倡道者가 되는 것도 가능했을 것입니다.

그러나 그렇게는 하지 않고 그대는 이미 과거에 응시하고 벼슬을 구하였으며, 또 머리를 숙이고 욕됨을 참으면서 면신례를 행하고 난 지금에 와서 비로소 다른 사람에게 계책을 물어, 물러나서 자신이 소원을 이루려 하니 사태 파악이 너무 늦은 것 아닙니까? (중략)

퇴계는 고봉을 질책한다. 고봉이 조금 황당하다고 생각한다. 행정고시에 합격하여 임관한 이가 이제 와서 산으로 들어가 철학 공부하겠다고 하면 세상 사람들이 어떻게 볼 것인가?

그대는 편지에서 "처세가 어렵긴 하지만 그럼에도 나의 학문이 지극하지 못한 것이 걱정할 뿐이다. 나의 학문이 지극해지면 처세에 반드시 어려움이 없을 것이다."라고 하였는데, 이 말은 진실로 간절하고 지극한 말입니다. (중략) 무릇 선비가 세상을 살면서 나아가기도 하고 물러나기도 하며, 때를 만나기도 하고 만나지 못하기도 하지만, 결국에는 몸을 깨끗이 하고 의를 행할 뿐이요, 화복禍福은 논할 바가 아닙니다.

퇴계는 선비의 길은 청렴과 의리임을 강조하고 화복은 논할 바가 아님을 주지시킨다.

그러나 저는 일찍이 우리나라의 선비 중에 조금이나마 뜻을 가지고 도의道義를 좇는 사람들 거의가 환란에 걸린 것을 괴이하게 여겼습니다. 이것은 비록 땅이 좁고 인심이 박한 까닭이기는 하지만, 역시 그들 스스로 처신이 미진한 바가 있어서 그런 것입니다. 이른바 미진했다 함은 다름이 아니라 학문을 이루지도 못했으면서 자신은 너무 높이고, 시대를 헤아리지도 못했으면서 세상을 경륜하는 데 용감했다는 것입니다. 이것이 바로 실패한 까닭이니, 큰 이름을 걸고 큰일을 맡은 사람은 반드시 이를 경계해야 합니다.

여기에서 퇴계는 겸허를 강조한다. 자신을 낮추고 시대를 헤아리며 학문에 정진하여야 한다는 자기 철학을 내비치고 있다. 퇴계는 고봉이 실패한 선비가 되지 않기를 당부한다. 처신에 있어서 겸손하고 잘 난체 하는 것을 경계하라고 타이른다.

그러므로 공을 위한 오늘의 방도는 스스로 처신하는 데 너무 고상한 체하거나 세상을 경륜하는 데 너무 용감하게 하지도 말며 모든 일에 자신의 주장을 너무 지나치게 내세우지 않는 것입니다.

그대는 이미 벼슬길에 나와 몸을 나라에 바치기로 기약하였으니 어찌 오로지 물러날 뜻만을 고수할 수 있으며, 도의를 따르기로 뜻을 세웠으니 또 어찌 나올 줄 만 알고 물러갈 줄 모를 수 있겠습니까? 오로지 공자孔子의 " 벼슬하다가 힘이 남으면 학문하고, 학문하다가 힘이 남으면 벼슬하라.學優仕優"하고 훈계한 것을 처신의 기준으로 삼고, 의리에 비추어 맞는 가를 잘 살펴야 할 것입니다.

벼슬할 때는, 오로지 국사를 걱정하는 것 외에는 항상 한 걸음 물러서고 한 계단 낮추어, 학문에 전념하여 "나의 학문이 아직 완전하지 못한데 어찌 성급하게 나라를 다스리는 책임을 말을 수 있겠는가."라고 해야 합니다. 시대와 맞지 않을 때에는 한 오라기도 외부의 일에 는 관여하지 말고 반드시 한직閑職을 청하거나 물러나길 도모하면서, 학문에 뜻을 모아 "나의 학문이 완전하지 못하니, 지금은 고요히 수련해 학문을 진전시키는 일을 할 때이다."라고 하십시오.

오래도록 이 같이 하기를 기약하여, 나아가고 물러남에 모두 학문을 기준으로 삼고, 의리의 무궁함을 깊이 알아서 항상 겸손하게 스스로 부족하다는 생각을 지님과 동시에, 허물 듣기를 좋아하고 착하게 되기를 즐기어 진리가 쌓이고 공력이 오래되면, 도가 이루어지고 덕이 확립되어 공功은 저절로 높아지고 업業이 저절로 넓어질 것이니, 이때에야 위에서 말한 세상을 경륜하고 도를 행하는 책무를 비로소 말할 수 있을 것입니다.

보내오신 편지를 보건대 그대의 뜻이 물러나는 데 있습니다. 그런데 나의 말은 출出과 처處 두 가지를 다 잡으라고 말하였으니, 세상사람 누구나 하는 말이라 정지

운이 그대를 위하여 꾀한 것과 동일하다고 배척이나 당하지 않을는지요? (중략)

나의 소견으로도 그대에게 높이 날아 멀리 떠나서 다시는 돌아오지 말고, 옛사람이 숨어서 뜻을 구한 이치를 따르도록 권하는 것이 보통 사람들의 생각을 넘어 매우 깔끔하다는 것을 어찌 모르겠습니까?

그러나 일찍이 주선생주희이 정자程子가 봉급을 청하지 않은 일을 문도와 함께 논한 것을 들었는데, 그 뜻은 대개 "오늘날 과거를 거쳐 벼슬길에 오른 이는 보통 사람들처럼 처신하지 않으면 안 된다."는 것인 듯 했습니다.

지금 그대는 이미 은거의 뜻을 잃었고 또 뒤에 병이 생긴 처지도 아니면서 과거로 벼슬길에 들어왔으니, 그대를 위하여 정성껏 꾀하는 이들이 어찌 모두 출세의 일로써 권하지 않겠습니까? (중략)

기미년1559년 음력 10월 24일 병인病人 황이 절합니다..

제 편지에 환란을 염려하는 말이 별 까닭 없이 많은 듯하지만, 내가 세상일을 겪은 날이 많기 때문에 자연히 염려가 이에 미쳤으니 괴이하게 여기지 말기를 바랍니다. (중략).

편지를 마무리하고도 다시 멘토를 하는 퇴계. 구구절절하다.

그러므로 우리는 섣불리 사람들에게 알려지고 기림을 받는 것이 좋은 소식이 아니며, 갑자기 등용되는 것이 기뻐하거나 원할 만한 일이 될 수 없습니다. (중략) 벼슬도 없는 제가 이런 한담閑談으로 편지를 주고받기가 어려울 것이므로 하고 싶은 말을 다 하였습니다.

퇴계는 이렇게 장문의 편지를 써서 고봉에게 멘토를 한다. 퇴계 자신의 경험에 비추어 후학이 잘 되기를 충고한다.

고봉은 퇴계의 편지를 1560년 4월에 받는다. 이 때 그는 광주에 있었다. 그리고 1560년 8월8일에 퇴계에게 답서를 보낸다. 그는 먼저 퇴계의 조언으로 세상을 다시 보게 되어 감사하다는 말부터 한다.

삼가 보내 주신 편지의 뜻을 자세히 살피건대 처세處世의 의리와 도道를 배우는 공부에 대하여 자세하고 분명히 말씀하시어 소경과 귀머거리를 보고 듣도록 하여 귀와 눈이 밝아지게 해 주셨으니, 이른바 "나를 완성시켜 주신 분의 은혜는 나를 낳아 주신 분과 같다."는 말은 이를 두고 한 것입니다.

그러면서 고봉은 퇴계의 조언에 대한 자신의 생각과 출처에 대한 고민을 다시 이야기 한다.

호강후가 이른 바 "출처와 거취는 스스로 마음에서 결정해야 한다."는 말은 제가 항상 그 말을 읊을 때 마다 옳다고 여기면서도 또한 의심스럽게 여기지 않은 적이 없었습니다.

옛날 회암晦庵, 주자선생도 벼슬길에 나아가야 할지를 결정할 때면 반드시 남헌南軒, 장식, 동래東萊, 여조겸등 여러 선생들에게 편지를 보내어 가르침을 구하였는데 하물며 후학後學이야 오죽하겠습니까?

주신 편지에 "이치에 정밀하지 못하고 뜻이 굳건하지 못하면 그 스스로의 결정이 마땅함을 잃게 된다."라고 하신 말씀은 참으로 옳은 말 씀입니다. 바로 이 점이 제가 지난날 의심했던 바인데, 이제 자세한 가르침을 받들었으니, 이것만을 알게 되었을 뿐 아니라 저것까지도 알게 되었으니, 단지 일시적으로 행해야 할 뿐 아니라 종신토록 지킬 수 있게 되었습니다. 전에 만약 선생의 가르침도 받지 않고서 스스로 결정하였다면 잘못되는 바가 매우 많지 않았겠습니까? (중략)

저는 "의사는 환자가 병이 생기게 된 근원을 알아야만 약을 써서 병을 치료하는 효과가 있다."라고 들었습니다. 지금 선생님께서는 이미 저의 병이 생긴 근원을 알고 계시니, 바라건대 약을 쓸 처방을 주시어 끝내 폐기廢棄되는 지경에 이르지 않게 해 주시면 매우 다행이겠습니다. (중략)

출出과 처處 양면을 다 고려하라는 말씀은 진실로 저의 평소의 생각이었습니다. 지난 날에 머리를 숙이고 모욕을 참아 가면서 면신례를 했던 것도 모두 이런 뜻에서였습니다. 그러나 지금 질병이 심하여 억지로 있기가 어려운 형편이기 때문에 우선 물러나 있고자 하는 것일 뿐, 한번 떠나서 영원히 돌아오지 않고자 하는 것은 아닙니다. (중략)

대체로 저는 바탕은 비록 허약하지만 기세는 강하고 거칩니다. 실행은 비록 완성되지 못했지만 이름은 먼저 퍼졌습니다. 무릇 허약한 바탕에 충실한 실행이 없다면 자신을 보존함에 반드시 허술한 구석이 있을 것이며, 강하고 거친 기질로 허명虛名만 붙들고 있다면 다른 사람을 응대함에 있어서 반드시 미진한 구석이 있을 것입니다.

게다가 품성이 강직하고 악을 미워하며, 행동이 경솔 방자하여 입바른 소리를 해대니 혜숙야嵇叔夜 같은 사람도 견디지 못할 것입니다. 이러고 어찌 세상에서 쓰일 만하다고 하겠습니까? (중략)

고봉은 그의 거친 성정을 스스로 고백하고 있다. 그런데 이런 거친 성정은 두고두고 그에게 치명적 약점으로 자리 잡는다. 1569년에 그가 소당의 거두가 되어서도 이로 인하여 곤욕을 치른다.

저의 학문이 스스로를 믿기에는 너무 부족한데, 도리어 점점 소멸될 것 같으니 염려될 뿐입니다. 그러니 방심放心을 거두고 덕성德性을 기르는 공부에 있어 힘을 다하지 않을 수 있겠습니까? 삼가 바라건대 선생께서는 끝까지 저를 가르쳐 주십시오.

고봉의 편지를 받은 퇴계는 1560년 9월1일에 답서를 보낸다. 이 편지의 서두는 "내가 지난 무오년1558, 명종13에 서울로 갔을 때에는 매우 낭패스러웠으나, 그래도 스스로 다행으로 여겼던 것은 우리 명언明彦을 만났기 때문이었습니다."라고 시작한다. 퇴계가 고봉을 성리학을 크게 중흥 시킬 인물로 본 것이다. 자기의 이론에 대한 반론을 제기한 고봉을 기특하게 본 것이다. 퇴계의 글은 이어진다.

출처거취出處去就의 설에 대해 호강후가 스스로 마음속으로 결정해야 한다는 설에 의심을 품고서 회암晦庵이 벗에게 물었다는 사실로 바로 잡은 것은 과연 말씀 하신 대로입니다. 그러나 회암이 평소 견해를 정하면 만길 절벽처럼 우뚝하여, 남들이 말 한다고 해도 이전과 조금도 달라지지 않았으니, 또 이것을 몰라서는 안 될 것입니다.

그리고 지난 편지에서 세상의 환난을 겪었기 때문에 상황이나 시기에대처하는 데에 어쩔 수가 없는 경우가 있었다고 말씀드렸는데, 그 말은 기세가 꺾이고 위축되어 약해진 데서 나온 늙은이의 말입니다. (중략) 병이 생긴 근원은 진실로 용렬한 의원이 알 수 있는 바가 아닌데 더구나 약을 지어 달라고 해서야 되겠습니까. 그러나 일찍이 주자의 말을 보건대 "자기의 병을 알고서 고치고자 한다면 다만 고치고자 하는 마음이 바로 병을 치료할 수 있는 약이다." 하였습니다. 바라건대 그대는 다른 사람에게 약을 묻지 말고 곧 이 주자의 말씀 속에서 병을 치료할 수 있는 방법을 찾아 힘써 치료하십시오. 그러면 반드시 입에 쓴 약으로는 미칠 수 없는 신묘한 효험이 있을 것입니다.

"학문이 지극하면 처세에 어려움이 없다."는 한 조항에 대해서, 당시 저의 소견에는 실로 고명하신 그대가 이렇게 자처하는 것에 의심이 없지 않았습니다. 그런데 지금 그대의 편지를 받고는 바야흐로 남의 말을 극진히 살펴보지 않은 나의 실수를 깨달았습니다. "출出과 처處 양단兩端을 가졌다."라는 대목 이하는 그대의 처신과 말이 모두 훌륭했습니다. (중략) 그대의 편지에 '무골충無骨蟲'이란 한마디 말은 참으로 한바탕 크게 웃을 만합니다. 그러나 이 벌레는 앞사람들의 전철前轍을 밟아서는 안되니, 마땅히 답습하는 것 또한 경계해야 할 것입니다. (중략) 이와 같으므로 선비가 한번 조정에 서게 되면 모두 낚시에 걸린 고기 꼴이 되는 것입니다. 그 가운데 강직하고 악을 미워하는 이는 대부분 화를 면하지 못하고, 아부하는 이들이나 나약한 이들은 서로 이끌고서 시비는 가리지 않고 아첨하는 태도만 지을 뿐입니다. 이 두 경우 모두 안타까운 일입니다. 더구나 관 뚜껑을 덮기 전에는 중도에 아무리 이 일을 후회해도 소용없고, 수레가 출발하자 마자 이 소문이 사방에 전파되는데야 더 말할 것이 있겠습니까.

그러므로 덕이 높지 않으면서도 서둘러 정치를 맡는 것은 밥솥을 엎게 되는 길이 될 것이요, 정성이 미덥게 되지 않았는데 자신의 주장을 끊임없이 떠들어 대는 것은 몸을 욕되게 하는 길입니다. 앞 사람들의 실패를 보건대 대부분이 이에서 연유하였으니, 이 학문을 전공하고자 한다면 물러나 감추는 것이 제일 좋습니다. 나의 소견이 우연히 이에 미쳤기 때문에 지난번 편지에 말 했던 것입니다. 이는 대개 불로 뛰어드는 나방을 사람이 본받아서는 안 되고, 담장 밑에 서서 깔려 죽는 일을 자초하는 것은 도리가 아니라는 생각에서 말씀 드린 것입니다. (중략)

그대의 편지에 "정성을 다하여 천명天命을 따르겠다."는 말이 매우 좋습니다. 요컨대 종래 버림받기를 바라던 마음으로 이 한마디 말을 굳게 지켜 시종 변하지 않는다면 거의 배운 바를 저버리지 않게 될 것입니다. 그대는 부디 노력하여 우리의 기대하는 마음을 채워 주신다면 참으로 다행이겠습니다.

이후로도 고봉은 퇴계에게 수시로 고민을 상담한다. 1563년 4월2일에도 고봉은 다시 퇴계에게 출처의 고민을 털어 놓는 편지를 쓴다. 이 편지에 대하여 퇴계는 상담을 하여 준다1563.4.17 편지. 이 뿐만이 아니다. 고봉은 퇴계에게 수시로 자문을 구하였고 퇴계 역시 고봉에게 격려와 충고를 하였다. 퇴계 이황, 그는 고봉 기대승의 영원한 멘토였다.

10
퇴계, 고봉에게 충고하다

퇴계, 고봉에게 충고하다.

1569년 3월에 퇴계가 안동으로 내려 갈 때 퇴계는 선조에게 학문하는 자로 고봉을 추천하였다. 다만 수렴 공부는 부족하다는 단서를 달았다.

그런데 퇴계는 1569년 말에 고봉이 거친 성질을 부리고 술을 엄청 마신다는 소문을 들었다. 이 당시 고봉은 영의정 이준경의 핍박을 받고 있었고 소당과 노당의 갈등은 심화되었다.

1570년 1월 그믐, 퇴계는 고봉에게 따끔한 충고 편지를 보낸다. 퇴계는 이미 선조에게 고봉을 통유通儒로 추천까지 하였는데, 고봉이 주변 사람들로부터 비웃음을 사고 있으니 정신 차리라는 의미에서 매몰찬 충고를 한다.

영전에 절하고 답하여 아뢰는 편지, 기 대사성 댁

(전략) 그대가 시골로 내려갈 뜻을 이미 굳히셨다는 소문을 들었으나 사실 여부가 확실하지 않았는데, 지금 편지에 운운하신 말씀을 보니, 비로소 소매를 펄럭이며 돌아갈 날이 머지않았다는 것을 알았습니다. (중략)

세상에 드러나고 못하고는 운명에 달린 것입니다. 저들이 우리에게 저렇게 하는 것 또한 운명입니다.

여기에서 '저들'이란 영의정 이준경 등의 노당을 말하는 듯하다. 이 당시 기대승, 이이, 심의겸이 주도하는 신진 사림세력은 이황을 종주宗主로 삼고, 떼 지어 서로 교유하며 학문을 강론하면서 그들 스스로 한 무리가 되어 소당이 되었다. 기대승을 대표로 하는 소당은 1569년 6월 9일 대사헌 김개의 발언이후 영의정 이준경, 좌의정 권철 등의 정권 주도세력인 노당과 극심한 갈등을 겪었다. '우리에게 저렇게 하는 것'이란 영의정 이준경이 이황을 일컬어 산새라고 발언하고 기대승에게 공개적으로 핍박 한 것을 말하는 것이다.

고봉은 1570년 1월16일자 퇴계에게 보내는 편지에서 이준경이 핍박한 사실을 적고 있다.

선생께 올리는 편지, 판부사 댁

삼가 여쭙니다. 건강은 어떠하신지요? (중략) 다만 새해가 되기 전부터 감기로 인하여 사직하고 한가로이 지내다 보니, 원망과 걱정을 불러일으킨 것이 일일이 들어 말하기 어려울 정도입니다. 그러므로 다음 달 초순을 넘기지 않고 벼슬을 버리고 남쪽으로 돌아가려고 계획하고 있습니다. (중략)

경오년1570, 선조3 1월 16일 후학 대승은 절하며 올립니다.

영의정이 얼마 전 경연 자리에서 선비들 습속의 폐단을 아뢰기를, 선비들이 자신의 수양은 게을리 하면서 정치적인 이들만 논의하는 것은 부당하다 하였습니다. 이어 성균관의 관원들이 학생들을 천대하여 식사 준비를 소홀히 한 잘못을 범했다면서, "계집종을 유생儒生들에게 내보내고 몸소 식당을 점검하지 않았다."라고 지적하였습니다. 그러므로 승정원에서 임금께 아뢰고 지관사知館事 : 지성균관사, 정2품 이하를 불러 말하였는데, 저는 그때 마침 병으로 휴가 중이었기 때문에 소집 대상에 끼지 않았고, 그 뒤에 바로 체직되었습니다. (이때 기대승은 성균관 대사성이었다. – 필자 주)

바깥에서 논의하기로는 다들 그렇게 한 뜻이 저를 배척하는 데 있다고들 합니다. 제가 식당에 들어가지 않은 것은 사실이지만 계집종을 내보낸 일은 없었습니다. 사람이 세상에 드러나는가 못하는가는 천명에 달린 것이니, 그가 천명에 대해서 어찌하겠습니까. 가소로울 뿐입니다.

이어서 퇴계의 편지는 계속된다.

다만, 이런 일에 부딪치게 되면 또한 스스로 자신을 돌이켜 보고 사리를 좇아 하나하나 뼈아픈 반성을 하지 않아서는 안 됩니다.

요즈음 사람들이 모두 그대를 일러 "세상을 업신여기고 상대에게 오만하고 사람들을 능멸하며 말을 삼가는 데 부족하고 몸을 단속하는 데 소홀하다."고 말합니다. 정말로 그렇다면 힘써 고쳐야 마땅할 것입니다. 그렇지 않다 해도 다시 한 번 분발하는 것이 옳습니다.

퇴계는 이런 때 일수록 더욱 뼈아픈 반성을 하라고 충고하고 있다. 그리고 고봉의 거친 성정을 고치라고 타이르고 있다. 거친 성정! 이에 관하여는 1560년 8월8일자 편지에서 고봉 스스로 고백을 하고 있다.

대체로 저는 바탕은 비록 허약하지만 기세는 강하고 거칩니다. 실행은 비록 완성되지 못했지만 이름은 먼저 퍼졌습니다. 무릇 허약한 바탕에 충실한 실행이 없다면 자신을 보존함에 반드시 허술한 구석이 있을 것이며, 강하고 거친 기질로 허명虛名만 붙들고 있다면 다른 사람을 응대함에 있어서 반드시 미진한 구석이 있을 것입니다.

게다가 품성이 강직하고 악을 미워하며, 행동이 경솔 방자하여 입바른 소리를 해대니 혜숙야嵇叔夜 같은 사람도 견디지 못할 것입니다. 이러고 어찌 세상에서 쓰일 만하다고 하겠습니까?

혜숙야는 죽림칠현 중 한 사람인 중국 진나라의 혜강을 말한다. 노장사상에 심취한 혜강은 도량이 넓고 감정이 잘 드러내지 않는 성격의 소유자였다. 그런데 고봉은 감히 혜숙야 같은 사람이라도 자신의 거칠고 가벼이 입바른 소리를 해대는 모습에는 감히 견디지 못할 것이라고 고백하고 있는 것이다.

그런데 고봉의 거친 성정에 대하여는 〈연려실기술〉과 미암 유희춘의 일기에도 나와 있다.

> 고봉은 기개가 호준豪俊하고 언론이 좌중을 압도하였다. 또 남한테 이기기를 좋아하는 병통이 있어 자기를 따르는 것을 좋아하였기 때문에 정직한 선비와는 맞지 않았고 아첨하는 무리들이 많이 따라 붙었다.
>
> – 〈연려실기술〉

> 호련(중국 고대 은나라 때 종묘에서 곡식 기장을 담던 제기로, 공자가 제자 자공의 인물됨을 그것에 견주어 평가함)의 그릇이라고 말 할 만하며, 세상에서 보기 드문 뛰어난 재주를 지녔다. 다만 굳세고 과단성을 스스로 써서 그 언어를 경솔하게 하며, 조정의 원로들을 비방하여 옛 신하와 벼슬아치들이 크게 미워하게 되었으니, 대개 날카로운 기운을 없애지 못하다가 갑자기 병들어 통곡하는 병폐가 있었다고 한다.
>
> – 〈미암집〉의 일기에서. (조선유학사, p154–155에서 인용)

퇴계의 질책은 더 이어진다.

> 또 듣건대 요즈음 다시 술을 굳게 다스리지 못하여 오래지 않아 큰 병이 나겠다고 하니, 그대가 무엇 때문에 사람들에게 이런 평판을 얻게 되었는지 모를 일입니다.

퇴계는 고봉의 술 마시는 버릇을 나무란다. 이 나무람은 이번이 처음이 아니었다. 퇴계는 1567년 3월18일자 편지에서도 고봉에게 술을 너무 마시는 병폐를 줄이라고 충고한다.

어떤 사람이 전하기를 공이 근래 자못 술을 좋아하는 병폐가 있다 하니, 사실인지 여부는 모르겠으나 과연 그런 병통이 있다면 덕으로 나아가고 삶을 보위하는 방도가 아닌 듯합니다. 어떻게 생각하십니까?

고봉은 1567년 5월11일자 답서에서 술 좋아하는 병통은 소싯적부터 있었는데 떨쳐 버리지 못했다고 고백한 적이 있는데 이준경과의 불화로 다시 병통이 도진 것이다.

퇴계의 편지는 계속된다.

간절히 바라건대, 이제 고향으로 가시거든 온갖 잡념을 떨쳐 버리십시오. 문을 닫고 마당을 깨끗이 쓸고 나서 학업을 익히고 다스리십시오. 깊이 생각하고 언행을 단속하십시오. 무릇 성현의 지극한 훈계인 충신忠信 : 말은 충실하고 믿음 있게 · 독경篤敬 : 행동은 돈독하고 공경스럽게 · 참전의형參前倚衡 : 서있을 때 바로 앞에 같이 있는 듯, 수레를 탈 때는 책 끝 횡목에 기대고 있는 듯 그런 행실을 몸에서 떼지 말아야 한다.등을 모두 빈말로 보지 말고 반드시 내 몸에서 그러한 행실이 친히 보이게 하여 실제로 그것을 체화하기를 기약하십시오. 그리하여 자신에게 돌아올 중책重責을 저버리지 마시길 간절히 빕니다.

세상 사람들은 내가 사람을 알아보지 못하고 잘못 천거薦擧하였다고 다투어 말들을 합니다. 하지만, 저는 아직 잘못 천거하였다고 후회하지는 않습니다. 그것은 제가 그대에게 기대하는 것이 사람마다 다 같이 알 수 있는 그런 것이 아니기 때문입니다.

그런데 그대가 평생 뛰어난 재주를 마구 써버리고 방탕한 습관에 얽매여, 술 때문에 괴로움을 당하고 방자하게 노는 데 빠져서, 마침내 성현의 세계와 수만 리나 멀어지게 된다면, 이는 그대를 공격하는 세상 사람들이 제대로 사람을 알아본 것이 되는 것입니다. 그렇게 되면 내가 비록 잘못 천거한 것을 후회하지 않으려 한다 하여도 어찌 그럴 수 있겠습니까.

여기에서 '천거'란 퇴계가 1569년 3월 4일 선조에게 고봉을 통유로 천거한 것을 말한다. 퇴계는 "기대승이 문자文字를 많이 보았고 이학理學에도 조예가 가장 높으니 통유通儒입니다. 다만 그는 수렴 공부收斂 : 내성內省 한다는 뜻가 부족한 것이 미진한 점인데 소신이 평상시에 이 점을 부족하게 여겨서 좀 더 공부하라고 권면하였습니다. 그러나 이러한 유자儒者도 얻기가 쉽지 않습니다."라고 선조에게 말한 것이다.

마지막으로 퇴계는 고봉이 더욱 근신하기를 당부한다. 지금 고봉에게 닥친 어려움을 반성의 계기로 삼아 심기일전하기를 거듭 당부한다.

공자께서 중궁仲弓에게 공경敬과 용서恕의 보람에 대해 말씀하시기를, "나라에 있어도 원망이 없고 집 안에 있어도 원망이 없다."라고 하셨고, 주자朱子는 왕단명汪端

明이 휴가 얻은 것을 기뻐하면서, 더욱 학문을 강론하고 마음을 바르게 할 것을 권면하였습니다.

바라건대 그대도 깊이 생각하고 힘써 자신을 돌이킨다면 더 할 나위 없이 다행이겠습니다. 끝으로 부디 자신의 몸을 지키고 아껴 진중珍重하기를 바라며 이만 줄입니다. 삼가 절하며 감사드립니다.

융경隆慶 4년 1570년 정월 그믐, 황은 머리 숙입니다.

이러한 퇴계의 따끔한 충고에 대하여 고봉은 1570년 4월17일자 편지에서 퇴계에게 변명을 하고 술을 끊었다고 말한다.

앞뒤로 깨우쳐 주신 말씀은 저의 병에 맞는 약이 아닌 것이 없으니, 제가 어찌 감히 깊이 생각하고 힘써 실천하여, 참으로 병을 없애고 효과를 얻는데 노력하지 않을 수 있겠습니까? (중략)

다만, 그런 가운데서도 어리석은 제 마음을 드러내 보이고 싶은 것이 있습니다. 마치 스스로 변명하는 것 같아 조심스럽습니다만, 끝내 묵묵히 입을 다물고 있을 수 없어 감히 한두 가지 말씀 드리고자 합니다. 바라건대 너그러이 살펴 주시기 바랍니다.

제가 세상을 업신여기고 다른 사람들을 능멸한다는 데 대해서는, 저는 그런 마음이 없다고 스스로 믿습니다. 그러나 의논하는 때에 기운을 가라앉히지 못하여 남들의 험담을 불러 일으켰으니, 진실로 통렬히 각고의 노력을 기울여 편벽된 성품을 바로잡겠습니다.

말을 삼가는 데 부족하고 몸을 단속하는 데 소홀한 병통에 대해서는 제가 본래 알고 있는 바여서 항상 경계하고 반성하였으나 그런 말을 피할 수 없었습니다. 이것은 아마도 뿌리가 깊고 두텁지 못하기 때문에, 일이 있을 때 마다 번번이 드러나서 이런 지경에 이르게 된 것 같습니다. 만약 근본에 더 노력을 쏟는다면 거의 조금은 나아질 것입니다.

술에 대하여 말씀하시었는데, 근래에 병이 잦아서 끊었습니다. 그리고 그렇게 하는 것이 몸을 기르고 덕을 기르는 데 모두 유익함을 깨달았습니다. 지금부터는 정말로 굳게 절제하여 다시는 술에 빠지지 않고자 합니다마는 과연 그렇게 될 수 있을지 모르겠습니다.

남들이 저를 잘못 천거했다고 한다는 말씀을 하셨는데, 저도 또한 처음부터 그렇다고 생각했습니다. 그러니 남들의 비난과 비웃음을 어떻게 면할 수 있겠습니까? 그러나 제가 그렇게 자처하는 것은 다만 분수에 맞게 힘을 써서 만분의 일이나마 그것을 면해 보려 함입니다.

고봉, 자기의 처신을 다시 한 번 반성하다

1570년 11월15일 고봉은 퇴계에게 편지를 보낸다. 이 편지에서 고봉은 자신의 처신을 다시 한 번 반성한다.

선생님께 올리는 글

(전략) 저의 지난날의 처신이 일반적인 기준에 맞지 않았다는 것을 잘 압니다. 그러나 가만히 생각하건대 군신의 의리는 천성에 뿌리를 두고 있으니, 비록 용납되지 않아 떠났다 하더라도 모른 척만 하기는 옳지 않은 듯합니다.

그러므로 감히 세상이 꺼리는 것을 무릅쓰고 절실한 걱정을 대략 아뢰었던 것일 뿐입니다. 화복이 오는 것은 하늘에 달린 것이니 미리 그 후환을 걱정해서 지나치게 나약해서는 안 될 것으로 생각하였습니다. 요즈음의 사대부들은 너무 화를 두려워하여 그 마음가짐이나 행동이 자못 한쪽으로 쏠려 있으니, 장차 이러한 풍조가 남긴 폐단을 구제할 수 없을까 두렵습니다. 저는 비록 못났지만 마음속으로 이를 항상 걱정했던 까닭에, 벼슬에 나온 이후로는 감히 구차히 몸을 보전할 생각을 접은 지가 오래인데, 오늘에 와서 어찌 다른 생각을 하겠습니까.

(중략) 비록 그렇지만, 선생님의 자상하신 가르침을 받았으니 감히 거친 성정을 바로잡아 중도中道에 부합하기를 구하지 않을 수 있겠습니까? 다만 심지心志가 굳지 못하고 배움이 보잘 것 없어 저를 알아주신 선생님의 은혜에 보답하지 못 할까 걱정되어, 두려운 생각에 밤낮으로 편히 지내기 어렵습니다.

물격物格, 무극無極 등에 대한 해석은 선생님께서 굽어 살펴 주시어 평소 분분하게 오갔던 것이 끝내 한가지로 매듭지어졌습니다. 한 평생 이보다 큰 행복이 있겠습니까? 저도 모르게 흥에 겨워 어깨춤을 추어도 그 즐거움을 다 드러내지 못 할 것입니다.

호남과 영남이 산천이 막히고 길이 멀어 배알拜謁할 길이 없으니, 몸소 경계의 말씀을 받들거나 의심스럽거나 분명치 못한 것을 여쭈어 볼 수 없음이 한스럽습니다. 종이를 펴 놓고 편지를 쓰려 하니 슬픈 생각이 일어, 동쪽을 바라보며 눈물을 흘립니다. 세모歲暮가 가까워 추운 날씨가 더욱 사나워지는 이때에 몸을 더욱 돌보시길 천만 번 비오며 이만 줄입니다. 아울러 살펴 주시기 바랍니다. 삼가 절하고 답장을 올립니다.

경오년1570 11월 15일 후학 대승은 절하며 올립니다.

고봉은 퇴계에게 더욱 자기를 다스려 자기를 알아주는 스승의 은혜에 보답하겠다고 다짐한다. 그런데 12월 8일에 퇴계가 별세하여, 고봉의 이 편지가 퇴계에게 보내는 마지막 편지가 되고 만다. 너무 안타깝다.

1570년 11월 17일, 고봉이 사람을 보내어 부친 편지를 받은 퇴계는 건강이 악화되어 편지를 스스로 쓸 수 없어 아들에게 대필을 시킨다. 퇴계는 인편을 잡아두고 급히 마지막 편지를 쓴다.

절하고 답하여 올리는 편지, 기 승지 댁

험난한 길을 무릅쓰고 멀리 사람을 보내어 부치신 귀한 편지와 별지를 함께 받고서, 한가로이 도를 음미하면서 행복하게 지내심을 구체적으로 알고는 염려되던 마음이 크게 위로가 되었습니다. (중략)

그러나 그대는 이 한 번의 일로 한가하고 고요하게 학문에 전념하려는 오랜 소원을 이루었건만, 나는 일찍부터 세상에 굳건히 대항하여 자기 길로 나서지 못하여 세상 사람들의 노여움을 샀는데, 지금 이미 늙어서도 오히려 세상에 얽매여 있습니다. (중략)

근심으로 마음이 어지러워 대략 적었습니다. 삼가 어려운 시절에 몸을 더욱 아끼고 보호하여 학문의 성취를 게을리 하지 말아, 시대의 소망에 부응하기를 바라면서 삼가 답서를 올립니다.

경오년1570 11월 17일, 황은 머리를 숙입니다.

퇴계는 고봉이 부디 시대의 소망에 부응하여 정진하기를 부탁한다. 고봉은 비록 퇴계에게 직접 공부를 배운 안동의 문하생은 아니었지만 퇴계가 보기에 가장 치열하게 성리학에 정진한 학도였다. 정통 주자학을 이끌 통유였다. 퇴계는 고봉이 조선의 통치철학으로서 성리학을 정립하여 주기를 바랐다. 그의 수법제자로서 조선을 이끌기를 바랐다.

그리하여 고봉의 영원한 멘토인 퇴계는 마지막 숨이 끊어지는 순간에도 이 나라를 이끌 고봉에게 몸을 다스리고 학문의 성취를 게을리 말라는 당부를 한 것이다.

11

퇴계와 고봉, 학문적으로 도반道伴이 되다

고봉은 퇴계를 스승으로 극진히 모시었고 퇴계가 고봉의 멘토로서 역할을 한 것은 이미 살펴보았다. 그런데 사단칠정논변에서 보았듯이 퇴계와 고봉은 학문하는 입장에서 보면 어떤 관계인가? 한 마디로 두 사람은 도반道伴이었다. 스승과 제자 사이가 아닌, 같이 성리학을 공부하는 사이였다.

두 사람이 주고받은 13년간의 편지를 읽어보면, 고봉은 퇴계에게 사단칠정논변이외에도 물격과 태극 등 성리학의 주요논제에 대하여 끝없이 의문을 제기하였다. 퇴계는 그의 학문의 결정판인 성학십도를 완성하는 데 고봉의 도움을 받았고, 성리학에 관한 자문을 수시로 구하였다.

물격과 태극에 관한 저의 견해가 틀렸습니다.

퇴계는 1570년 11월17일, 그가 별세하기 20일전에 고봉에게 쓴 마지막 편지에서 물격과 태극에 관한 자기의 견해가 틀렸음을 인정한다.

> 지금까지의 물격설物格說과 무극이태극설無極而太極說은 나의 견해가 잘못되었습니다. 이미 그 고친 내용을 베껴서 그대에게 전하라고 김이정에게 부쳤으나, 아마도 전해지지 않은 듯하므로 지금 한 통을 다시 보냅니다. 아울러 헤아려 주시기 바랍니다.

이 글에서 퇴계가 이미 물격설과 무극이태극설을 김이정에게 고쳐 보냈다는 것은, 퇴계가 1570년 10월15일에 고봉에게 보낸 편지를 말한다.

> 그 사이 김이정이 그대가 그에게 편지로 말한 '이理가 무극無極에 이른다.' 같은 말을 적어 보내왔는데, 그것을 보고서 갑자기 지난날 저의 견해가 잘못되었음을 깨달았습니다. 저 나름대로 깨달은 몇 마디 말을 별지에 기록하였으니, 밝게 살펴 주시면 매우 다행이겠습니다.

고봉은 이미 1568년 서울에서 퇴계와 만났을 때 물격 등에 대하여 의문을 제기하였고, 퇴계는 나중에 답을 하겠다고 1569년 6월9일 편지에 답한다. 그리고 고봉은 다시 1569년 윤 6월에 퇴계에게 편지로 물격과 무극에 대하여 의문을 제기한바 있는데 퇴계는 1570년 1월24일 편지에서 아직 답을 못함을 토로한다. 그런데 고봉은 또 다시 김이정에게 편지를 보내어 자기의 의문이 퇴계에게 전달되도록 한 것이다.

그리고 보니 고봉은 물격과 태극에 관한 퇴계의 견해에 대하여 몇 년간 집요하게 의문을 가지고 있었던 것이다. 그러면 퇴계가 보낸 별지를 살펴 보자

'사물의 이치에 이른다物格'및 '사물의 궁극적 이치에 이르지 않음이 없다.物理之極處無不到'에 대한 주장에 대해서는 삼가 그대의 가르침을 듣겠습니다.

지난 번 내가 잘못된 주장을 고집했던 이유는 단지 주자朱子가 말한 "이理는 감정이나 의지情意가 없고, 계획함과 헤아림도 없으며 짓고 만들지도 않는다."는 설만을 알고 지키려 했기 때문입니다.

그러므로 '사물의 이치에 이른다物格'의 격格과 '이르지 않음이 없다無不到'의 도到를 모두 '자기가 격하고, 자기가 도한다.'고 이해했던 것입니다.

그런데 최근에 그대가 찾아낸 서너 조항을 김이정이 전해 주었습니다. 그것은 주자가 '이도'에 대해 언급한 내용이었습니다. 그것을 받아본 뒤에야 비로소 나의 견해가 잘못되었다는 사실이 두려워지기 시작하였습니다.

퇴계는 고봉이 김이정을 통하여 보내준 주자의 글 몇 가지를 읽고서 비로소 두려워지기 시작한다. 그것은 주자가 스스로 주석한 〈대학大學〉의 〈보망장補亡章〉과 〈혹문或問〉가운데 보이는 주자朱子의 설을 말한다. 이를 읽어보자.

즉 "사람이 학문을 하는 대상은 마음心과 이理일 따름이다. 마음이 비록 한 몸을 주재하지만, 그 실체體는 텅 비어 신령虛靈하므로 천하의 이理를 주관할 수 있고, 이理는 비록 세상 만물에 흩어져 있으나, 그 작용用은 의 미묘微妙하여 실로 한 사람의 마음에서 벗어나지 않는다. 그러니 애당초 안과 밖, 정밀함과 조악함으로 대비하여 논할 수 없다."

작은 주小註를 보면, "어떤 이가 작용이 미묘하다고 하는 데, 그것은 마음心의 작용이 아닙니까?"라고 물으니, 주자가 말하기를 "이理에는 반드시 작용이 있으니 어째서 그것을 다시 마음의 작용이라고 해야만 하겠는가? 마음의 실체도 이理를 갖추고 있으니, 이는 해당되지 않은 곳이 없고, 이가 없는 사물은 하나도 없다. 그러나 그 작용은 실제로 사람의 마음을 벗어나지 않는다. 무릇 이理가 비록 사물에 있지만 작용은 실로 마음에 있는 것이다."

퇴계는 비로소 자신의 견해가 잘못된 것임을 인정한다. 이 얼마나 열린 마음인가? 칠십의 나이에도 치열하게 연구하고 학문의 오류를 인정하는 모습이 너무 아름답다.

지난번에는 다만 본체本體가 작용하지 않는다는 데 대해서는 알았지만, 신묘한 작용이 드러나 움직일 수 있다는 것은 알지 못하였습니다. 그래서 이理를 마치 죽은 물건으로 인식하였으니, 이는 바른 도道와의 거리가 너무 멀지 않았습니까? 그런데 지금 그대가 저를 정성껏 가르쳐준 덕분에, 잘못된 견해를 버리고 새로운 뜻을 얻었고 새로운 깨달음을 키웠으니 참으로 다행입니다.

물격론은 신유학에 있어서 인식론이다. 기세춘은 〈성리학 개론 (하)〉에서 퇴계와 고봉, 두 사람의 물격 논쟁을 사단칠정논쟁 이후의 제2라운드 논쟁으로 본다. 그리고 그는 16세기에 조선에서 사물의 인식에 대한 철학 논쟁을 한 것은 서양보다 훨씬 앞 선 것이라고 자부하고 있다.

이어서 퇴계는 '무극이태극無極而太極'에 대한 해석도 잘못되었음을 인정한다. 그의 편지를 읽어보자.

'무극이태극無極而太極'이라 하는 말에 대한 해석도 근래에야 비로소 나의 견해가 잘못되었음을 깨달았습니다.

전부터 여러 유학자들의 주장을 두루 살피기를 기꺼워하지 않고, 단지 나의 소견에 따라 '극極'을 바로 '이理'로 보아 망녕되게 "염계濂溪, 주돈이 周敦頤가 무극을 말할 때에 단지 형체가 없다는 것을 말 한 것뿐이지, 어찌 이가 없다는 것을 말 한 것이겠는가."라고 잘못 생각하였습니다. 그러므로 한결같이 여러분들의 해석을 그르게 여겼고, 일찍이 그대가 베껴 보내 준 오초려吳草廬의 설을 받고서도 마음을 비우고 세심히 살피지 않았습니다.

퇴계는 자기의 견해가 틀림이 없다는 확신과 고정관념에 젖어서 다른 유학자들의 주장을 살피는 데 신경을 안 쓴 것 같다. 그래서 고봉이 의문을 제기하면서 오초려의 글을 보내었어도 세심히 살펴보지 않았다. 오초려吳草廬는 원나라 정주학자 오징吳澄 1249-1333을 말한다. 그는 허형許衡, 유인劉因

과 더불어 원나라의 저명한 학자로 꼽히는데, 〈도통도道統圖〉를 지어 자신이 주자 이후에 도통을 계승한 사람이라 자부하였다.

그 뒤 그대와 다른 벗들이 경계해 깨우쳐 준 가르침을 여러 번 받고서야 비로소 선대의 여러 유학자들의 설을 하나하나 검토하여 보았습니다. 그중에 황면재黃勉齋의 설이 가장 자세하고 완전하였습니다.

황면재는 말하기를 "후세의 독자讀者들은 '극極' 자가 다만 비유로 든 것임을 알지 못하고 선뜻 이理라고 말한다. 그러므로 '이가 없을 수 없다'하는 것뿐 아니라 주자周子의 무극이란 말에 대해서도 잘 이해하지 못하게 된다." 하였습니다. 이 말은 마치 나에게 오늘날의 의혹이 있을 줄을 미리 알고서 손수 가르치는 것 같습니다.

퇴계는 비로소 황면재의 글을 읽고서 자신의 견해가 틀렸음을 인정한다. 황면재는 송나라의 황간黃榦 1152-1221을 말한다. 그는 주희와 유청지에게 수학하였는데, 주희는 그의 능력을 인정하여 학문을 전수하고 사위로 삼았다. 황간은 백록동서원白鹿洞書院에서 강학하였으며, 저서에 〈육경강의六經講義〉, 〈예기집주禮記集注〉등이 있고 주희의 행장을 지었다.

저는 이전부터 책을 읽을 때 대충 읽어 잘 못 이해하는 병통을 더욱 스스로 경계하고 두려워하여 조금이라도 고치려고 하였습니다만, 죽기 전에 이런 뜻을 이룰 수 있을지 모르겠습니다.

퇴계는 스스로 대충 공부하는 병통을 고백한다. 고정관념이란 정말 무섭다. 유명한 학자가 되면 웬만한 것은 다 안다고 생각하니 남의 지적에는 들으려 하지도 않고 고치려 하지도 않는다. 하기야 수 십 년간 주장해 온 학설을 단번에 고치기가 어찌 쉬우랴. 그것을 고치는 순간에 명성이 무너질 수도 있는 데 누가 감히 이를 감수하고 자기의 주장이 틀렸음을 스스로 인정하려 할 것인가? 그리고 보면 퇴계의 열린 마음은 우리가 본받아야 할 귀감이다. 이것이 퇴계가 지금도 존경받고 있는 점이고, 겸허함과 열린 자세는 지금 세상을 살아가는 지식인과 학자와 정치인들이 배워야 할 점이다.

그런데 퇴계가 이토록 열린 마음을 가지도록 하게 만든 이가 바로 고봉이다. 관찰력과 호기심이 대단한 고봉은 치열한 학구열로 '무극이태극' 설을 집요하게 파고들어 여러 원전들 살피기를 멈추지 않았다. 그리하여 고봉은 퇴계에게 오초려의 글을 전해 주었고, 황면재의 글도 김이정을 통하여 전달한 것이다.

고봉의 끊임없는 문제제기는 결국 퇴계로 하여금 물격설과 '태극이무극' 설을 면밀히 검토하게 만들었고, 그 결과 퇴계가 자기의 견해를 바꾸게 되는 것이다.

태극도설太極圖說은 중국 송나라의 성리학자 주돈이周敦頤 1017-73가 우주의 생성, 인륜의 근원을 그림으로 나타내고 설명을 곁들어 체계화한 글이다. 이 글은 249자의 짧은 글이지만, 주희가 정치精緻한 해석을 통하여 자신의 철학을 서술하여 성리학의 성전聖典으로 여겨지고 있는 글이다.

그러면, 이 기회에 주돈이의 〈태극도설〉을 읽어 보자.

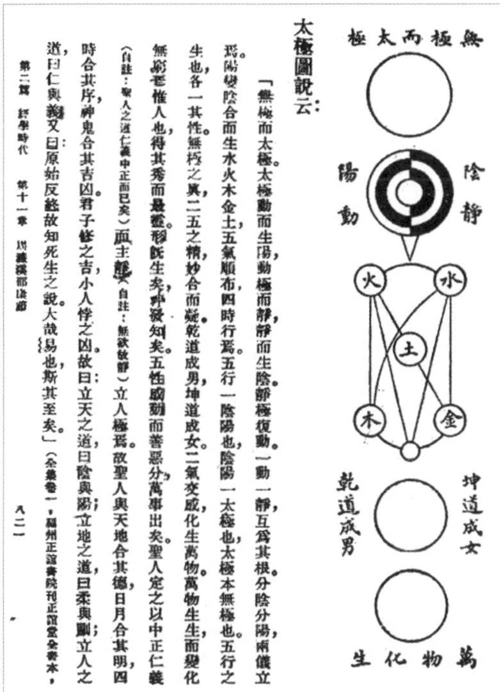

太極圖說云:

「無極而太極。太極動而生陽，動極而靜，靜而生陰。靜極復動。一動一靜，互爲其根。分陰分陽，兩儀立焉。陽變陰合而生水火木金土，五氣順布，四時行焉。五行一陰陽也，陰陽一太極也，太極本無極也。五行之生也，各一其性。無極之眞，二五之精，妙合而凝。乾道成男，坤道成女。二氣交感，化生萬物。萬物生生，而變化無窮焉。惟人也，得其秀而最靈。形旣生矣，神發知矣。五性感動而善惡分，萬事出矣。聖人定之以中正仁義（自註：聖人之道仁義中正而已矣）而主靜（自註：無欲故靜）立人極焉。故聖人與天地合其德，日月合其明，四時合其序，鬼神合其吉凶。君子修之吉，小人悖之凶。故曰：立天之道，曰陰與陽；立地之道，曰柔與剛；立人之道，曰仁與義。又曰：原始反終，故知死生之說。大哉易也，斯其至矣。」（全集卷一，福州正誼書院刊正誼堂全書本，）

第二篇 哲學時代 第十一章 周濂溪部淺論 八二一

주돈이의 〈태극도설〉

無極而太極. 太極動而生陽, 動極而靜, 靜而生陰, 靜極復動. 一動一靜, 互爲其根. 分陰分陽, 兩儀立焉. 陽變陰合, 而生水火木金土. 五氣順布, 四時行焉. 五行一陰陽也, 陰陽一太極也, 太極本無極也. 五行之幸也, 各一其性. 無極之眞, 二五之精, 妙合而凝. 乾道成男, 坤道成女, 二氣交感, 化生萬物. 萬物生生, 而變化無窮焉. 惟人也, 得其秀而最靈. 形旣生矣, 神發知矣, 五性感動而善惡分, 萬主出矣. 成人之道以中正仁義, 以主靜, 立人極焉. 故聖人與天地合其德, 日月合其明, 四時合其序, 鬼神合其吉凶. 君子修之吉, 小人悖之凶. 故曰, 立天之道, 曰陰與陽, 立地之道, 曰柔與剛, 立人之道, 曰 仁與義. 又曰, 原始反終, 故知死生之說. 大哉易也, 斯其至矣.

무극이 태극이니, 태극이 움직여서 양을 생성하고,

움직이는 것이 지극해서 고요함이 생기고, 고요함이 음을 낳고,

고요함이 지극하면 다시 움직이나니,

한번 움직임과 한번 고요함이 서로 그 뿌리가 되고,

음으로 나뉘고 양으로 나뉘어 두 가지 모양이 세워지도다.

양이 변하면서 음을 합하여, 수, 화, 목, 금, 토의 오행이 생성되며,

다섯 가지의 기운이 골고루 펼쳐져,

춘하추동 사시의 계절이 운행 되도다.

오행은 하나의 음양이요, 음양은 바로 하나의 태극이니,

태극은 본래 무극이도다.

오행의 생성은 저마다 하나의 성품을 갖추고 있고,

무극의 진리와 음양오행의 정수가 묘하게 합하여서 응결되나니,

하늘의 도로서 남성을 이루고, 땅의 도로서 여성을 이루어,

두 기운이 서로 교감하여 만물을 변화, 생성시키나니,

만물이 태어나고 또 태어나서, 그 변화가 무궁하도다.

오직 인간만이 그 빼어남을 얻어서 만물의 영장이니,

형체가 이미 생성되어 정신이 앎을 드러내는도다.

인, 의, 예, 지, 신의 다섯 가지 성품이 감동하고 선과 악이 구분되고, 만 가지 일을 드러내도다.

성인은 중정中正과 인의仁義를 바르게 정하여,

고요함을 주로 해서 사람으로서의 지극함

즉, 사람의 태극人極을 세우셨도다.

그러므로 성인은 천지와 더불어 그 덕을 합하였고, 해와 달과 더불어 그 밝음을 합하였고, 사계절과 더불어 그 차례를 합하였으며, 귀신과 더불어 그 길흉을 합하였으니, 군자는 그것을 닦으니 길하고, 소인은 그것에 거스르니 흉하도다.

그러므로 "하늘의 도를 세워서 음과 양이라 하고, 땅의 도를 세워서 유와 강이라 하고, 사람의 도를 세워서 인과 의"라고 말하도다.

또 말하기를 "시작에 근원하여 끝으로 돌아간다. 그러므로 삶과 죽 음의 이야기를 안다"고 하였으니,

위대하도다, 역의 이치여! 이것이 그토록 지극하도다.

고봉, 퇴계의 성학십도 완성을 돕다.

그러면 퇴계와 고봉의 성리학 공부 수준을 살펴보자. 퇴계는 당시에 자타가 인정하는 성리학의 대가였다. 그는 1556년에 〈주자서 절요〉를 편찬하고, 1558년에 〈주자서절요서〉를 지었고 당시에 유행한 정지운의 〈천명도설〉을 고쳐 쓸 정도였다.

고봉도 100권에 달하는 주자대전을 읽고 1557년에 주자대전의 핵심을 정리한 〈주자문록〉을 발간하였으니 고봉 또한 젊지만 상당한 경지에 이른 성리학자였다.

퇴계와 고봉의 13년간의 편지를 읽어 보면 퇴계는 고봉을 그의 학문을 전수하는 제자로서가 아니라 정통 주자학을 완성시키기 위한 도반으로 생각한 듯하다.

그런 증거의 하나가 퇴계가 1568년 12월에 성학십도를 선조에게 진달하면서 고봉에게 검토하여 달라고 한 점이다. 〈성학십도〉는 퇴계가 선조로 하여금 성왕聖王이 되어 선정을 베풀도록 간절히 바라는 마음에서 올린 것이며 유학사상을 체계화한 결정판이다.

≪성학십도≫는 서론의 내용이 담긴 〈진 성학 십도차進聖學十圖箚〉에서 시작하여 10개의 도표와 해설로 되어 있다. 10개 조목은 첫째 〈태극도太極圖〉, 둘째 〈서명도西銘圖〉, 셋째 〈소학도小學圖〉, 넷째 대학도大學圖〉, 다섯째 백록동규도白鹿洞規圖〉, 여섯째 〈심통성정도心統性情圖〉, 일곱째 〈인설도仁說圖〉, 여덟째 〈심학도心學圖〉, 아홉째 〈경재잠도敬齋箴圖〉, 열째 〈숙흥야매잠도夙興夜寐箴圖〉이다.

퇴계는 〈성학십도〉를 만들면서 고봉에게 잘못된 곳을 지적해 달라고 한다. 그리고 아직 사람들에게 보이지 말라는 당부까지 한다. 이에 고봉은 성학십도를 면밀하게 살펴보고 퇴계에게 의견을 보낸다.

그런데 퇴계는 선조에게 성학십도를 올린 후에도 안동에서 수정 작업을 계속한다. 이 수정작업을 하면서 퇴계와 고봉 사이에 수차례 의견이 오고 간다.

1569년 윤6월 27일 퇴계가 편지를 읽어 보자

송구스럽게도《성학십도》의 판각을 이미 마쳤다 들었습니다. 만약 인쇄하여 반포하라는 명령이 계시면 혹시 관례에 따라 임금께 올리는지요? 만약 그대가 승정원에 있는 날에 이《성학십도》를 올리게 되거든 추가로 고친 것 가운데 자잘하고 긴요하지 않은 곳은 번거롭게 아뢸 필요는 없습니다. 하지만〈심성정도心性情圖〉의 중도中圖와 하도下圖처럼 고친 곳 같은 부류는 그 이유를 구체적으로 진달하지 않아서는 안 될 것이니, 바라건대 깊이 생각해서 처리하여 소홀함이 없도록 하는 것이 어떻겠습니까?

이 편지에 대하여 고봉은 1569년 7월21일 자로 퇴계에게 답장을 보낸다.

《성학십도》의 판각이 거의 끝났으므로 오래지 않아 인쇄하여 임금께 올린다고 합니다. 도형의 모양이 비록 크고 글자가 작지 않은 듯하지만, 두고 보는 데는 불편함이 없습니다. 다만 보는 사람들이 평소에 이런 문자를 본 적이 없으므로 얼핏 보고는 많이 놀라니, 곁에 두고 보면서 의미를 터득하는 도움이 없을까 염려스럽습니다.

얼마 전 경연 자리에서 전교하기를 "후일 불러서《성학십도》를 강의하게 하고자 한다."고 하셨으나, 그 뒤에 경연관經筵官이 "고친 데가 있어 아직 다 판각을 하지 못하였다고 핑계 대면서 후일을 기다리소서." 하였습니다. 대체로 사람들이 〈성학십도〉의 전체적 내용에 대해서 잘 모르기 때문에 임금 앞에서 강의하기를 매우 꺼리니 참으로 탄식할 일입니다.

퇴계는 다시 1569년 9월 그믐에 고봉에게 편지를 보낸다.

《성학십도》에 관해서 주신 편지의 여러 말씀을 보고는 지극하신 뜻에 깊이 감사하였습니다. 도형이 비록 크지만 두고 살피는데 크게 불편함 없다고 하신 편지의 말씀이 진실로 그렇기는 합니다. 그러나 끝내 그 폭이 너무 넓어서 책상에 놓거나 서가書架에 꽂는 데에는 이따금 불편함이 있을 듯합니다. 그러므로 도형의 크기를 약간 줄이고 글자를 더 빽빽이 써 넣어 3, 4행이 차지한 너비를 줄이면 알맞을 듯합니다. 그러나 지금 이미 인쇄하여 임금께 올렸다면 어쩔 수 없겠지요.

한편 1570년 11월 17일 퇴계의 마지막 편지에도 성학십도중 제6도인 〈심통성정도心統性情圖〉를 고치는 문제에 대하여 퇴계가 고심하는 대목이 나온다. 고봉이 김이정을 통하여 그림 위치에 문제를 제기하였기에 퇴계가 고민하고 있는 것이다.

다만, 〈심통성정도〉를 고치는 일이 마땅하지 않다고 하신 데 대해서는, 지난번에 김이정이 그대의 글을 적어 보내준 덕분에 이미 짤막한 논변을 지었습니다. 미리 한 장 베껴서 김이정에게 부쳤는데, 중간에서 유실遺失되지는 않을 것이니 오래지 않아 그대에게 전해 질 것입니다. 제 생각은 이미 거기에서 갖추어 말했으니 지금 다시 진술하지 않겠습니다.

대저 예禮, 지智 두 자의 위치가 온당하지 않아 고치고자 한 것뿐입니다. 만약 이 두 자를 온당하게 자리매길 수만 있다면 옛 도형을 그대로 두는 것이 제가 정말 원하는 바입니다.

숨이 끊어지는 바로 그 순간까지도 치열하게 학문에 정진하면서 완벽한 이론을 완성하려 하는 퇴계. 정말 대 유학자의 모습이다.

퇴계, 고봉에게 성리학에 대하여 자문을 구하다.

한편 퇴계는 고봉에게 자주 성리학에 대하여 조언을 구하였다.

1560년 9월1일 퇴계의 편지에는 "왕원택王元澤은 어떤 사람이고, 그 말이 어느 책에 나오며, 그것이 무슨 뜻인지 뒤에 분명히 가르쳐 주기를 간절히 바란다."고 적혀 있고, 고봉은 1561년 4월 10일 편지에 "왕원택은 바로 왕개보王介甫의 아들로서 이름은 방雱입니다. 그 말은 《주자어류朱子語類》제130권에 나오니, 열람해 보시기 바랍니다."고 답하고 있다.

퇴계는 1562년 10월16일 사단칠정논쟁을 이제 그만하자고 한 편지에서도 여러 가지를 고봉에게 묻는다.

○《주자대전속집》〈답채계통서答蔡季通書〉에 "천지의 창고를 다 열고자 한다면 옹치癰痔 과라 果蓏가 손상을 당하게 되는 유감이 없을 수 없다."라고 하였는데, '옹치 과라가 손상을 당한다.'는 말이 무슨 뜻인지 모르겠습니다. (중략)

○〈남악을 유람할 때 밤에 방광에서 묵었는데 장로 수영이 죽었다는 말을 듣고 지은 시遊南岳夜宿方廣聞長老守榮化去詩〉에 "허공에서 근두만 친다.只麽虛空打筋斗" 했는데, '허공에서 근두를 친다'는 말이 무슨 뜻입니까? (중략)

○《심경부주心經附註》'이욕망도以欲忘道' 주註의 호씨설胡氏說에 "반백班伯이 이른

바 음란의 근원이다." 하였는데, '반백'은 어느 때 사람이며 그 일은 어느 글에 나옵니까?

○ 주자가 〈공중지鞏仲至에게 답한 글〉에서 방옹放翁, 육유陸遊의 일을 말하기를 "까닭 없이 천진교天津橋 위에서 호손胡孫의 요란시킴을 당하였으나, 도리어 대이삼장저견大耳三藏覰見하였다." 하였는데, 이것이 무슨 말이며, 또 유공劉珙의 신도비에 '예조훈롱藝祖熏籠'이라 한 일도 모르겠습니다.

고봉은 1563년 2월12일 편지에서 자기도 알 수 없는 것이 많다고 답한다.

별지에 기록하여 보여 주신 것은 자세히 알 수 없는 것이 많습니다. 단지 세 조항만을 별지에 기록해 올리니 살피시기 바랍니다.

1563년 2월 12일 후학 대승은 돈수재배합니다.

〔별지〕

'옹치癰痔 과라果蓏'라는 말은 유자후柳子厚의 〈천설天說〉에 나옵니다. 자세히 알 수는 없으나 이런 뜻이 아니겠는지요.

'반백班伯'이란 말은《한서漢書》〈서전敍傳〉에 나옵니다.

'근두筋斗'는 우인優人 광대이 거꾸로 섬을 이르는 명칭입니다. 일찍이 한 중僧을 만났더니, 그가 말하기를 "옛날에 한 중이 장로長老의 법회法會에 참여하였다가 깨달음이 있어 곧 거꾸로 서서 나왔는데, 이 말은《전등록傳燈錄》에 나왔다."라고 했습니다. 모르기는 하나 이런 뜻이 아니겠는지요.

1565년 6월24일 편지에서도 퇴계는 의심스러운 몇 조항을 적고, 앞으로 있을 인편에 알려 주면 고맙겠다고 편지한다.

○《예기禮記》 주註에 보이는 석량 왕씨石梁王氏의 이름이 무엇이며, 어느 시대, 어느 곳 사람이며, 또 어떤 사람입니까?
○〈숙흥야매잠夙興夜寐箴〉은 남당南塘 진백 무경陳栢茂卿이 지은 것입니다. 이 사람은 학문이 보통이 아닌데도 다른 곳에 나오는 데가 없기 때문에 어느 시대에 살았는지, 어떤 인물인지 모르겠습니다.

고봉은 1566년 5월1일 편지에서 퇴계에게 답장을 보낸다.

소첩小帖에 말씀하신 석량 왕씨石梁王氏 등의 조항은 상고한 바가 없으므로 감히 함부로 말씀드리지 못하겠습니다. 그러나 물헌物軒과 퇴재退齋는 두 사람인 듯 합니다마는 상고하여 전거할 수가 없으니, 또한 감히 억측으로 단언할 수 없습니다.

퇴계 생각, 성리학의 중흥.

사실 퇴계가 주자학에 접한 것은 1545년 이후이다. 1543년에 〈주자대전〉이 발간되자 퇴계는 이 책을 접하였다. 그런데 퇴계가 본격적으로 주자를 공부한 것은 그가 풍기군수 직을 그만두고 안동 토계로 물러난 1549년 이후 인듯하다. 이 때 그는 주자학만이 조선을 다스릴 정통 학문임을 깨닫는다. 그래서 그는 ONLY 주자를 외친다. 주자의, 주자에 의한, 주자를 위한 학문에 정진한다. 김성일의 언행록을 살펴보자.

> 퇴계 선생은 일찍이 서울에서 《주자전서》를 구하여 문을 닫고 들어앉아서 조용히 읽기를 시작하여 한여름 내 그치지 않았다. 그래서 혹 누가 더위로 몸이 상할 염려가 있다고 경계하면, 선생은 말하기를, "이 책을 읽으면 가슴속에서 문득 시원한 기운이 생기는 것을 깨닫게 되어 저절로 더위를 모르게 되는데, 어찌 병이 나겠는가." 하였다.

퇴계는 불교, 도교, 양명학 등 다른 학문으로 부터 주자학을 조선의 정통 통치철학으로 확립하기 위하여 철저한 이론 무장을 하고 다른 학문과의 논쟁도 서슴치 않는다.

그런데 퇴계는 1558년에 그보다 26살이나 어리지만 주자학에 치열한 고봉을 만난다. 그리고 고봉이 첫 만남부터 성리학의 핵심인 이기 논쟁을 걸어오자 퇴계 또한 응수를 하게 되고, 이 논쟁이 장안의 화제가 되면서 조선의 선비들은 모두 두 사람의 논쟁에 관심을 가지게 되었고, 그로 인하여 성리학이 흥행에 성공한 것이다. 이어서 두 사람의 편지에서 논쟁거리가 되는 물격과 무극이태극설도 여러 사람들에게 관심을 끌게 되었다.

한 마디로 퇴계와 고봉은 주자학을 조선의 이데올로기로 끌어 올리는 운동에 같은 길을 걸어간 도반이다.

12
사문斯文이 돌아가심을 통곡하며

낙암에서

낙암樂庵은 신촌마을에 있는 신룡동 5층 석탑 뒷산에 있다. 예전에는 고마산이라 하였는데 지금은 낙암산이다. 고마산을 낙암산으로 이름 바꾼 것이 고봉이 낙암을 지었기 때문에 그것을 기리기 위한 것이라는 생각이 든다. 낙암은 1570년 5월에 지어졌다고 한다.

> 경오년1570, 선조3 5월에 고마산顧馬山 아래에 자그마한 집을 지어 낙암樂庵이라 이름 붙였으니, "가난할수록 더욱 즐길 수 있어야 한다. 貧當益可樂"는 퇴계의 편지글에서 따온 것이다.
>
> \- 고봉연보에서

낙암이란 이름은 1570년 4월17일에 고봉이 퇴계에게 보낸 편지에 나타난다. 1570년 4월이면 고봉이 영의정 이준경으로부터 배척을 받아 광주로 내려온 지 두 달이 된 때이다.

(전략) 집에서 가까운 산기슭에 작은 초막을 새로 지어 노니는 곳으로 삼고자 하는 데 "낙樂 자를 그 집의 이름으로 걸까 합니다. 이것은 지난번에 주신 편지에 있는 "가난할수록 더욱 즐길 수 있어야 한다.貧當益可樂" 하신 말씀으로 인하여 제 마음에 원하고 사모하는 바를 부치려는 것입니다.

산이 비록 깊지는 않습니다만 시야가 수백 리 까지 미치니 집을 다 지어 머물게 된다면 조용히 수양하는 데 딱 맞을 것입니다. 이곳에서 학문에 힘쓴다면 주위의 아름다운 경치가 피어내는 흥취가 없지 않을 것입니다. 이밖에 또 무엇이 마음을 끌 만한 것이 있어 다시 이러저러하다고 말씀드리겠습니까? 살펴 헤아려 주시고 비평해 주시면 감사하겠습니다. (후략)

경오 4월 17일 후학 대승 절하며 올립니다.

퇴계가 말한 "가난할수록 더욱 즐길 수 있어야 한다. 貧當益可樂" 는 말은 〈논어〉 학이 편 15장에 나오는 '가난하면서도 즐겁게 사는 것빈이락, 貧而樂' 에서 유래한 것 같다. 자공이 '가난하여도 아첨하지 않고 사는 것貧而無諂이 어떠한가?' 라고 공자에게 물었을 때 공자는 '그 정도는 괜찮은 것이다. 그러나 가난하면서도 즐기는 것貧而樂만 못하다' 고 말한다. 퇴계는 이 말을 더 강조하여 '가난할수록 더욱 즐길 수 있어야 한다.' 라고 표현 한 것으로 보인다.

여기에서 고봉의 편지 중 "지난 번 주신 편지에 있는 말씀"이란 퇴계가

1570년 1월24일에 고봉에게 보낸 편지 글 중에 "이 소원벼슬하지 않고 고향에서 지내는 것을 말함 – 필자 주을 이루게 되면 산이 더욱 높아지고 물이 더욱 깊어지며 글이 더욱 맛이 있고 가난이 더욱 즐거울 수 있을 것으로 생각됩니다." 라는 구절을 말하는 데 퇴계 이황은 그의 호 퇴계退溪가 의미하는 것처럼 비록 가난하게 살아도 물러나서 살기를 원하였다.

1570년 7월12일에 퇴계는 고봉에게 답장을 한다. 그리고 낙암 기문과 액자를 써 준다.

> (전략) 높고 넓은 곳에 땅을 얻어서 서실을 새로 짓고 학문에 마음을 다하는 즐거움이 그곳에 깃들고 있다는 것을 잘 알았습니다. 또한 낙樂자를 그곳의 이름으로 걸었으니 참으로 마땅하고 좋습니다. 한번 가서 며칠 동안 머무르면서 그 즐거움이 어떠한지 들어보지 못하는 것이 한스럽습니다. (후략)
> 1570.7.12 황은 절합니다.

산에 오르기 전에 먼저 신룡동 5층 석탑을 본다. 고려시대에 만들어진 것 같은데 부처가 정말 특이하다. 돌부처 모습이 영험이 있게 보인다.

이제 산길로 들어선다. 낙암을 가는 길은 왼쪽 오솔길로 가야 한다. 길이 잘 만들어져 있는 쪽으로 가면 안 된다. 왼쪽 오솔길은 도중에 나무들이 땅바닥에 있어 길을 가로막고 있다. 한낮인데도 산길을 걷기가 호젓하다. 햇볕도 잘 안 들어온다.

처음 올라가는 숲길에는 소나무가 듬성듬성 있고 조금 더 가니 한 쪽은 협곡인데 나무가 울창하여 협곡을 제대로 볼 수가 없다. 좁은 길을 따라 계속하여 10분 이상을 올라가니 시누대와 청죽이 울창한 곳이 나온다.

조금 더 가니 왼편에 넓은 공간이 있다. 이곳이 바로 낙암이라는 생각이 들었다. 이 터에 들어서니 입구에는 집의 주춧돌로 보이는 돌이 여러 개 있다. 중간 지점에는 석유정이라고 써진 우물이 있고 맨 끝에는 낙암구지라고 써진 비가 세워져 있다.

낙암 전경

이곳이 바로 망천사 터인 것 같다. 낙암은 이 터 위에 지어졌다. 그런데 숲이 무성하여 여기에서 더 이상 위로 올라 갈 수가 없다. 고봉이 지었다는 낙암은 서실書室인데, 고봉은 이곳에서 학문을 닦고 시무를 논의하기고 하고 손님이 오면 함께 묵기도 하였다. 고봉이 지은 아래 시를 읽어보자.

통판 성주와 함께 낙암에서 자고 유생의 운을 써서 이별의 회포를 펴다
同通判城主宿樂菴 用柳生韻敍別懷

작은 띳집 경치 빼어난 곳에 열렸으니	小菴開勝地
깃들어 살면서 다시 무엇을 구하리오.	棲息更何求
즐거움은 유서를 찾음에 있으니	樂在尋遺緖
벗님 오면 이 놀이 함께 하리라	朋來共此遊
가을바람 끝없이 불어오고	秋風吹不盡
초승달 그림자 처음 흐르네.	新月影纔流
이별과 만남은 인간의 일이라	離合人間事
떠나고 머무름을 망연히 맡기노라	茫然任去留

이틀을 함께하매 작별이 어렵나니	兩日追隨作別難
내일 아침 전송 길 멀고멀겠지.	明朝相送路漫漫
육 년 동안 나의 선영 보살펴 주었고	六年覆我墳塋惠
한 번 작별에 그대의 기개 흠모하노라	一別欽君志氣完
산악은 막혔어도 정신은 가고 싶고	山嶽隔來神欲往

냇길 바라보면 코끝이 시큰하리라 川塗望處鼻應酸
유명한 동산에 맑은 경치 많다 하니 名園聞說多淸勝
게으른 객은 어느 때나 마음껏 관람하나 倦客何時得縱觀

하늘가 맑은 가을에 젓대 소리 퍼지니 天畔淸秋一篴橫
이별하는 마음 술 만나 슬피 울고 싶구나. 離腸遇酒欲悲鳴
멀리 알겠노니 한양 북쪽 서로 생각하는 땅에 遙知漢北相思地
기러기가 응당 소식을 보내리라 鴻鴈應須爲寄聲

통판 성주가 누구인지 알 수는 없으나 그는 낙암에서 고봉과 함께 잠을 잘 정도로 친한 손님이다. 고봉은 그와 작은 띳집에서 술 한 잔 하고 잠을 같이 잤다. 그런데 다음 날은 이별이다. 그 이별이 너무나 아쉽다. 잘 가게나 친구여, 다시 소식 전하겠네.

망천사 아래에는 동료東寮가 있었다. 동료東寮는 제자들이 기숙할 수 있도록 만들어진 기숙사인데 지금은 그 흔적을 찾을 수 없다. 십 수 년 전에 큰 홍수가 와서 산이 휩쓸린 바람에 흔적이 없어진 탓이다.

망천사 터 맨 끝에는 낙암구지 비가 있다. 비에 적힌 글을 읽어 본다.

> 낙암은 조선 중기 문헌공 고봉 기대승께서 성리학을 강론하신 유허이다. 선생이 44세 되던 선조 3년 5월에 낙암을 지으시고 그 아래 동편에 수간數間의 우사寓舍를 지어 찾아오는 학자들을 거처케 하고 이를 동료라 하였다. (중략)

선조5년 11월 초1일 선생이 46세로 졸하시니 호남 유생들이 낙암하에 망천사를 세워 위패를 모시고 석채례釋菜禮를 행하였으나 이 사우는 임진왜란으로 소실되고 서원을 망월봉하 동천望月峯下 桐川 위로 옮겨 신독재 김집 선생이 초대원장으로 취임하였으며 효종 4년에 월봉서원으로 사액되었다. (중략)

찬연히 빛나던 낙암이 425년의 세월 속에 모두 유실되고 지금은 초석과 석축 편린과 그 터가 무성한 청오죽靑烏竹에 묻혀 흔적으로 남았으니 이제 후학과 후손들은 유적비를 세운다.

숲속 오두막에 조용히 살아도 밝고 빛나니
처음 서재를 지어 푸른 언덕에 잠겼어라
대숲 밤 비 소리 울리고
잿마루 외로운 소나무 노을에 떠 있네.

서책에 눈을 대고 있어도 원래부터 싫지 않고
거친 조밥으로 배를 채워도 역겹지 않네.
또 성현들이 전수한 뜻 알았으니
어찌 옳고 그름과 빛나감을 논하리오.

- 1998년 문헌종 종중

이 비의 마지막에 적힌 시는 고봉이 1570년 5월 낙암을 지었을 때의 회포를 적은 시 같다. 대나무와 소나무가 있는 숲 속에 지어진 조그만 오두막 집 낙암. 이곳에서 조촐하게 살아도 성현의 뜻을 알 것 같으니 어찌 옳

낙암구지 비

고 그름과 인생이 빛나감을 따져 본들 무슨 의미가 있으리오. 이제는 책을 보고 후학을 양성하면서 성현의 뜻을 더 깨달으리라.

망천사 터를 자세히 살펴보았다. 거기에는 석유정碩儒井 우물이 있다. 우물 이름이 '명석한 유학자의 우물' 이라는 뜻이다. 명석한 유학자는 바로 고봉을 말하는 것일까. 아니면 여기에서 공부하는 선비들을 일컬음일까. 우물에는 개구리가 여러 마리 살고 있다. 물도 마실 수가 없을 정도로 고여 있다.

우물 주변에는 검은 대나무 소위 오죽烏竹이 무성하게 여러 그루 자라고 있다. 검은 대나무를 보니 율곡 이이1536-1584의 오죽헌 생각이 난다.

강릉 오죽헌은 율곡 이이가 태어난 곳이다. 그의 어머니 신사임당은 친정인 강릉 오죽헌에서 그를 낳았다. 율곡과 신사임당 두 모자母子는 우리나라 화폐에 초상화가 그려져 있는 인물이다. 5천원 권에는 율곡의 초상화가, 5만 원 권에는 신사임당의 초상화가 그려져 있다.

퇴계의 영남학파와 쌍벽을 이룬 율곡은 고봉의 이기일원론의 입장을 그대로 계승한 사람이다. 그는 고봉보다 오래 살았기 때문에 제자를 많이 두었고 기호학파를 형성할 수 있었다. 그리고 보면 그 동안 학계는 고봉 기대승에 대한 역사적 평가가 인색하였다.

망천사望川祠는 고봉 사후 6년 후인 1578년에 지어졌는데 그 이름은 냇가를 바라보는 사당이라는 뜻이다. 이곳에서 보면 황룡강 물줄기가 보인다 하여 지은 이름인데 지금은 망천사 터 앞에 푸른 대나무들이 너무 우거져서 황룡강 지류 냇가를 전혀 볼 수가 없다. 세상이 변하였으니 옛 흔적을 찾는 다는 것이 쉽지는 않다. 그래도 석축을 확인 할 수 있었으니 얼마나 다행인가.

낙암을 내려오면서 고봉이 눈 내리는 겨울에 낙암에서 홀로 지내면서 퇴계 선생의 별세를 통곡하며 쓴 시가 생각났다.

낙암에서 회포를 쓰다 寓樂菴書懷

사문이 돌아가심을 통곡하며	痛哭斯文喪
쓸쓸한 낙암에서 홀로 지내네.	寒菴獨倚形
눈 내린 창가에 마음 잊지 못하고	雪牕心耿耿
바람 부는 골짜기에 눈물 줄줄 흐르네.	風壑淚泠泠

유서를 다시 찾을 길이 없으니　　無復尋遺緖
부질없이 옛 경서만 안고 있노라　　空餘抱古經
훗날 지하에 놀게 되면　　他年遊地下
혹시라도 영령을 뵐 수 있으려나　　儻得見英靈

퇴계 선생이 없는 세상. 선생은 낙암이라는 이름도 지어 주시고 액자 글씨도 써 주었는데 그분은 이제 안 계신다. 이제 누구를 의지하고 세상을 살아야 하나. 가만히 있어도 눈물이 줄줄 흐른다.

이 시에는 너무나 허전하고 의지할 길 없는 고봉의 심정이 잘 나타나 있다. 시의 말미에 '훗날 지하에서도 퇴계를 뵙고 싶다' 고 한 구절은 혹시 고봉이 자기의 죽음을 미리 예감이라도 한 것일까

13

고봉, 퇴계를 그리워하다

무등산 규봉에서

꿈에 퇴계 선생을 뵙다.

지난밤에 어렴풋이 스승을 모시었고	前夜依俙杖屨陪
오늘 밤에도 정답게 웃고 말씀하시었네.	今宵款曲笑談開
분명한 생각으로 아직도 세상 걱정하시니	分明一念猶憂世
선생께서 매화에만 집착 않으심을 알 수가 있네.	可識先生不著梅

선생께서 일찍이 "도산陶山의 매화가 아직 피지 않았지만 지금쯤은 필 때가 되었다."고 하시기에, 대승大升이 말하기를 "산림山林에 집착하시는 것도 성곽城郭에 집착하는 것과 다를 것이 없습니다."하고, 서로 우스개 소리하며 웃은 일이 있었다. 그러므로 끝 구절에서 그렇게 말한 것이다. (원주)

고봉은 퇴계와 헤어진 후 꿈에서도 자주 퇴계를 만난다. 광주로 낙향하여 인생살이 할 생각을 하니 퇴계야 말로 자기를 가장 아껴주시는 분이라는 것을 새삼 느껴서이었을까. 고봉은 퇴계와 1569년 봄에 한강에서 이별한 후로 자주 꿈속에서 퇴계를 뵈었고, 퇴계를 생각하며 위 시를 지어 그에게 올린다.

그런데 1570년선조3년 12월 8일, 조선 유학의 슈퍼스타 퇴계 이황은 경상도 안동의 도산에서 별세한다. 매화를 누구보다도 사랑한 그는 죽기 며칠 전에 '내가 설사를 하여 저 매화에게 미안하다. 다른 곳으로 치우라.' 는 말을 하고, 돌아가신 날에는 '매화에게 물을 주라' 는 말을 유언인양한다.

이날 아침1570.12.8 모시고 있던 사람에게 "화분의 매화에 물을 주라"고 하셨다. 오후 다섯 시 경에 누운 자리를 정돈하라 하셨다. 부축하여 일으키니 앉으신 채 조용하게 떠나가셨다. (퇴계집, 연보)

퇴계는 밀봉된 다섯 가지의 유언을 글로 남긴다. 그 유언 중에는 '비석을 세우지 말라' 는 말도 들어 있다.

셋째, 비석을 세우지 말고 다만 조그만 돌을 쓰되, 그 앞면에는 '퇴도만은진성이공의 묘退陶晩隱眞城李公之墓'라고 쓰고, 그 뒷면에는 오직 고향과 세계世系와 지행志行과 출처의 대강만을《가례》에 말한 대로 간략히 쓰라. 이런 일을 만일 다른 사람에게 부탁한다면, 예컨데 기고봉 같은 사람에게 부탁한다면 이는 필시 사실에도 없는 일을 장황하게 늘어놓아 세상의 웃음을 살 것이다. 그러므로 내 일찍부터 내 뜻한 바를 내 스스로 짓고자 하여 먼저 명문銘文을 지었고, 그 나머지 것은 이럭저럭 미루어 오다가 아직 마치지 못하였다. 그 초한 글이 어지럽게 쓴 초서 중에 있을 것이니 그것을 찾아내어 그 명문에 쓰는 것이 옳을 것이다

〈퇴계집〉 언행록 5 고종기考終記에서 인용

안동시 도산면 건지산 기슭에 있는 퇴계의 묘소 앞 비석의 앞면은 그의 유언대로 '퇴도만은진성이씨지묘' 라는 10자의 비문이 새겨져 있다. 벼슬 이름도 그에 대한 찬사도 없다. 다만 '도산으로 물러나 만년을 숨어 산 진성이씨의 묘' 라고 적혀 있다. 그의 겸허함이 너무나 돋보이는 비문이다. 군자유종君子有終.

그러나 비석 뒷면의 비문은 퇴계의 유언이 그대로 지켜지지 않았다. 퇴계의 우려대로 고봉 기대승이 비문을 짓고 쓴 것이다. 그런데 고봉은 처음부터 비문을 지은 것이 아니다. 퇴계집 언행록의 고종기에 보면 당초 비문은 대제학 박순이 지었다. 그런데 그 사연이 정확하지 못하여 비문으로 쓸 수가 없어 다시 기대승에게 부탁한 것이다.

이런 일을 조짐이라고 하나, 아니면 운명이라고 하여야 하나. 퇴계가 유언에서 우려한 바처럼 고봉이 비문을 쓰게되니. 역설이지만, 퇴계는 유언에서 고봉 이름을 언급함으로서, 자기의 비문을 지을 사람은 고봉밖에 없다는 점을 암시하였을 수도 있다. 다만, 이미 퇴계 부친의 묘갈명을 지었

퇴계 묘소. 안동시 도산면 건지산 기슭에 있다.

을 때 고봉이 퇴계를 너무 추켜올리는 글을 쓴지라 이를 경계하도록 의미에서 고봉을 언급하였으리라. 당시에 고봉만큼 최고의 문장가가 어디 있으며, 고봉만큼 퇴계를 제대로 아는 이가 또 누구 있었을까.

고봉은 비문에서 맨 앞에 퇴계가 직접 지은 명문을 넣고, 퇴계 행적을 쓴 다음에 자기가 퇴계의 유언을 지키지 못하고 비문을 쓴 이유도 밝히고 있다.

일찍이 고봉은 퇴계의 부탁으로 퇴계의 아버지 묘갈명을 지은 바 있다. 1569년 6월9일 도산서당에서 퇴계는 고봉에게 얼굴로 모르는 부친 묘갈명을 지어달라고 부탁한다. 퇴계 부친은 그가 태어난 지 7개월 만에 별세하였다. 고봉은 7월21일에 퇴계에게 묘갈명 초안을 보낸다. 퇴계는 문장 하나하나를 꼼꼼하게 검토하고 수차례에 걸쳐 고봉에게 수정을 부탁한다. 여러 번 편지가 오가면서 묘갈명이 수정된다. 마침내 퇴계는 1570년 7월12일에 부친의 묘갈명에 흡족해 하며 고봉에게 감사한다. 그런데 빗돌에 문제가 생기었다. 돌 속에 삭은 곳이 계속 드러나서 글씨를 새길 수 없게 된 것이다. 이리하여 퇴계는 1570년 가을에 다시 돌을 구하여 비를 세우려 하였는데 그만 별세하고 만다. 퇴계는 이 일도 유언으로 남긴다. "선친 묘갈비를 세우지 못한 것이 자식 된 도리로서 정말 한이다. 모든 준비는 다 되어 있으니 선친 묘비를 문중 사람들과 의논하여 세우라."고 한 것이다.

퇴계가 별세할 때 고봉은 광주에 있었다. 그는 사람을 보내 조문을 하면서 제문을 쓰고 만장을 짓는다. 그가 쓴 제문에는 퇴계 선생을 잃은 비통함이 진하게 배어 있다.

> 아, 애통합니다. 대들보가 꺾이고 태산이 무너졌으니, 제가 다시 어떻게 가슴을 가누겠습니까. 위로는 사문斯文이 땅에 떨어짐을 애도하옵고, 아래로는 만학晩學이 의지할 곳을 잃음을 슬퍼하오니, 어찌하여 나로 하여금 뼈가 놀라고 혼이 날아가게 하지 않을 수 있겠습니까. (중략)

어찌 인간의 일을 기약할 수 없어서 갑자기 부음訃音을 받는단 말이옵니까. 애통하여 사모하면서 길이 울부짖으니, 가슴은 답답하고 답답하여 더욱 서글퍼집니다.

천리 먼 길에 애도하는 말을 엮어서 한 술잔에 부치오니, 애통하여 저의 정을 다할 수 없사옵니다. 삼가 생각하건대, 선생의 영령께서는 행여 저의 작은 정성을 굽어 살피소서. 아, 애통하옵니다. 흠향하소서.

〈제문〉에서

1571년선조 4년 3월 21일 퇴계 이황의 장례가 있던 날, 고봉은 멀리서나마 인사를 하려고 한 것인지 여러 제자들과 함께 무등산 규봉에 올랐다. 이 날 고봉은 '퇴계 선생의 장례날에 문수암에서원제는 '느낌이 있어 感歎' 이다' 란 시 세수를 짓는다.

제1수

선생은 세상이 싫어 백운향에 가셨는데	선생염세백운향 先生厭世白雲鄉
천한 제자는 슬픔 머금고 이곳에 있네.	천자함애재일방 賤子含哀在一方
멀리서 생각하니 오늘 무덤에 묻히실 텐데	요상가성금일엄 遙想佳城今日掩
사방의 궂은 안개가 차츰 아득해지네.	사산분무전망망 四山氛霧轉茫茫

백운향은 장자의 〈천지〉에 나오는 글이다. '저 흰 구름 타고 상제의 고을에서 놀리라' 라는 구절이 나오는 데 흰 구름 타고 가는 고을이 바로 백운향이다.

이 시를 다시 풀어 보자.

선생은 세상이 싫어서 상제의 고을 즉 하늘나라로 가시었는데 / 나는 슬픔에 젖어 이곳에 있네. / 멀리 호남의 무등산 규봉에서 생각하여 보니/ 지금 선생님은 영남 안동 고을 도산에 묻히실 텐데 / 먼발치로나마 그 모습을 보려하는데 / 사방에 둘러 있는 산에 안개가 끼어서 영남 땅을 자세히 볼 수가 없네.

제2수

한 기운이 유유하게 갔다가 돌아오니	일기유유왕우회 一氣悠悠往又回
화려한 집에서 황천으로 떨어짐을 어찌 견디랴.	가감화옥낙천대 可堪華屋落泉臺
산머리에서 나도 모르게 마음속이 아프니	산두불각중심통 山頭不覺中心痛
쇠약한 몸 백발 여생이 외로워졌네.	쇠백여생우우래 衰白餘生踽踽來

제3수

병이 많아 근년에는 몸조심을 하니	다병연래효괄랑 多病年來效括囊
우연히 봄빛 따라 선방에 이르렀네.	우수춘색도선방 偶隨春色到禪房
우리 도학이 땅에 떨어짐을 상심하노니	상심오도금추지 傷心吾道今墜地
누구를 공경하며 다시 향기 기를꼬.	경위하인갱축향 敬爲何人更畜香

퇴계가 없는 세상에서 고봉은 낭떠러지에 홀로 서있는 고아가 된 느낌이

다. 태산이 무너졌으니 이제 누구를 공경하고 누구를 의지하고 산다는 말인가. 그래서 그랬을까. 고봉 역시 퇴계가 돌아가신 후 2년도 채 못 되어 이 세상을 떠난다.

한편 이 시에는 원주가 달려 있다.

> 1571년 3월 21일에 고봉 기대승은 무등산無等山 규봉圭峯의 문수암文殊菴에서 쓰다. 이날 퇴계 이황 선생의 장례가 있었다. 느끼는 바가 있어서 우연히 이 시를 썼다. (원주)

무등산 규봉

이런 일화를 알아보기 위하여 무등산 규봉圭峯을 올랐다. 규봉은 경치가 너무나 좋다. 규봉圭峯의 규자는 흙토 자가 두개 겹친 글자라 그런지 층암 괴석이 가히 빼어나다. 특히 광주 인근에서 가장 높은 곳에 지어진 이 암자에서 내려다보는 경치는 모든 것을 압도한다.

그런데 고봉이 시를 지었다는 장소인 문수암을 찾을 수가 없다. 등산객들에게 문수암이 어디 있는 지를 물었으나 알지 못하였다.

등산을 마치고 난 며칠 뒤에 우연히 제봉 고경명1536-1592의 무등산 기행문 〈유서석록遊瑞石錄〉에서 문수암 기록을 찾았다.

> (규봉) 광석대의 서쪽 길에는 문지방 같은 돌이 가로질러 있는데 이들을 넘나들면 문수암이다. 암자 동쪽 기슭에 오목하게 패인 돌이 들어 있어 그 중앙에서 샘이 솟아나오며 돌 틈에는 석창포가 수북이 피어 있고 그 앞에는 높이와 넓이가 수십 척 되는 바위가 있다

규봉을 내려오면서 한 가지 의문이 든다. 퇴계와 고봉은 몇 번 만났는가 하는 점이다. 퇴계연보와 고봉연보 그리고 고봉과 퇴계의 편지를 읽어 보면 고봉은 1558년 10월에 서울에서 퇴계를 처음 만났다. 그리고 1567년 7월의 어느 날 밤에 두 번째 만났다고 적혀 있다. 이즈음의 고봉의 편지 글 중에는 '뵙고 나서 다음날에 성균관에 들어가시는 것을 먼발치로 보았다'는 기록이 있다. 또한 퇴계는 1568년 7월부터 1569년 3월3일까지 서울에

서 머무른다. 이 시기에 고봉은 퇴계와 만났다고 기록되어 있고, 퇴계의 제자 우성전1542-1593도 1568년 겨울에 퇴계와 고봉과 우성전이 같이 만났다는 기록을 〈퇴계 언행록〉에 적어 놓고 있다. 마지막으로 1569년 3월4일, 퇴계 선생이 임금의 윤허를 받아 벼슬을 사직하고 영영 서울을 떠나 낙향할 때 퇴계와 고봉은 봉은사에서 이 세상에서의 마지막 이별을 한다.

이를 보면 고봉은 퇴계 선생을 다섯 번이나 여섯 번 정도 만난 것 같다. 그럼에도 불구하고 고봉은 1558년부터 1570년까지 13년 동안 편지를 통하여 퇴계 선생을 극진히 모시었고, 퇴계도 고봉을 때로는 극존칭을 쓰면서까지 대접하고 때로는 도반으로 대하면서 가장 아끼었다. 퇴계와 고봉과의 만남은 정말 아름답다. 국화처럼 향기롭다.

퇴계退溪 선생 묘갈명墓碣銘

명문銘文은 퇴계가 스스로 짓고 비문은 고봉이 짓고 아울러 썼다.

태어나서는 크게 어리석었고	生而大癡
장성하여서는 병이 많았네	壯而多疾
중년에는 어찌 학문을 좋아했으며	中何嗜學
말년에는 어찌 벼슬에 올랐던고	晩何叨爵
학문은 구할수록 멀기만 하고	學求猶邈
관작은 사양할수록 몸에 얽히네	爵辭愈嬰
세상에 진출하면 실패가 많았고	進行之跲
물러나 은둔하면 올발랐네	退藏之貞
국가의 은혜에 깊이 부끄럽고	深慙國恩
성인의 말씀이 참으로 두려워라	亶畏聖言
산은 높이 솟아 있고	有山嶷嶷
물은 끊임없이 흐르는데	有水源源
선비의 옷을 입고 한가로이 지내니	婆娑初服
뭇 비방에서 벗어났네	脫略衆訕
내 그리워하는 분 저 멀리 있어 볼 수 없으니	我懷伊阻
나의 패옥 누가 구경해 주리	我佩誰玩
내 고인을 생각하니	我思故人

실로 내 마음과 맞는구나	實獲我心
어찌 후세 사람들이	寧知來世
지금의 내 마음을 모른다 하랴	不獲今兮
근심스러운 가운데에 낙이 있고	憂中有樂
즐거운 가운데에 근심이 있네	樂中有憂
조화를 타고 돌아가니	乘化歸盡
다시 무엇을 구하리.	復何求兮

융경隆慶 4년1570, 선조3 봄에 퇴계 선생은 나이가 70세였는데, 재차 전문箋文을 올려서 치사致仕할 것을 청했으나 상上이 허락하지 않았으며, 가을에 또다시 치사를 청했으나 허락하지 않았다. 12월 신축일에 선생께서 별세하시어 부음訃音이 전해지자, 상은 크게 애도하시며 영의정을 추증하고 장례는 의정議政의 예를 쓰도록 명하였다. 멀고 가까운 지방에서는 이 소식을 듣고 모두들 슬퍼하고 애석해하며 서로 곡하고 조문하였다. 다음 해 3월 임오일에 집 동쪽의 건지산搴芝山에 안장하였다.

선생의 성은 이씨이고, 휘는 황滉이며, 자는 경호景浩이다. 일찍이 퇴계退溪에 집터를 정하여 살고 인하여 스스로 호로 삼았으며, 뒤에 도산陶山에다가 서당을 짓고 또 도수陶叟라고도 불렀다. 그 선대는 진보현眞寶縣 사람이었다. 6대조 석碩은 고을의 아전으로서 사마시에 입격하고 밀직사密直使에 추증되었다. 아드님인 자수子修는 벼슬이 판전의시사判典儀寺事에 이르렀으며 홍건적을 토벌하여 공을 세우고 송안군松安君에 봉해졌는데, 이분이 안동 주촌周村으로 이거移居하였다. 고조의 휘는 운후云侯인데 벼슬이 군기시 부정軍器寺副正으로 사복시 정司僕寺正에 추증되었으며, 고조비는 숙인淑人 권씨이다. 증조의 휘는 정禎인데 벼슬이 선산 도호부사善山都護府使로 호조 참판에 추증되었으며, 증조비는 정부인貞夫人 김씨이다. 조祖의 휘는 계양繼陽인데 성균 진사成均晉士로 이조 판서에 추증되었으며, 이분이 예안禮安으로 이거하여 온계리溫溪里에 거주하였다. 조비는 정부인 김씨이다. 선고先考의 휘는 식埴인데 성균 진사로 여러 번 추증을 받아 숭정대부 의정부 좌찬성議政府左贊成에 이르렀으며, 선비先妣는 의성 김씨와 춘천 박씨로 모두 정경부인에 추증되었다.

선생은 출생하신 지 한 돌이 못 되어 부친을 여의고, 어려서는 숙부인 송재공 松齋公에게 수학하였다. 이미 장성해서는 학문에 힘쓰고 뜻을 가다듬어 더욱더 스스로 각고하였다. 가정嘉靖 무자년1528, 중종23에 진사가 되고, 갑오년1534에 문과에 급제하여 승문원 부정자承文院副正字가 되었다가 박사博士로 옮겼으며, 성균관 전적典籍과 호조 좌랑을 역임하였다. 정유년1537 겨울에 모친상을 당했으며, 그 후 삼년상을 마치고는 홍문관 수찬弘文館修撰에 임명되었다. 그 후 사간원 정언과 사헌부 지평, 형조 정랑과 홍문관부교리 겸 세자시강원문학世子侍講院文學, 의정부 검상議政府檢詳을 지냈으며, 다시 의정부 사인議政府舍人으로 옮기고, 사헌부 장령掌令과 성균관 사예 겸 시강원필선侍講院弼善, 사간원 사간司諫과 성균관 사성成均館司成에 임명되었는데, 성균관 사성으로 있을 때에는 휴가를 얻어 성묘하였다.

다음 해인 갑진년1544 봄에는 홍문관 교리로 소환되어 좌필선左弼善에 임명되고, 홍문관 응교와 전한典翰으로 천직되었다가 병으로 면직되었으며, 사옹원 정司饔院正이 되었다가 전한에 다시 임명되었다. 이때 간신 이기李芑가 삭탈관직하도록 계청啓請하였다가 얼마 후 이기가 또다시 삭탈관직하지 말도록 청하였다. 그리하여 선생은 사복시 정司僕寺正에 임명되었다.

병오년1546, 명종1 봄에는 휴가를 받아 외구外舅를 장례하고 병으로 체직되었다.

다음 해인 정미년1547 가을에는 응교로 임명되고 부름을 받았으나 서울에 도착한 다음 병으로 면직되었다. 무신년1548 1월에는 외직으로 나가 단양 군수丹陽郡守가 되었다가 풍기豐基를 맡았다. 기유년1549 겨울에는 병으로 사직하고, 고향으로 곧바로 돌아갔다가 탄핵을 받아 두 품계를 박탈당하였다.

임자년1552 여름에는 교리에 임명되어 부름을 받아 조정에 돌아와 사헌부 집의에 제수되었으며, 다시 부응교로 옮겨졌다가 성균관 대사성으로 승진되었다. 그 후 병으로 면직되었다가 다시 대사성이 되고, 형조 참의와 병조 참의가 되었으나 모두 병으로 면직되고 첨지중추부사僉知中樞府事가 되었다. 을묘년1555 봄에 휴가로 있던 중 해직되자 배를 세내어 동쪽으로 돌아왔다. 그 후 첨지중추부사에 임명되었으며, 홍문관 부제학에 임명되고 연달아 부르는 명을 받았으나 모두 병으로 사양하였다.

무오년1558 가을에는 상소하여 면직되기를 청하고 부르는 명을 거두어 줄 것을 청하였으나, 상은 비답批答을 내려 허락하지 않았다. 선생이 도성에 들어가 사은하니 대사성에 임명되고, 얼마 후에는 공조 참판에 임명되었다. 선생은 여러 번 사양하였으나, 상은 허락하지 않았다. 다음 해 봄에 휴가를 받아 고향으로 돌아가고 세 번이나 글을 올려 면직되기를 청하여 동지중추부사同知中樞府事에 임명되었다.

을축년1565 여름에는 글을 올려 간곡히 사양하여 벼슬을 그만두고 집에 기거하였다. 겨울에 상이 특지를 내려 부르고 다시 동지중추부사에 임명하였다. 병인년1566 1월에 선생은 병을 무릅쓰고 길에 올라 글을 올려 치사하기를 청했는데, 서울에 올라오는 도중 공조 판서에 임명되고 또 대제학에 겸직되었다. 선생은 마침내 새로 내린 벼슬을 극력 사양하고 집에 돌아와 죄를 받기를 기다렸다. 그리하여 벼슬이 체직되고 지중추부사知中樞府事에 임명되었다.

정묘년1567, 명종22 봄에는 명나라 사신이 서울에 오게 되었으므로 부르는 명이 있었다. 선생은 6월 도성에 들어갔는데, 이때 마침 명종이 승하하고 금상今上 선조이 뒤를 이었다. 금상이 선생을 예조 판서로 임명하자, 선생은 사양하였으나 허락되지 않았다. 그 후 병으로 면직되고 즉시 동쪽으로 돌아왔다. 10월에 부르는 명을 받고 지중추부사에 임명되었으며, 곧바로 상이 교서를 내려 올라올 것을 재촉하자 선생은 상소를 올려 간곡히 사양하였다.

무진년1568, 선조1 1월에 의정부 우찬성에 임명되자, 선생은 다시 상소하여 받기 어려운 의리를 극구 말하였다. 또 교서를 내려 올라올 것을 재촉하자 선생은 글을 올려 간곡히 사양하니 체차되고 판중추부사判中樞府事가 되었다. 7월에 선생은 대궐에 나아가 사양하고 글을 올려 6개 조항을 아뢰었으며 또《성학십도 聖學十圖》를 올렸다. 그 후 대제학과 이조 판서, 우찬성에 제수되었으나 모두 극력 사양하고 받지 않았다.

기사년1569 3월에는 차자箚子를 올려 돌아갈 것을 요청하였는데, 차자를 네 번이나 올리면서 그치지 않았다. 상은 더 이상 만류할 수 없음을 아시고는 인견引見하여 타이르시고 역졸로 하여금 보호하여 보내도록 하였다. 이달에 선생은 집에 도착한 다음 글을 올려 사은하고 인하여 치사할 것을 청하였다.

처음에 선생은 병환이 위중해지자 아들인 준寯에게 경계하기를 "내가 죽으면 예조에서는 반드시 준례에 따라 예장禮葬을 하도록 청할 것이니 너는 모름지기 나의 유명遺命이라 칭하고 상소하여 굳이 사양하며, 또 비석을 쓰지 말고 다만 작은 빗돌에다가 전면前面에는 '퇴도만은진성이공지묘退陶晩隱眞城李公之墓'라고만 쓰고 세계世系와 행실을 뒤에다 간략히 서술하여《가례家禮》에서 말한 바와 같이 하여야 한다." 하셨다. 그리고 또 말씀하기를 "이 일을 만일 남에게 부탁하여 할 경우 아는 사람 중에 기고봉奇高峯 같은 이는 반드시 사실에도 없는 일을 장황히 늘어놓아 세상에 비웃음을 받을 것이다. 그러므로 나는 일찍이 스스로 나의 뜻을 기술해서 미리 명문을 짓고자 하였으나 미뤄 오다가 끝내지 못하고 난고亂稿 가운데 보관되어 있으니 찾아서 써야 한다." 하였다. 준은 이 경계를 받고 선생이 별세하자 두 번이나 상소하여 예장을 사양했으나 허락되지 않자 감히 끝까지 사양할 수가 없었다. 그리고 묘도墓道의 표表는 유계遺戒에 따라 그 명문을 그대로 썼다.

아, 슬프다. 선생의 훌륭한 덕과 큰 업적이 우리 동방에 으뜸임은 당세 사람들이 다 알고 있다. 후세의 학자들도 선생이 말씀하고 저술한 것을 관찰한다면, 장차 반드시 감발感發되고 묵계默契되는 바가 있을 것이다. 그리고 명문 중에 서술하신 것은 더욱 그 은미한 뜻을 상상해 볼 수 있을 것이다. 우활하고 어리석기 짝이 없는 나는 선생의 장려를 받아 성취되었으니 부모와 천지의 은혜보다도 더한데 선생이 별세하니, 태산이 무너진 듯 대들보가 꺾인 듯하여 의귀依歸할 곳이 없다.

남기신 경계 말씀을 엎드려 생각하니 감히 어길 수가 없으나, 묘도에 게시하여 후세에 알리는 것을 또한 안 할 수 없으므로 그 대략을 기록하고 이에 대한 말을 붙인다.

선생은 어려서부터 단정하고 질서가 있었으며, 장성하여서는 더욱 함양하고 결점을 고쳐 나갔다. 중년 이후로는 부귀공명을 단념하고 오로지 학문 탐구에 힘써서 미묘한 진리를 환히 꿰뚫어 충적充積하고 발양하여 사람들이 측량할 수가 없었는데, 선생은 겸허하고 공손하시어 마치 아무것도 없는 듯이 하였다. 날마다 공부를 새롭게 하고 위로 천리天理를 통달하여 그치지 않았다.

출처와 거취의 문제에 있어서는 때를 보고 의리를 헤아려 자신의 마음에 편안한 바를 추구하고 또한 끝내 굽히지 않았다. 그 논저는 반복하고 무궁하며 광명하고 위대하여 한결같이 순수하게 정도正道에서 나왔으니, 저 공맹孔孟과 정주程朱의 말씀으로 헤아려 봄에 부합하지 않는 것이 적다. 선생 역시 천지에 세워도 어그러지지 아니하고 귀신에게 질정하여도 의심이 없다고 이를 만하니, 아, 훌륭하다.

선생은 재취하였다. 먼저는 모군某郡 허씨許氏에게 장가들었는데 그는 진사 허찬許瓚의 따님으로 두 아들을 생산하였으며, 뒤에는 안동 권씨安東權氏에게 장가들었는데 봉사 권질權礩의 따님이니, 모두 정경부인에 추증되었다. 아들은 장자 준은 봉화 현감奉化縣監이고, 채寀는 일찍 세상을 떠났다. 손자는 셋인데, 안도安道는 신유년 생원이고, 다음은 순도純道와 영도詠道이다. 딸은 둘인데 장녀는 선비인 박려朴欐에게 시집갔다. 측실의 아들로는 적寂이 있다.

<국역 고봉전서>에서 인용함

퇴계 묘비, '퇴도만은진성이씨지묘' 라고 적혀있다.

14

조선성리학의 큰 별 떨어지다

고봉 기대승의 별세

고봉 기대승이 별세하신 장소를 찾아 나선다. 먼저 가는 곳은 전라북도 정읍시 태인면에 있는 태인 객관이다. 태인 동헌 근처에 객관이 있을 것으로 생각하고 우선에 태인 동헌을 찾아 나선다. 태인 IC에서 태인면의 번화가 지역 한 약국에서 태인동헌의 위치를 물었다. 태인 초등학교 근처에 있다 한다. 태인 초등학교는 쉽게 찾을 수 있었다. 학교 교정으로 들어가서 주차를 하고 유치원 바로 옆을 보니 기와집이 한 채 있다. 이곳이 동헌임을 금방 알 수 있었다. 태인 동헌은 전라북도 유형문화재 제75호로서 중종 때 시 · 서 · 화 삼절로 유명한 영천자 신잠申潛 1491-1554이 태인 현감으로 있을 때 지은 것이라고 안내판에 적혀 있다. 신잠은 기묘명현으로 신숙주申叔舟 1417-1475의 증손자이다.

동헌으로 들어갔다. 동헌은 동쪽에 대청마루가 있고 서쪽에 방이 두 칸 있는데 대청 앞에 청녕헌淸寧軒이라는 현판이 걸려 있다. '고을을 깨끗하고

태인 동헌 청녕헌

평안하게 다스리라' 는 의미의 현판. 청렴과 안녕이 목민관의 덕목임을 더욱 느낀다. 동헌 이곳저곳을 자세하게 둘러보면서 방 안도 자세히 보았다. 이 방에서 고봉 선생이 태인현감과 담소하였을 것이라는 생각이 든다. 고봉의 영혼이 이곳에 머물러 있을 것이라는 생각에 잠시 예를 갖추고 묵념을 하였다.

1570년 2월에 광주로 낙향한 고봉 기대승은 1572년 2월27일에 종계변무주청사宗系辨誣奏請使로 다시 임금의 부름을 받았다. 종계변무주청사는 명나라가 조선의 태조 이성계를 고려의 문신 이인임의 아들이고 고려왕을 네 명이나 죽였다고 알고 있어 이를 고치고자 명나라에 가서 주청을 드리는 일이었는데 워낙 일이 막중하여 고봉이 안 나설 수 없었다.

한양 도성에 도착한 고봉은 곧바로 병이 난다. 그래서 사신으로 명나라에 가지는 못하고 변무주辨誣奏를 지어 올렸다. 요즘 같으면 외교문서를 지은 것이다. 이후 그는 병으로 5월에는 대사간 자리에서 7월에는 공조 참의 · 지제교 자리에서 물러나고, 9월에는 다시 대사간 직을 그만둔다.

1572년 10월 3일, 고봉은 아예 귀향을 한다. 몸이 아파서 도저히 일을 할 수 없었기 때문이다. 서울을 떠나는 날 친한 선비들이 나와 한강에서 고봉을 전별하였다.

당시 어떤 사람이 고봉에게 "사대부로서 조정에서 처신할 때 시종 명심하고 지켜야 할 것이 있다면 무엇입니까?"라고 묻자, 선생은 "기幾 · 세勢 · 사死 세 글자면 충분하다."라고 대답하였다.

이 뜻은 '군자가 출처나아가고 물러남함에 있어서 마땅히 먼저 그 기미를 살펴 의리에 어긋나지 않게 해야 하고, 나아가 시세시대 사정를 알아야 구차한 병폐가 없으며, 마침내 목숨을 걸고 착한 도道를 구현하도록 잘 지켜야 한다는 것先審其幾 선심기기, 不違於義 불위어의, 知時識勢 지시식세, 守死善道 수사선도' 이었으니, 고봉의 이 답변을 들은 이들은 모두 탄복하였다.

고봉은 10월10일에 천안天安에 도착한다. 그런데 갑자기 볼기에 종기가 났다. 10월 15일에 태인泰仁에 도착하였는데, 병이 더욱 악화되어 이곳에서 머물며 치료하였다.

10월 25일, 태인 공해公廨 – 관청의 숙소, 객관과 같은 의미임에 큰 며느리의 아버지인 매당梅塘 김점金坫이 고부에서 달려와 문병을 하자, 고봉은 김점에게 "사람의 수명은 천명天命이고 죽고 사는 것은 하늘에 달려 있으니 개의할 것이 없습니다. 다만 나는 어렸을 때에는 시문詩文에 힘쓰다가 마침내 성현의 학문에 뜻을 두었는데, 중년 이후로 비록 터득한 것이 있었으나 단지 독실하게 공부하지 않았기 때문에 항상 평소의 뜻에 부응하지 못할까 걱정되어 날마다 엄숙히 반성하며 조심했습니다. 강석講席에서 옛 성현의 면모를 접하여 강론하는 것으로 말한다면 저도 부끄러울 것이 없지만, 다만 학문이 옛 선현에게 미치지 못하니 이 때문에 몹시 송구합니다. 내가 몇 년이라도 더 살아서 산림에서 유유자적하며 학자들과 함께 끝까지 강론할 수 있다면 이것도 하나의 크나큰 다행일 텐데 병이 이미 이 지경에 이르렀으니, 어찌하겠습니까." 하였다.

김점이 집안일에 대해 묻자, 선생은 대답하기를 "척박한 밭 몇 마지기가 있으니, 자손들이 스스로 생활해 갈 수 있을 것입니다." 하였고, 또 "그대의 집에 내 며느리가 있으니, 그대의 집은 우리 집과 다름이 없습니다. 나는 그대의 집에 가서 죽고 싶습니다." 하였다.

다음날 고봉 선생은 시중드는 사람에게 빨리 매당으로 가자고 재촉하였는데, 주위 사람들은 선생의 병세가 더욱 심해질까 걱정하여 만류하였다. 그러나 선생은 공해公廨에서 죽을 수는 없다고 말하면서 시중드는 사람에게 갓을 가져와 씌우라고 명하였다. 시중드는 사람이 하려고 하지 않자, 선생은 강요하면서 의관을 차리고는 가마에 올라탔다.

〈고봉연보〉와 〈행장行狀〉 〈시장諡狀〉등에 나타난 위 기록들을 보면 고봉은 태인 객관에 11일 정도 머물다가 10월26일에 사돈집인 고부군 매당으로 옮긴 것으로 되어 있다.

그리고 보니 동헌 청녕헌에 있는 방은 현감의 집무실이지, 조정 관료들이 숙식을 하는 객관이 아니다. 다시 태인 객관을 찾으려니 찾을 길이 막막하다. 별 수 없이 매당을 찾으러 발길을 돌렸다. 다음 날 정읍시청 문화재 전문위원에게 들은 이야기이지만 현재의 태인 동헌은 현감이 집무를 보는 외동헌이란다. 원래 태인 초등학교 자리가 조선시대 태인현 관아였는데 일제시대에 현감의 관사인 내동헌과 조정 관리들의 공무 수행 시 머무는 객관을 헐어 버리고 그곳에 초등학교를 지었다 한다.

매당梅塘은 사돈인 김점金坫의 호임과 동시에 그의 집이기도 하다. 김점은 부안 출신인데 참판 김석옥1477-1535의 셋째 아들이다. 김석옥에게는 네 아들이 있었는데 김점이 셋째이고 고봉의 친구인 운강 김계1528-1574가 넷째이다. 김계는 순천부사 시절에 고봉에게 김굉필을 모신 〈경현당지금의 옥천서원기記〉를 부탁한 사람이기도 하다.

김점은 젊었을 때부터 훌륭한 인물들과 친교가 많았고 향시에 응시하였으나 여러 번 낙방하였다. 그래서 과거를 그만두고 학문과 예의에 힘써서

전북 정읍시 북면에 있는 남고서원. 이항, 김천일, 김점등을 배향하고 있다.

영은전 참봉에 제수되었으나 부임하지는 않았다. 그는 일재 이항李恒 1499–1576의 문인으로 고부군 우일雨日 지금의 정읍시 정우면에 살다가 만년에 정읍시 덕천면 망제리 망제부락에 척심정滌心亭을 짓고 유유자적하게 살았다 한다. 그의 신위는 정읍시 북면 보림리에 있는 남고서원에 이항, 김천일등과 함께 모시어져 있다.

김점과 기대승과는 사돈 간이다. 고봉의 큰 며느리가 김점의 딸이다. 그

남고서원 입구

리고 김점의 아들 효사는 고봉의 제자이기도 하고, 김점의 아들 김취남이 고봉의 동생 기대절의 큰 딸과 결혼을 하였다기대절은 아들이 없고 딸만 있다. 말하자면 기씨 집안과 겹사돈을 맺은 것이다.

매당을 찾기 위하여 먼저 척심정부터 찾아 나섰다. 예전에 척심정을 가 본 고故 정병련 교수의 책 〈고봉 선생의 생애와 학문〉에는 척심정은 전북 정읍시 망제동 망제부락에 있다고 적혀 있다. 지금은 정읍시 농소동 망제부락으로 행정구역이 개편되어 있다. 네비게이션으로 망제부락을 찾았다.

위치는 정읍고속도로 인터체인지에서 고부 방향으로 6km 정도 가니 왼편에 마을이 있다.

이 마을 입구 모정에는 주민들이 여러 사람 쉬고 있다. 한 주민에게 이 마을에 척심정 유허비가 있는 지를 물었더니 바로 오른 쪽으로 조금만 가면 있다고 가르쳐 준다. 마을 이름을 물었더니 내오마을 이라고 한다.

내오 마을 입구에는 오래된 버드나무가 여러 그루 있다. 일반적으로 버드나무는 강가에 심어져 있는 것이라서 이곳이 하천이었으리란 생각이 든다. 몇 년 전에 가 본 평양의 대동강 가에도 강 양쪽에 수양버들이 늘어져 있었다. 그래서 평양의 별칭이 류경柳京이다.

마을 주민의 말 대로 콘크리트 포장 도로를 따라 오른쪽으로 30여 미터를 가니 석벽위에 비가 하나 보인다. 비석을 확인하니 척심정 유허비가 맞다. 비석 앞면에 '매당 김선생 척심정 유허비' 라고 쓰여 있다. 그 아래에는 매화나무가 한그루 자라고 있고 매실이 익고 있었다.

사진을 찍으면서 주변을 다시 둘러보니 하천 복개 공사한 곳에 자연석 돌이 하나 있다. 이 돌을 자세히 보니 척심이라는 글자가 한문으로 적혀 있고 매당 김선생 글자도 보인다. 이 비가 바로 원래 만들어진 유허비 같은데 안타깝게도 땅에 반 이상 묻혀 있다.

척심정은 어디에 있을까? 척심정은 매당 김점이 망제산 아래 기슭의 냇

척심정 유허비(좌), 원래 만들어진 척심정비(우)

가에 지은 정자라 하니 지금 유허비 근처가 냇가이고 이 산이 망제산이며 척심정은 이 산 중턱 어디인가에 지어졌을 것이다.

그렇다면 김점의 집 매당은 어디에 있는가? 기록에 의하면 김점은 고부군 우일雨日 지금의 정읍시 정우면에 살다가 만년에 정읍시 덕천면 망제리 망제부락에 척심정滌心亭을 짓고 살았단다. 또한 고봉 연보에는 '10월 26일 저녁에 고봉은 매당梅塘에 도착하였다. 매당은 정읍시 덕천면 오공리 근처인데 매당은 김점의 집이다.' 라고 적혀 있다. 이를 종합하여 보면 고봉이 별세하신 1572년에 김점은 척심정이 지어진 근처 어디에 살았고 매당은 바로 이 내오마을옹골부락이라고 부르기도 한다어디이다.

한편 매당 김점은 만년에 척심정을 지었다는데 김점은 생몰연도를 알 수가 없어서 김점의 만년이 1572년 이전인지 아니면 이후인지 알 수가 없다. 김점이 태어난 해는 동생 김계가 태어난 1528년보다 먼저일 것인데 별세한 연도는 알 수 없어 만년을 어림잡아 볼 수도 없다.

그렇다면 매당은 내오마을 어디에 있는 것이 아니라 예전의 고부군 우일면 어디에 있을 수도 있다. 지도를 보니 정읍시 태인면에서 남쪽으로 내려오면서 가장 인접한 곳이 정읍시 우일면이고 조금 더 내려가면 농소동 내오마을이다.

이제 이쯤에서 정리를 하자. 고봉 기대승이 별세하신 장소인 김점의 집 매당은 찾지 못하였다. 지금은 그 흔적이 남아 있지도 않고 집 위치도 정확히 알 수 없다. 그렇지만 태인에서 광주로 내려오는 지점인 정읍시 정우면이나 척심정 유허비가 있는 정읍시 농소동 내오마을 근처 어디에 매당이 있었을 것이다.

척심정 유허비 답사를 마치면서 〈고봉 연보〉에 나오는 고봉의 별세 기록의 나머지 부분을 살펴보자.

> **10월 26일 저녁에 고봉은 매당梅塘에 도착하였다. 매당은 정읍시 덕천면 오공리 근처인데 매당은 김점의 집이다. 주위 사람들이 문후問候 하자, 선생은 "이곳에 도착하니 기운이 소생하는 것 같다." 하였다.**

이날 선조 임금은 선생의 병세가 위중하다는 소식을 듣고 특별히 어의御醫 오변吳忭을 보내어 급히 약을 가지고 가서 치료하게 하는 한편, 어찰御札을 내려 위문하였다. 어의 오변이 오는 도중 선생이 별세하여 생전에 도착하지 못하였다. - 어찰의 내용은 다음과 같다. "지금 그대가 태인현에 도착하여 볼기에 종기가 나고 또 상기증上氣症을 앓고 있다 하니, 내 마음이 무척 아프다. 이에 의관 오변에게 약을 가지고 가게 하니, 그대는 약을 복용하고 몸을 잘 조리하라."

10월 30일 저녁에 선생은 아들 효증을 돌아보며 말하기를 "너의 성품은 경박하니, 만약 신중한 뜻을 마음속에 간직한다면 나는 걱정이 없겠다." 하시고, 말을 마치자 운명하였다. 이 날은 바로 11월 초하루였다. 밤은 이미 사경이었는데, 갑자기 폭풍이 몰아치고 천둥과 번개가 치니 사람들이 모두 이상하게 여겼다. 선생은 정해년에 태어나셨으니 향년은 46세였다. 태인에서 부터 선생께 문병하려고 온 원근의 문인들과 유생들은 이때에 이르러 호상護喪하고 돌아갔다.

한편 부음이 알려지자, 상선조임금은 크게 슬퍼하며 수의襚衣를 하사하였고, 서울의 사대부들은 모두 애통해 하였으며 남산에 있는 선생의 우사寓舍에 가서 신위를 설치하고 곡하였다.

사간원에서 아뢰기를 "기대승은 어려서부터 성현의 학문에 뜻을 두어 식견이 심오한 경지에 도달하였습니다. 이황과 서로 서신을 주고받으며 성리설을 강구하여 옛 성현들이 미처 발명하지 못한 것을 밝혔습니다. 그리고 경연에 입시할 때에는 말한 것이 요순과 삼왕三王의 도 아닌 것이 없었으므로 온 세상에서 유종儒宗으로 추대하고 있었는데, 불행히도 병이 나서 귀향하는 도중에 죽었습니다. 가세家勢가 청한하여 장사 지낼 비용이 없으니, 관官에서 상례와 장례를 주선하여 국가가 유자儒者를 숭상하는 뜻을 보이소서." 하였는데, 상이 윤허하였다.

답사를 마친 며칠 뒤, 조선왕조실록에 기대승의 졸기가 적혀 있는 지가 궁금하였다. 1572년 11월 8일의 조선왕조실록에서 그의 졸기를 찾았다.

호군 기대승奇大升이 졸卒하였다.

이 사람은 뜻이 높고 일에 과감하였으며 선악善惡의 호오好惡를 분명히 하였고 널리 배우되 옛 것을 좋아했으며, 문장도 뛰어나서 가히 보배로운 그릇이요 세상에 드문 인재라 할 만하였다. 다만 너무 강직하고 자신의 그릇이 너무 커서, 말을 쉽게 하여 기로耆老들을 악평하여 구신舊臣과 대신들에게 큰 미움을 사서 훌륭한 기개를 펴지도 못하였는데 갑자기 죽을병이 든 것이다.

護軍奇大升卒。斯人, 志氣不群, 慷慨趨事, 而好善惡惡, 博學好古。又能文章, 可謂瑚璉之器, 而世所稀罕之長材也。但剛果自用, 而易其言語, 譏誚耆老, 大爲舊臣揆路所惡。蓋銳氣未消磨, 而有遽痛哭之病也。

매우 단출한 졸기이다. 지기志氣가 높고 일에 강개慷慨하며 선악이 분명하고 박학하고 문장에 뛰어나다고 적은 것은 그를 칭송하는 글이다. 그런데 다만 이후의 기록은 그의 단점이다. 너무 강직하고 말을 쉽게 하여 구신들과 불화하고 미움을 샀다는 대목은 그가 1570년 2월에 낙향한 것과 무관하지 않다.

이 졸기의 단서 구절을 읽으면서 고봉이 퇴계에게 보낸 편지에서 스스로의 성격을 말한 구절이 생각난다.

> 대체로 저는 바탕은 비록 허약하지만, 기세는 강하고 거칩니다. 실행은 비록 완성되지 못하였지만 이름은 먼저 퍼졌습니다. 게다가 품성이 강직하고 악을 미워하며 가벼이 입바른 소리를 해대니, 혜숙야중국 진나라 사람. 죽림칠현중 한사람으로 도량이 넓고 감정을 잘 드러내지 않는 것으로 유명함 - 필자 주같은 사람도 견디지 못할 것입니다.
>
> 1560.8.8 고봉이 퇴계에게 보낸 편지 글 중에서

15

고봉의 장례식과 묘소

고봉 기대승의 장례식

고봉 기대승은 광산구 두동 마을 본가에 시신이 안치되어 100일 상을 치른다. 그때의 예법은 그랬다. 보통 선비도 1개월 초상을 치렀다. 조문은 1573년 2월초까지 이어졌다. 서울 남산에 있는 고봉 집에서도 조문객을 받았다.

〈국역 고봉전서〉에는 유홍, 김계, 최경회, 심의겸, 김계휘, 양응정, 이호민, 정철등 20명의 제문이 수록되어 있다. 그중에서 가사문학의 대가인 고봉의 제자 송강 정철鄭澈 1536-1593의 제문을 보자.

제이십第二十 문인 송강 정철

소자小子가 선생을 사모한 지 오래되었으나 오늘에 이르러 더욱 생각이 간절해집

니다. 그 까닭은 흐려져 가는 사류의 추향을 누가 밝히고, 저하되어 가는 세상의 도의를 누가 높이겠는가를 생각할 때 높이고 밝히실 분은 오직 우리 선생이시기 때문입니다. 선생이 가신 후로는 그럴 만한 사람이 없으니 망천望川 사우社宇에 유풍만 방불합니다.

1573년 2월 8일 고봉 선생의 장례식이 있었다. 이 날 상여를 끌고 가는 만장輓章이 55개나 되었다. 만장이란 죽은 이의 공덕을 애도하여 지은 시, 죽은 이에 대한 산 자의 슬픔을 담은 마지막 이별시인데, 시를 비단에 써서 영구를 앞에서 끌고 인도한다고 하여 만장이라 한다.

만시는 유홍, 노진, 양사기, 김계, 김계휘, 노수신, 이이, 구봉령, 허엽, 심의겸, 김취려, 우성전, 정유일, 박순, 윤두수, 윤근수, 이담, 정탁, 박광옥, 김성일, 정유길, 이후백, 김언거, 조유성, 정철, 유근, 최경회김경생 등 당대의 정치인, 고봉의 친구, 후배, 그리고 제자들 55명이 썼다.

그중에서 노수신盧守愼 1515–1590과 이이李珥 1536–1584의 만시를 감상하여 보자. 먼저 노수신의 만시이다.

무등산 앞에서 만났던 사람
우리 어진 명언 이었네.
섣달그믐 매역에서 회포를 풀며
목우 타던 그때를 회상했었지

공부에 시달려 분잡하였고
술 취한 다음에야 한가로웠네.
비루한 세상 얘기 새삼스럽고
확고한 경전 탐구 기쁘다마다

나그네 꿈에 외로운 봉우리 보이더니
귀향길에 병마가 몸을 감쌌네.
황천이라 이렇게 이별을 하니
쇠약 병약한 속에 그리움 못 잊을레라.

소재 노수신은 1547년 정미사화로 진도에서 18년간 유배생활을 한 인물이다. 그는 진도에서 유배중일 때 사람들에게 글공부를 가르쳐 교화시켰다. 고봉과 소재와는 괴산으로 이배될 때 만났는데 이 때 명나라 학자인 정암 나흠순이 지은 〈곤지기〉에 관한 이론 논쟁을 하기도 하였다. 선조가 즉위하자 유배 간 미암 유희춘과 소재 노수신등은 등용되었는데 이들이 특별 승진토록 건의한 이도 바로 고봉 기대승 이었다.

다음은 율곡 이이의 만사를 보자

남쪽 봉황 하늘 높이 오색 날개 펼치니
맑은 세상 모범 되어 형가에 뜻 두었네.
가슴 속의 탁월한 재능 한번 시험 못하고
죽은 뒤에 더 해지는 두터운 성은 들리네.

거침없는 그 문장 서책 속에 빛이 나고
높고 높은 그 기개 구름 속에 맺혔어라
화산의 한번 이별 이승 저승 갈렸으니
초사로써 흐느끼며 초혼할 길 전혀 없네.

이 날 고봉 기대승이 묻힐 장지는 청량산 중턱에 있는 묘 자리이다. 일찍이 고봉은 용동마을에서 신촌마을로 가는 저수지 '두정재' 바로 위에 있는 산 '평가산'에 자신의 묘 자리를 잡았다. 그런데 형 승지공 대림이 1565년에 별세하자 그에게 묘 자리를 양보하였다 한다. 기대림의 묘소는 배산임수의 자리이다. 배산임수는 묘자리의 기본인데 산은 인물을, 물은 재물을 상징한다한다.

1572년 2월 고봉 기대승은 가묘家廟에 시사時祀를 지내고 저녁 무렵에 귀전암歸全庵에 가서 구경하였는데, 이때 아들 효증과 제자 유은 · 김경생 · 이운홍 · 곽호가 따라갔다.

선생은 청량산 중턱을 둘러보더니 아들 효증을 불러 한 곳을 지적하면서 "사람의 일이란 알 수 없는 것이다. 훗날 내가 죽거든 반드시 나를 이곳에 장사 지내도록 하라." 하였다.

고봉이 이 자리에 묘 자리를 잡자 주변 사람이 이 자리가 절손絕孫의 자리라고 우려하였다 한다. 그랬더니 고봉은 '형님 자손은 내 자손이 아니더냐.' 하면서 절손이 무슨 상관이 있겠느냐고 하였다 한다.

실제로 고봉은 증손자대에 이르러 절손이 된다. 고봉의 손자가 아들 없이 딸 하나만 두어 고봉의 형 대림의 증손자중 한 사람을 양자로 들인다. 양자인 기원奇遠의 묘는 고봉의 형 대림의 묘 아래에 있다.

고봉 선생이 이곳에 묘 자리를 잡으면서 그의 삶이 얼마 남지 않았음을 예감한 것일까. 아무튼 알 수 없으나 절손이 될 것을 알면서도 귀전암을 다녀오는 길에 묘 자리를 잡은 것이다.

귀전암은 고봉이 어릴 적에 공부하던 곳이다. 그가 쓴 〈자경설〉에는 부친이 산사로 피해 가 있을 때 그가 같이 따라가서 공부하였다는 구절이 나오는 데 이곳이 바로 청량산 아래의 암자이다.

> 아버지께서는 환난과 재앙이 거듭됨으로 인하여 산사山寺로 피해 가 계셨으므로 나도 따라가서 글을 읽고 글씨도 익혀 꽤 진취의 희망이 있었다. 그해 겨울부터 정유년11세 가을에 이르기까지 아버지께서 절에 계시다가 늦가을에는 서울에 가실 일 때문에 집으로 돌아오셨다.

이곳에는 불가의 암자도 한두 개 더 있었을 것으로 보인다. 청량산은 지금의 백우산 옛 이름이다. 청량산은 지혜의 부처 문수보살이 상주한다는 불교적 맥락의 이름이고 백우산白牛山은 하얀 소가 누워있는 형국이라는 풍수적인 이름이다. 산 이름도 고려에서 조선을 거치면서 불교에서 풍수로의 변천이 드러난다. 우연일지 모르나 퇴계 이황이 수양하였다는 경북 봉화군의 산 이름도 청량산이다.

귀전암은 백우산 자락 중턱에 있다. 월봉서원에서 출발하여 고봉 묘소를 지나 오른쪽 길로 15분 정도 올라가면 귀전암 터가 보인다. 이곳은 꽤 넓은 평지인데 유허비가 하나 있다. 이 비에는 귀전암 유허기가 다음과 같이 적혀 있다.

> 귀전은 선조이신 문헌공 고봉선생이 강업 하신 곳이다.
>
> 증자가 말씀하신 "부모께서 온전히 낳으시고 자식이 온전히 돌아가야 한다." 는 말씀 한마디에 천년 후에 심법心法을 확실히 보겠다. 이 암자에 선생이 말씀하신 바는 증자의 도道요 온전한 바는 증자의 전全이니 증자도 또한 암자가 있었던가. (중략) 무릇 후손된 사람들이 각자 그 온전함을 온전히 하고 그 터를 버리지 않으면 귀전암을 중건할 날이 없어도 걱정 할 것이 없다. 언젠가는 그럴 사람이 나올 것이다. 언젠가는 그럴 사람이 나올 것이다. 유허가 백우산 중록에 있어 바라보니 승경이요 수석은 광光이 난다. 승경과 광은 백세의 유풍이다.
>
> 1997년 5월 세움

귀전歸全이라는 말은 공자의 제자 중 한사람인 증자증삼이라고도 한다의 말로서 그는 〈대학〉과 〈효경〉을 지었다. 논어에도 몸을 온전히 보전하는 것이 효도라는 그의 이야기가 나온다. 특히 증자는 오일삼성吾日三省이라는 명언을 남기고 있는데 고봉은 증자의 말을 상당히 좋아한 듯하다.

귀전암과 귀전암 유허비

고봉 묘소에서

월봉서원 뒷산에 있는 고봉의 묘소를 찾아간다. 요즘은 고봉 묘소 방문이 나의 손님 접대 방식이 되었다. 귀한 사람을 만날 때, 서울에서 손님이 왔을 때 그들과 같이 월봉서원과 묘소를 구경하고 근처 식당에서 메기탕을 먹는다. 황룡강에서 잡은 메기로 끓인 메기탕은 맛이 정말 토속적이다.

고봉의 묘소는 문인석과 두 개의 묘 그리고 비석이 있다. 왼쪽이 고봉의 묘이고 오른쪽이 고봉의 부인 이씨 묘이다. 부인 함풍이씨는 그가 죽은 후 25년 후인 1597년에 별세한다. 부인은 홀로된 지 25년 동안 자녀를 교육함에 있어 분명하게 옳은 방도로 가르쳤다 한다.

묘 앞의 상석은 책갈피 같은 결이 있고 시커멓다. 이 상석을 보니 고봉이 너무나 책을 사랑하여 그렇게 되었구나 하는 느낌이 든다. 비석은 너무 오래되어서 글씨가 잘 안 보인다. 이 비의 내용을 그대로 옮겨진 묘비가 묘 오른편에 조금 떨어져서 세워져 있다.

묘소 주변에는 소나무와 대나무가 자라고 있고 이름모를 들풀 들이 피어 있다. 묘소 위를 올라가서 앞을 바라보니 정말 경치가 좋다. 앞에 구룡산이 보이고 황룡강이 흐르며 먼 곳이 장성 상무대 자리이다. 상무대 자리중 군데군데 패여 있는 부분이 골프장 같다.

이 자리에 있으면 기를 받는 느낌이다. 이곳에 올 때 마다 이 자리에 서면 마음이 상쾌하고 편안하다. 참 좋다는 생각이 저절로 난다. 풍수지리를 잘 모르지만 아무튼 좋은 자리라는 생각이 든다. 묘소 위의 대숲 길에서 바라보는 묘소와 앞산 그리고 하늘은 정말 좋다. 시인이라면 시가 나올 법하고, 화가라면 그림이. 국악인이라면 남도창이 나올 법하다.

고봉의 묘소 옆에는 묘비가 세워져 있다. 비명에는 그의 가계와 업적 그리고 자손의 내역이 적혀 있다. 고봉 선생은 1590년에 광국공신光國功臣에 녹훈錄勳되고 수충익모광국공신輸忠翼謨光國功臣 정헌대부正憲大夫 이조판서 겸 홍문관대제학 예문관대제학 지경연 의금부 춘추관성균관사吏曹判書兼弘文館大提學藝文館大提學知經筵義禁府春秋館成均館事에 추증되었으며, 덕원군德原君에 봉해졌다. 그가 이전에 종계변무주宗系辨誣奏를 지었기 때문에 이러한 추증이 있었던 것이다. 또한 문헌文憲의 시호를 하사하였다. 도덕이 있고 옛 글이 널리 통한 것을 '문文'이라 하고, 기록할 만한 선행이 있는 것을 '헌憲'이라 한다.

고봉 기대승 묘소

칠송정과 기효증 부부 묘소

고봉은 4남 3녀를 두었는데, 장남은 효증孝曾, 차남은 효민孝閔 3남은 효맹孝孟이며, 딸은 사인士人 김남중金南重에게 시집갔다. 그리고 아들 한 명과 딸 둘은 모두 요절했다. 고봉이 퇴계에게 보낸 편지에도 딸이 홍역에 걸려 위독하다는 글이 나온다. 조선시대에 어릴 때 아이를 잃은 경우는 비일비재하였으리라.

큰 아들 효증은 군기시 첨정軍器寺僉正으로 매당 김점金坫의 딸인 부령 김씨에게 장가들어 1남 2녀를 두었다. 효증은 임진왜란 때 의곡장으로 나주에서 양곡을 싣고 배로 의주까지 가서 선조임금에게 전달하였다. 효민과 효맹은 정유왜란丁酉倭亂 때에 길에서 적을 만나 죽었고, 고봉의 딸과 효민 효맹의 부인 양씨 · 정씨는 겁박을 당하자 굴하지 않고 모두 강물에 몸을 던져 자살하였다. 고봉의 딸 기씨 부인은 하서 김인후의 손자 김남중의 부인인데 왜적의 겁탈에 굴하지 않고 죽었는데 시체를 찾지 못하고 팔뚝 하나만 남아있어 이를 묻었다 한다. 장성군 황룡면에 있는 하서 김인후 묘 아래에는 그녀의 팔뚝 무덤이 있고 맥동마을 입구에는 열녀비가 세워져 있다.

일설에는 광곡마을 앞에 세워진 칠송정七松亭은 고봉의 장남 효증이 고봉을 위하여 시묘살이 하던 곳인데 일곱 소나무가 있는 정자 칠송정七松亭이라는 이름은 고봉 기대승과 큰 아들 효증 그리고 정유재란 때 죽은 효민과 효맹 부부와 고봉의 딸을 기리기 위하여 붙여진 이름이라는 이야기도 있다.

고봉 묘소를 보고나서 월봉서원으로 내려오면서 고봉의 장남 기효증 부부 묘를 찾았다. 묘는 월봉서원 바로 뒤에 있다. 비석에 '군기시 첨정' 이라는 벼슬이 적혀 있고 부인은 부령김씨요즘의 부안김씨이다. 그는 고봉의 문집을 모두 정리하여 〈고봉집〉을 만드는 데 공헌하였다. 선산부사와 영암군수를 한 그의 사위 조찬한1572-1631도 〈고봉집〉 발간에 크게 기여 하였다 한다.

그러면 고봉의 장남 함재 기효증에 대하여 좀 더 자세히 살펴보자. 그의 행적은 〈함재근왕록〉에 적혀있다.

칠송정. 고봉의 장남 효증이 고봉 기대승이 돌아가시자 3년간 시묘살이를 한 곳이다.

임진왜란이 일어난 1592년 8월19일, 함재 기효증奇孝曾 1550-1616은 장성 남문 의병청에서 김경수, 기효간, 윤진 등을 만난다. 그들은 양곡을 모으고 운반하는 일에 대하여 상의한다. 이 자리에서 기효증은 의곡장으로 임명된다. 이후 나주에 의곡도청이 설치되었고, 각 고을의 양곡 모집 책임자가 정해지는 등 의곡과 근왕병 모집이 이루어졌다. 9월 하순까지 나주 의곡도청에는 의곡 3,200석과 콩 50석, 좁쌀 50석, 옷감과 말 그리고 의병 460명이 모이었다. 〈남문창의록〉에 의하면 장성 의병청에서도 의곡 3백석과 세모시 14필을 보낸 것으로 기록되어 있다.

의곡장 기효증은 의곡과 의병을 배에 싣고 서해안을 따라 의주로 향한다. 9월16일에 영광군 의곡도유사인 이굉중이 영광 법성포에서 의곡 1,200석을 배에 싣고 의주로 출발하였다. 9월21일에는 나주에서 양곡을 실은 배 3척이 출항한다. 기효증은 나주 배를 타고 간 것으로 보인다. 의곡을 실은 배들은 서해안을 거치면서 점점 늘어났다.

의곡을 실은 배는 모두 24척이었다. 이 배들은 10월15일에 고부에 도착하고 1593년 1월19일 강화도에 당도한다. 드디어 1월말 경에 평안도 의주에 도착한다. 기효증은 의주 거련관에서 선조 임금을 뵈었다. 임금은 기효증을 알현하고 "고통을 무릅쓰고 먼 곳에서 이곳에 이르니 내가 매우 기쁘도다. 또한 풍랑이 심한 엄동설한에 천리 길을 무사히 도착한 것은 참으로 가상한 일이다"라고 위로하였다.

이 때 임금의 호위가 허술하였는데 호남에서 정예 근왕병 460명이 오자 비로소 호위병의 모양새를 갖추었으며, 양곡은 주로 명나라 군사들의 식량으로 쓰였다.

고봉 장남인 기효증 부부 묘소. 월봉서원 바로 뒤편에 있다.

조정에서는 도체찰사가 포상을 청하는 보고서를 올려 기효증은 형조정랑 및 군기시 첨정의 벼슬을 제수 받았다. 군기시는 병참 업무를 담당하는 기관이다. 그런데 그는 신하로서 할 도리를 다한 것이지 별다른 공로가 없으니 4품 벼슬을 사양한다는 사직상소를 올린다. 선조임금은 기효증의 사직상소를 보고는 "천리 길을 달려와 임금을 도왔으니 그 충의정신이 장하다"고 하였다. 기효증. 그는 국난에 노블레스 오블리주를 실천한 선비이다.

16

조선 임금들의 제왕학 교과서

〈논사록〉

고봉이 별세한 한 달 뒤인 1572년 12월, 선조 임금은 어명으로 경연 가운데서 고봉의 말을 뽑아 기록하도록 명하였다. 경연은 임금에게 유학의 경서經書와 사서史書를 강론하는 것으로서 하루에 오전, 오후, 저녁 세 번 이루어졌고 때로는 밤에도 강론이 있었다. 경연은 덕에 의한 교화를 이상으로 하는 정치원리를 근거로 왕에게 경사經史를 가르쳐 유교의 이상정치 理想政治를 실현하려는 것이 목적이었으나 때로는 이곳에서 정치현안이 논의되기도 하였다.

선조의 어명이 있자, 예문관 검열 하곡 허봉1551-1588은 경연일기를 검토하여 문장을 다시 교열하고 차례를 만들어 편찬을 하였다. 이 책이 바로 논사록論思錄이다. 편찬자인 허봉은 초당 허엽의 아들이고 허균의 형이다.

논사록論思錄은 상, 하 두 권으로 되어 있는 데 상권은 명종 19년1564에서 선조 2년1569 4월까지 경연 내용 중 19개 항목을, 하권은 선조 2년1569 5월에서 선조 5년1572 5월 까지 경연 중 9개 항목을 수록하고 있다. 논사록의 내용은 〈논어〉 〈대학〉 〈예기〉 〈소학〉 〈근사록〉등 경전을 가지고 강론한 내용을 중점을 두면서도 당시 조정에서의 정치현안과 경세제민에 관한 사항의 논의가 이루어진 것을 다루었다. 특히 논사록은 고봉의 경세사상 즉 치국과 제민에 대한 철학을 알 수 있는 중요한 강의록으로서 〈사단칠정논변〉이 유학의 이론서라면 〈논사록〉은 유학의 실용서이다.

그러면 〈논사록〉에 나타난 고봉의 정치철학을 알아보자. 먼저 고봉은 나라를 다스리려면 시비가 분명하고 언로가 열려 있어야 하며 의로움이 중요시되어야 함을 강조한다.

천하의 일에는 옳고 그름 즉 시비是非가 없을 수 없으니, 옳고 그름이 분명해진 뒤에야 인심이 복종하여 정사가 순조로워집니다. 옳고 그름은 비단 사람의 인심에서 나올 뿐만 아니라 실로 천리天理에서 나오는 것이니, 일시적으로는 비록 이것을 엄폐하고 사람들을 처형하여 입을 막는다 할지라도, 그 시비의 본심本心은 끝내 없앨 수 없는 것입니다.

지금 새로운 정사를 베풀 때에 어진 이를 초청함은 심히 훌륭한 일입니다. 그러나 어진 이를 등용하려고 한다면 반드시 먼저 옳고 그름을 밝혀서 사람들의 마음을 기쁘게 한 뒤에야 어진 자를 나오게 할 수 있습니다.

위 말은 선조 즉위년인 1567년 10월 23일 조강朝講에서 고봉 기대승이 16세의 선조 임금에게 〈대학〉을 강의하면서 한 말이다. 이 날 강의는 선조가 임금이 되어 처음 열린 경연자리였다. 그 첫 경연의 강사가 바로 고봉이었다. 당시에는 퇴계 이황 선생도 안동에서 아직 서울로 올라오지 않아 고봉이 첫 강의를 하게 된 것이다. 이 강의에서 고봉은 성리학의 정통이 정몽주, 김종직, 김굉필, 조광조로 이어짐을 밝히고 조광조와 이언적의 명예회복을 주청하였다. 그러면서 시비가 분명하여야 나라의 기강이 확립됨을 강의한 것이다. 요즘 이야기로 하면 역사 바로 보기를 하여 시비를 가려야 반듯한 나라를 세울 수 있다는 뜻이다.

〈논사록〉 목판. 1567.10.23 선조임금에게 강의한 첫 경연내용이 적혀있다.

다음은 고봉이 명종임금에게 역설한 언로言路에 관한 강의이다.

국가의 안위는 재상宰相에게 달려 있고, 군주의 덕이 성취됨은 경연에서 이루어지니, 경연의 중요성은 재상과 차이가 없습니다. 그러나 군주의 덕이 성취된 뒤에야 어진 재상을 알아 임용할 수 있는 것이니, 그렇다면 경연이 더욱 중요한 것입니다.

그런데 후세에는 다만 형식이 있고 그 실제가 없습니다. 이제 성덕聖德이 숙성하시어 의리의 학문에 대하여 밝게 깨달아 의심이 없으십니다. 다시 유념하시어 부지런히 경연에 나아가신다면 성덕이 더욱 빛날 것입니다.

언로言路 는 국가에 있어서 매우 중요합니다. 언로가 열려 있으면 국가가 평안하고 언로가 막혀 있으면 국가가 위태롭습니다. 그러나 지금 언로가 크게 열려 있는지는 알 수 없습니다. (중략) 지난번 하늘의 변고로 인하여 직언을 구하였을 때 5개월이 지나서야 비로소 상소하는 자가 있었는데, 이제 또 상께서 그 말의 근원을 끝까지 힐문하고 있습니다. 신은 이 뒤로부터 더욱 진언하는 자가 없을까 두렵습니다. (중략) 행여 사리에 맞지 않고 경솔한 말이 있더라도 심상하게 여기고 용납하여 신하들로 하여금 자기의 소회가 있으면 반드시 아뢰게 하여야 합니다.

위 강의는 명종 19년, 1564년 2월 13일 주강晝講에서 아뢴 말로서 〈논사록〉의 맨 처음에 나온다. 경연의 중요성과 언로가 열려 있어야 함을 역설하고 있다.

아울러 고봉은 국정 철학은 이익보다는 의로움이 중요시 되어야 함을 강조한다.

국가는 이익을 이익으로 여기지 않고 의로움을 이익으로 여기는 것입니다. 참다운 이利는 의義에서 나오는 것이니 자기도 편안하고 남도 편안한 것입니다. 이익을 구하지 않아도 저절로 이롭지 않음이 없는 것이 이른 바 의로서 이로움을 삼는다고 하는 것입니다.

이욕利慾의 마음은 남과 나를 구별하는 마음에서 생기는 것이니 자기에게 이롭고자 한다면 반드시 남을 해치게 마련입니다. 사람들마다 자기에게 이롭게 하고자 하여 나와 다투고 빼앗으려 한다면 이익을 추구해도 얻지는 못한 채 해만 따르게 되니 이것이 이익을 이익으로 삼는다 하는 것입니다.

한편 고봉은 제왕의 임무에 대하여는 수신修身과 인재등용을 역설한다.

제왕의 자리는 매우 어려운 것이니 마땅히 깊은 못에 임한 살얼음을 밟는 듯 조심해야 하고 잠시라도 방심하거나 경솔히 해서는 안 됩니다. 그리고 또 반드시 간사한 사람과 정직한 사람을 밝게 구별 한 뒤에야 인재를 등용하고 소인을 물리침에 마땅함을 얻게 되는 것입니다.

옛날부터 제왕들이 지극한 정치를 이룩하고자 할 때는 반드시 수신을 근본으로 삼았고 또 인재를 불러 모으는 것을 급선무로 여겼습니다. 국가의 온갖 일을 군주 혼자서 처리할 수는 없으니 현자와 함께 하여야 마땅합니다. 사람들이 집을 짓고자 할 때에도 먼저 재목을 준비한 뒤에야 집을 지을 수 있는 것인데, 하물며 국가를 다스림에 있어서는 더 그러하지 않겠습니까?

뜻을 세우고立志 어진 이를 구하고求賢 책임을 맡기는 것責任,

이 세 가지 일을 항상 유념하소서. 다만 어진 이를 구하려는 마음만 있고 이러한 뜻이 서지 못한다면 비록 어진 이를 구할 지라도 얻지 못 할 것이요, 설령 이전 선비를 얻었다 할지라도 이러한 뜻이 굳게 서지 못하면 또한 활용할 수가 없는 것입니다.

반드시 임무를 맡겨주고 성공하기를 꾀할 것이며 하찮은 과오는 접어두고 따지지 마소서. 이것이 치도의 큰 강령입니다. 큰 강령이 서지 못하면 하찮은 폐단을 바로 잡고자 하여도 될 수가 없을 것입니다.

이어서 경세제민經世濟民, 즉 세상을 경영하여 백성을 구제하는 문제에 있어서는 고봉 기대승은 민본民本과 재물財物을 중요시 한다.

백성이 좋아하는 바를 좋아하고 백성이 싫어하는 바를 싫어하는 것이 바로 백성의 부모가 되는 것입니다. 백성들의 마음을 자기의 마음으로 삼아서 백성들이 편안하고자 하면 편안히 해 주고 백성들이 수고로운 것을 싫어하면 수고로움을 면해주니 이것이 이른바 그 마음과 같이 하는 것이 용서恕가 된다는 것입니다. 모름지기 항상 백성들을 생각해서 날씨가 추워지면 혹시 헐벗는 자가 있는 지 염려하며 흉년이 들면 굶주린 자가 있는 지 염려하여 부모가 자식을 생각하는 마음과 같이 한다면 선한 정사를 거행할 수 있을 것입니다.

사람의 생리는 반드시 음식을 먹어야 살 수 있는 것이니 하루도 재물이 없어서는 안 됩니다. 다만 재물을 위주로 하면 이욕이 생겨서 분쟁이 일어나기 때문에 '덕은 근본이요 재물은 말단이다.'라고 한 것입니다. 백성이 편안한 뒤에야 국가가 다스려지는 것이니 백성들이 풍족하다면 군주가 어찌 홀로 풍족하지 못하겠습니까?

〈논사록〉은 선조 임금 이후 역대 조선 임금들의 제왕학 교과서가 되었다. 논사록이 처음 나온 후 200년 지나서 논사록이 다시 중간된다. 정조 임금은 논사록을 읽고 크게 감명을 받는다.

그러면 정조임금의 전교와 치제문을 살펴보자. 먼저 전교이다.

고봉 선생의 논사록論思錄을 중간重刊한 뒤 정조임금의 전교1788년

이제 〈논사록〉을 보니, 이것은 바로 고故 승지 기대승이 경연에서 아뢴 말이다. 서문과 발문을 보면 근래에 비로소 중간된 것임을 알 수 있다. 좋은 말을 아뢰고 착한 선비들을 보호한 그 공로에 대해 책을 어루만지며 세 번 반복해 보니 어찌 존경스럽고 탄상하는 심정을 금할 수 있겠는가. 살아서는 성군을 만나 자신의 소회를 다 말하였고, 죽어서는 군주가 사관에게 명하여 그가 아뢴 말을 모아 기록 하도록까지 하였으니, 아, 거룩하다. 지금 나는 이 책을 즐겨 보느라 밤이 이미 깊어 촛불을 여러 번 바꾸어 켰는지도 몰랐으니, 열 번의 야대夜對보다도 훨씬 낫다. (후략)

다음은 정조임금의 치제문을 보자.

명종과 선조의 태평성세에	明宣盛際
여러 현인들이 울흥하였네.	衆賢蔚興

(중략)

이와 기의 원류와	源流理氣
전례의 상과 변에 대하여	常變典禮
명쾌하게 분석하니	劈析明快
선배들도 존경하였네.	先輩所畏
얼굴빛을 엄숙히 하고 조정에 서니	正色立朝
군왕의 외척들이 숨을 죽였네.	戚畹屛息
태평성세를 만나	際遇明明
행하고 그침을 여유 있게 하였네.	行止綽綽
벼슬을 버리고 남쪽으로 돌아가니	卷以南歸
명망과 절개가 더욱 드높았네.	名節逾卓

내가 그의 유서를 읽으니	予讀遺書
그 이름이 《논사록》이었네	其名論思
사관이 모아서 기록한 것을	起注所裒
성조께서 명명하셨네.	聖祖命之
훌륭한 그 말씀이여	旨哉攸言
같은 시대에 태어나지 못함이 한스러워라	恨不同時

촛불을 여러 번 바꾸어 켜고 책을 읽으며 燭跋頻剪
서너 번이나 무릎을 치고 감탄하였네. 擊節三四
시대는 다르나 감동되니 曠世相感
내 그리움은 더욱 두텁네. 予懷采摯
이는 실로 정신으로 사귀는 것이니 實維神交
어찌 옛날과 지금의 간격이 있을쏜가. 豈間今古
(후략)

이 치제문은 읽으면 읽을수록 명문名文이고 감동적이다. 특히 '같은 시대에 태어나지 못함이 한스러워라. 촛불을 여러 번 바꾸어 켜고 책을 읽으며 서너 번이나 무릎을 치고 감탄하였네.'는 개혁군주 정조, 조선의 르네상스를 꿈 꾼 정조 임금이 〈논사록〉에 얼마나 심취하였는지를 알 수 있는 구절이다.

이 글을 쓰면서 이 시대의 정치가들, 지도자들, 지식인들을 생각하여 본다. 국가와 민족 그리고 국민을 위하여 한 목숨 다 바치겠다는 사람들을 생각한다. 이들이 진정으로 추구하는 것은 고봉 선생의 말씀처럼 의義일까. 아니면 의義를 가장한 이利일까. 이 시대의 빛과 소금이기를 자처하는 이들이여. 〈논사록〉을 꼭 한번 읽어 보시기를.

17

옛 월봉서원을 찾아서

광주광역시 광산구 산월동 망월봉 아래

월봉서원은 세 번 세워졌다. 처음에는 신촌 마을 낙암산 아래 낙암이고, 두 번째는 광산구 산월동 망월봉 아래에 세워졌다가 대원군 때 훼철되었고, 세 번째는 지금의 광산동 너브실 마을에 중건되었다.

신촌마을 낙암산 아래에 지어진 낙암은 임진왜란 때 불에 타 소실되어 서원은 낙암에서 20여리 동남쪽으로 떨어진 망월봉 자락으로 옮기었다. 동천桐川 냇가를 바라보고 망월봉 아래에 세워진 월봉서원月峯書院은 효종 5년1654년에 사액서원이 되었다. 당초 예조에서는 동천桐川, 도산道山, 월봉月峯 3개의 명칭을 추천받아 도산으로 정하였으나, 최종 결정 과정에서 월봉으로 낙점이 되었다 한다.

1655년효종 6년 4월에 월봉서원은 편액을 맞이하고 예랑禮郎 원격元格이 제문祭文을 받들고 와서 치제했다.

하늘의 뛰어난 기운을 얻어 得天間氣
세상의 명유가 되었네. 爲世名儒
정제한 금 윤택한 옥과 같으며 精金潤玉
물속의 달 얼음 호로와 같았네. 水月氷壺
가정의 교훈을 이어받아 訓襲家庭
정주학을 연구하였네. 學則程朱
기운은 한 세상을 덮고 氣蓋一世
이치는 만 가지 현상계를 꿰뚫었네 理透萬殊
이미 널리 배우고 예禮로 요약해서 旣博而約
체와 용이 구비되었네. 體用之俱
탁월하게 높은 식견은 卓見高識
호로에 의지하지 않았네 不依葫蘆
일찍이 스스로 조예가 뛰어나 早自超詣
여러 어리석은 사람들을 계도하였네. 爰啓羣愚

《논사록》이 남아 있으니 論思有錄
마땅히 이것을 좌우에 두고 보리 宜置座隅
울창한 저 아름다운 산소에는 薈彼佳兆
산골짜기 좌우로 감돌고 있으며 山谷盤紆
고반하던 유허에는 考槃之墟
아직도 남은 향기 변치 않고 있네. 遺芳不渝
이곳에 사당을 세우고 영령을 모시니 建宇妥靈
많은 선비들의 소원이었네 多士之諏

한편 월봉서원의 초대 원장은 신독재愼獨齋 김집金集 1574-1656이다. 김집은 고봉의 친구이자 서원의 재산을 마련해준 전라감사 김계휘의 손자이고 사계沙溪 김장생金長生 1548-1631의 아들이다. 월봉서원은 고봉 기대승 이외에 현종 12년1671에 눌재訥齋 박상朴祥 1474-1530과 사암思菴 박순朴淳 1523-1589이 추향追享되었고, 숙종 9년1683에는 김장생이 추향되고 김집이 종향從享되었다. 또한 정조 12년1788 4월에 예조 좌랑 박흥복이 명을 받들고 와서 치제하였다.

그런데 고종 5년1868에 서원이 훼철毁撤되고 만다. 이후 1938년에 광주시 광산구 광산동 광곡마을에 빙월당을 이건하고 1979년에 지방문화재로 등록되었으며, 1982년에 숭덕사와 내삼문을 세웠고, 1983년에 장판각을 지었으며, 1990년에 명성재와 존성재 및 외삼문을 세웠다. 그리하여 1991년에 서원을 복원하여 선생의 위패를 봉안하고 3월과 9월 상정일上丁日에 향사하고 있다.

산월동에 있는 망월봉 아래에 지어진 월봉서원을 찾으러 간다. 우선에 찾아가는 곳은 광주광역시 광산구 산월동 월봉마을에 있는 월봉경로당이다. 첨단에서 남부대학교 앞 교차로에서 왼편으로 가서 봉산로 길을 따라 다시 왼편으로 가니 월봉로가 나온다. 이 길을 곧장 가니 월봉경로당이 있다. 월봉경로당 바로 앞집은 '월봉길 236 산월동 222-1번지' 이다. 이 집의 안 골목이 바로 월봉서원으로 가는 길이다.

'월봉길 234' 라는 표시가 된 집 자리에는 홍살문이 있었단다. 홍살문은 보통 빨간 색으로 칠하여진 문인데 이 문은 지금부터는 엄숙, 경건하게 보

광주광역시 광산구 산월동 옛 월봉서원 입구.

행하라는 의미로 만들어졌다.

외삼문은 유영루遊泳樓라고 이름 붙인 누각이었다. 유영루 편액은 지금 월봉서원 장판각에 소장되어 있다. 서원 앞에 누각을 세운 사례는 장성의 필암서원, 안동의 병산서원에도 볼 수 있다. 필암서원 들어가는 입구에는 확연루가 있고, 안동 병산서원도 복례문을 지나면 만대루晩對樓가 있다.

홍살문이 있었다는 골목길은 막다른 길이다. 산으로 가는 길은 막히었고 창고 같은 가건물 하나만 있다. 더 이상 갈 수 없어서 이곳 산봉우리 아래가 바로 월봉서원 터임을 확인만 하였다. 사진을 몇 장 찍고서 다시 월봉경로당이 있는 곳으로 돌아왔다.

혹시나 월봉서원 내역을 아는 사람이 있을 까 싶어서 경로당으로 들어갔다. 마침 나이 드신 남자 한 분이 경로당에서 나온다. 앞산을 가리키면서 이 산 이름이 무엇이냐고 물었더니 삼각산이라고 대답한다. 산봉우리가 세 개이니 삼각산 이겠구나 생각하였다. 그 분에게 한 가지를 더 물었다. 월봉서원이 처음 세워진 터에 대하여 아는지를. 경로당 총무라고 하는

유영루 현판, 초기 외삼문 누각이름이다. 월봉서원 장판각에 소장되어 있다.

분은 왜 갑자기 월봉서원 이야기를 들먹이는지 하는 의아한 표정을 짓는다. 그러면서도 반가운 표정으로 자세하게 월봉마을의 역사를 말하여 준다. 이 마을은 예전에는 서원촌이라고 불리었단다. 망월봉 아래에 서원이 있었는데 대원군 때 훼철되었고, 경로당 총무께서 어릴 때에는 서원터에 여러 그루의 배롱나무와 기왓장과 주춧돌들이 있었다 한다.

한편 지금의 경로당 자리 바로 근처에 냇가가 있었다고 한다. 이 냇가가 홍수가 잦아서 주변 집들이 문제가 많았다고 한다. 그런데 그 냇가가 지금은 논밭이 되었단다. 그리고 보니 이 냇가 이름이 바로 동천桐川같다.

월봉경로당 앞쪽에는 멀리 아파트가 밀집되어 있고 그 앞으로 차가 다닌다. 그래서 저곳도 하천이냐고 물었더니 영산강 지류라고 설명하여 준다. 그러면서 예전에는 월봉서원과 관련하여 신문사에서도 취재를 나왔었다고 말하면서 몇 년 전에 기씨 문중에서 월봉서원 터를 탐사하여 주춧돌을 13개인가 14개인가를 찾아내었고 그 중 3개를 월봉초등학교 교장에게 주었다는 이야기도 곁들인다.

월봉서원이 세워진 망월봉을 정면에서 확인도 하고 영산강 지류도 볼 겸하여 차를 방죽 길로 몰았다. 방죽 길은 첨단에서 산동교 가는 뚝방 길인데 차가 꽤나 많이 다닌다. 차에서 보니 왼편에 삼각산 전경이 제대로 보이고 월봉마을이 한 눈에 들어온다. 산봉우리 3개중에 하나는 물탱크가 만들어져 있어 산이 움푹 들어가 있다. 방죽 길에서 보니 망월봉도 제대로 보이고 월봉 경로당도 잘 보인다. 영산강 지류라는 뚝 방 하천도 꽤나 넓다.

방뚝길에서 본 월봉서원과 삼각산

이 길을 따라 보훈 병원 후문으로 가서 월봉초등학교를 들렀다. 월봉초등학교에 있다는 주춧돌 3개를 확인하기 위하여서이다. 월봉중학교 정문으로 들어가서 주차를 하고 주춧돌을 찾았다. 주춧돌은 월봉초등학교 입구의 교훈비 옆에 묻혀있었다. 월봉초등학교 교훈 비 한 곳에는 "교훈, 사랑 슬기 건강"이라고 적혀 있고 그 옆에는 "배움의 새 둥지를 틀면서 진솔한 학문 탐구 자세와 충절의 선비 정신을 이어 받고자 월봉서원의 옛 주춧돌에 교훈석을 세운다. 2005.5.6" 라고 적혀 있다.

월봉초등학교 교훈석

돌아오는 길에 고봉 기대승이 유일하게 남긴 시조가 생각났다.

호화코 부귀키야 신릉군信陵君만 할 까 마는
백년이 못하여서 무덤위에 밭을 가니
하물며 여남은 장부야 일러 무엇 하리오.

호화와 부귀로 말하면 밭을 가는 사람이 3천명이나 되었다는 중국 춘추 전국시대 위나라의 군자 신릉군을 따라갈 사람이 없다. 그런데 그 역시 백년이 못 되어서 무덤에 묻힌 신세이고 그의 무덤위에서 밭을 가니 잊혀 진 인물이 되었다. 하물며 보통 사람들은 말하여 무엇 하리오.

그러므로 호화와 부귀로 이름을 남기기보다는 학문으로 이름을 남기는 것이 더 낫지 않을까. 고봉 선생은 돌아가신지 440여년이 되었어도 그의 이름이 아직도 남아 있으니 그는 당대에 호화와 부귀로 사는 것 보다 훨씬 더 값진 삶을 산 것 아닌가.

18

다시 월봉서원에서

장판각을 구경하다.

광주광역시 광산구 산월동 월봉서원 터를 답사한 며칠 뒤에 임곡의 월봉서원을 다시 찾았다. 신도비 옆에 있다는 주춧돌 10개를 찾아보기 위하여서이다. 주춧돌은 신도비 근처의 공터에 묻혀 있다. 이 초석들 위에 월봉서원이 지어졌으니 주춧돌은 문화적 가치가 있으리라.

주춧돌 근처에는 한문으로 된 신도비와 한글로 번역된 신도비 병서 비가 있다. 2003년에 세워진 신도비의 비문은 경제학자이고 학술원 회원이며 경제부총리와 전 서울특별시장을 역임한 조순 교수가 지었다. 조순 교수는 현재 월봉서원 원장이기도 하다.

신도비는 원래 임금이나 종이품 이상 벼슬아치의 산소 가는 길에 세우는 비석인데, 이 원칙을 그대로 적용하면 고봉 선생의 신도비는 묘소로 가는 길에 세워지는 것이 맞을 것 같다.

옛 월봉서원터에서 나온 주춧돌. 신도비 근처에 있다.

고봉 선생 신도비는 여느 인물들의 신도비처럼 선생의 가계와 생애, 업적 그리고 후손과 그에 대한 찬사로 되어 있다. 그의 큰 업적은 무엇보다도 사단칠정논변과 논사록일 것이다.

그런데 한글 번역비 신도비 병서도 읽기가 쉽지 않다. 한문이 너무 많다. 그럼에도 인내를 가지고 비문을 읽었다. 마지막 부분의 찬사는 감동적이다.

아, 길고 아득한 500년 세월 동안 선생의 학덕學德은 우리나라에 견줄 이가 없었다.

명銘은 다음과 같다.

뛰어난 자질은	超詣之資
생이지지에 가까웠도다.	近於生知
잠심하여 고요히 생각함은	沈潛幽思
칠팔 세 아이 적부터였도다	自髫齔時
나이 십오 세에	志學之年
이미 대성을 기약하였으며	已期大成
경학의 뜻과 역사의 관점	經義史觀
달통하고 분명하였도다	達通分明
격물치지 수신제가의 수양을	格致修齊
일신에 두루 갖추었고	備於一身
치국평천하의 큰 뜻은	治平大志
시종 순일하고 진실하였다	始終純眞
조정에서 직임을 맡아서는	立朝莅職
그 모습이 훌륭하고 영특하고	羽儀俊英
경연에서 강론할 때는	經筵侍講
그 논설이 종횡무진하였도다	論說縱橫
만조의 신료들은	滿朝臣僚
갱장에 뜻이 있었지만	意在更張
공의 대본은	公之大本

항상 강상을 중히 여기셨으니	恒重綱常
어진 이를 추천하고 사악한 이를 물리치며	推賢斥邪
극히 공명정대하셨다	至正大中
세상에 나갈 때나 물러날 때나 말할 때나 침묵할 때나	出處語默
한결같이 퇴계를 준행하였고	一遵退翁
서신의 왕복은	書信往復
그 정의가 평생 변함이 없었다.	情誼平生
성리의 학설은	性理學說
독보적 발명이었고	獨步發明
사단과 칠정에 대한 논변도	四七論辯
한편으로는 넓고 한편으로는 치밀하였으니	淹博精緻
통유의 풍치와 인격을	通儒風標
조야가 모두 우러렀으며	朝野仰止
오직 기세사만을	惟幾勢死
행신의 대방으로 삼으셨도다.	行己大方
창졸의 순간이라도	造次顚沛
몸가짐과 행실을 엄중하게 지켰으니	操履嚴守
사림의 아망은	士林雅望
별 중에 북두성과 같았다	如星有斗
맹자의 말씀대로 천명을 순하게 받으셨으며	順受天命
백세에 향기를 남기셨도다.	百世遺香

다시 월봉서원으로 들어간다. 월봉서원 강당마루에서 조순 교수가 쓴 한시를 보았다. 그의 시 해설 옆에는 기 · 세 · 사에 대한 고봉의 마지막 말씀이 적혀 있다.

빙월당의 기둥 8개에는 한문 주련이 붙어 있다. 이 주련의 내용들은 고봉이 쓴 권학문 시이다.

책을 지고 스승 찾아 높은 암자 오르니	尋師負笈上高菴
창문에 비치는 해 그림자 달리는 말과 같네	牕裏羲光駕走駸
오늘 힘쓰지 않으면 명일도 마찬가지	今若不勤明又此
돼지와 용의 다른 날 한탄을 어찌 견디랴	猪龍他日恨何堪

삼천 명의 제자 적은 것이 아니지만	三千弟子不爲少
당에 올라 방에 든 이가 몇 사람이나 있을꼬	入室升堂有幾人
정사와 문장 이것 모두가 말단의 공부라	政事文章皆是末
예나 지금이나 오직 덕행 있는 사람을 말하네	古今唯說德行人

원래 이 시는 두수가 더 있다. 이 시를 모두 소개하여 본다.

문장의 화려함은 봄꽃이 곱고	文章灼灼春花艶
부귀의 넘실댐은 냇물이 멈췄네.	富貴盈盈川水渟
서리가 내리고 물막이 터지면 어디에서 찾으랴	霜落梁分何處覓

달 밝은 가을밤에 옥병이 맑네.	月明秋夜玉壺淸

만 권의 서책을 읽어도 그 뜻을 다하지 못하면	讀書萬卷未了義
평탄한 언덕에 말을 달려오는 것과 무엇이 다르랴	何異平原走馬回
한 글자의 심오한 뜻 그 누가 능히 해득하랴	一字精微誰解得
성현은 학문을 귀히 여기고 재물을 귀히 여기지 않네.	聖賢貴學不貴才

장판각을 구경하다.

모처럼 장판각을 구경하였다. 장판각에는 고봉선생의 문집 목판이 보관

빙월당 건물 기둥에 있는 주련

되어 있다. 먼저 목판 〈논사록〉 중에서 선조임금에게 첫 강론한 1567년 10월23일 목판을 보았다. 여기에 조광조와 송인수 이름이 보인다. 퇴계와 고봉이 13년간 주고받은 편지를 모은 양선생왕복서도 구경하였다. 월봉서원강당과 유영루 현판도 보관되어 있다. 이런 귀중한 사료들을 보게 된 것은 큰 영광이요 기쁨이다.

한 구석에서 한시가 적힌 편액 하나가 나왔다. 바로 고봉의 문인 유근의 시를 적은 편액이다. 유근柳根 1549-1627은 1572년선조5 별시 문과에 장원하고, 1574년에 사가독서를 하였으며, 1587년 이조 정랑으로서 문신 정시文臣庭試에 다시 장원하였다. 이 해 일본의 승려 현소玄蘇가 사신으로 왔는데,

월봉서원 장판각

문장에 뛰어나다는 이유로 선위사宣慰使에 특임되어 그를 맞았다.

삼가 고봉 선생 서원에 제하다

고봉 선생 학문은 연원이 있나니	高峯爲學有淵源
퇴계 선생을 사사하여 남김없이 토론했네.	師事陶山極討論
처음에 타고났던 이 성에 대해	凡此厥初成者性
도의 근원에서부터 진정 그 까닭을 탐구했다네.	苟求其故道之原
이기를 천명한 글 아직도 남아 있고	闡明理氣書猶在
허령을 함양하여 호를 존재存齋라고 하였네.	涵養虛靈號曰存
이제 광산에 이르러 사우를 참배하니	今到光山拜祠宇
늙은 이 몸 일찍이 문하에 올랐음 일세	白首曾是忝登門

이 시는 유근이 노년에 고봉 선생 사우를 참배하고 그 소회를 적은 시이다. 시구에서 허령虛靈은 명덕明德을 말한다. 《대학장구》〈명덕장明德章〉 주에 "명덕은 사람이 하늘로부터 얻는 것으로, 허령불매虛靈不昧하여 온갖 이치를 구비하고 만사를 수응하는 것이다." 하였다. 허령불매는 마음에 찌꺼기나 가린 것이 없어 사물을 환하게 비추어 보는 것이다.

편액 마지막 부분에 정사丁巳라 적혀 있다. 연도를 환산하여 보니 1617년이다.

월봉서원 장판각에 보관된 목판 문집

19

퇴계와 고봉,
죽어서도 함께 지내다

나주 경현서원에서

나주 경현서원을 간다. 경현서원은 조선 성리학의 큰 선비 김굉필, 정여창, 조광조, 이언적, 이황과 기대승, 김성일을 모신 서원이다. 이중에서 김굉필, 정여창, 조광조, 이언적, 이황은 문묘에 배향된 동방5현이다.

경현서원을 인터넷에서 찾았다. 주소는 전남 나주시 노안면 영평리 영안마을이다. 위치는 정확히 알 수가 없어 나주시청 관계자에게 문의하였더니 자세히 알려 준다.

나주시에 있는 동신대학교 정문에서 오른편으로 831번 국도를 따라 노안면 쪽으로 가면 예비군 훈련장이 나온다. 여기를 지나면 석재 공장이 여러 개 나온단다. 여기에서 하차하여 자세히 보면 '경현서원 입구' 라는 표시돌이 하나 있단다. 이 석재공장을 감싸고돌아 3-4백 미터를 가면 왼편에 건물이 하나 있고 오른 편에 집이 두어 채 있는데 왼편 기와집이 바로 경현서원이란다.

차를 타고 가면서 경현서원이 세워진 내역을 살펴본다. 1583년선조 16년 8월에 학봉 김성일1538-1593은 나주목사로 부임한다. 그리고 이듬해인 1584년 봄에 금양서원錦陽書院을 세운다. 당시의 서원은 나주의 서문 밖에서 5리 떨어진 대곡동현재의 경현동 부근근처 이었다. 이 때 김성일은 율시律詩 한 수를 지었다.

누가 알았으리오. 선비들이 공부하는 서당이, 誰知俊造藏修地
심상하게 나주 성곽 시가지 근처에 있을 줄을. 只在尋常城市間

그런데 김성일은 1586년 12월에 나주목사에서 해임된다. 사직단社稷壇의 재실齋室이 불이 나서 전부 타 버리자, 책임을 지고 물러난 것이다. 김성일에 이어 나주목사로 부임했던 임윤신任允臣 목사 때 대곡서원은 지방 유생 나덕준 등의 발의로 1589년선조 22에 김굉필, 정여창, 조광조, 이언적, 이황을 모시는 오현사五賢祠로 명칭이 바뀌었다. 특히 이 시기에는 김천일, 정개청, 안방준 등 호남에서 이름난 선비들이 서원 원장을 맡아서 서원이 번창하였다.

정유재란 때 오현사는 소실된다. 그리고 1608년광해군 원년에 중건되며, 1609년에는 경현이란 액호를 임금으로부터 하사받았다. 경현이란 사액을 받은 것은 한훤당 김굉필을 주벽으로 하였기 때문으로 보인다. 김굉필을 모신 순천 옥천서원의 강당 이름도 경현당이다.

이어서 1693년숙종19에는 기대승, 김성일1538–1593을 추배하여 모두 일곱 분을 모시게 되었다. 이후 1868년 서원 훼철령에 따라 경현서원도 1871년에 훼철되기에 이른다. 현재의 서원 건물은 1977년에 이곳 영안마을로 이전하여 복원된 것이다.

나주시청 직원이 알려 준 대로 길을 가니 광산석재 공장 바로 옆에 경현서원 표시석이 있다.

경현서원 입구 표시석

서원 입구에 도착하여 안으로 들어갔다. 그런데 서원은 동재와 서재도 없고 강당만 있다. 조선 최고의 유학자를 배향한 서원치고는 조금은 초라하다. 김굉필의 후손 두 분의 안내를 받아 강당 뒤편 사당으로 간다. 사당 이름은 경현사이다. 사당 안으로 들어갔다. 거기에는 일곱 분의 위패가 나란히 있다. 맨 왼쪽에 김굉필의 위패가 있고, 그

경현사 사당(위)
사당 안 퇴계와 고봉신위,
퇴계 위패 바로 옆에 고봉의 위패가
있다.(아래)

다음이 정여창, 조광조, 이언적, 이황, 기대승, 김성일 순이다. 우연하게도 퇴계와 고봉은 바로 옆에 위패가 있다. 죽어서도 같이 지내는 모습을 보니 참 하늘이 내려준 인연이라는 생각이 든다.

이윽고 선현들에게 재배를 올리었다. 그러면서 고봉 기대승과 함께 모셔진 분들에 대한 인연을 생각하여 본다. 먼저 고봉과 김굉필金宏弼 1454-1504과의 관계이다. 김굉필은 조선 전기의 문신 · 학자로 자는 대유大猷, 호는 한훤당寒暄堂이다. 점필재 김종직金宗直의 문하에 들어가 《소학》을 배운 것을 계기로 평생 《소학》에 심취하여 스스로 '소학동자'라 일컬었다. 갑자사화가 일어나자 순천에서 유배 중에 극형에 처해졌다. 순천 옥천서원, 현풍 도동서원에 그의 신위가 배향되어 있다.

고봉은 1567년 10월23일 경연에서 선조에게 성리학의 정통이 김종직, 김굉필, 조광조로 이어짐을 이야기 하였고, 순천의 경현당기와 옥천서원기를 쓴다. 그리고 김굉필에 대한 행장도 짓는다.

다음은 고봉과 조광조에 관한 인연이다. 조광조趙光祖 1482-1519의 자는 효직孝直, 호는 정암靜庵이다. 사림파의 영수로 중종의 신임이 두터웠으나, 훈구파인 홍경주, 남곤, 심정 등의 무함으로 1519년 기묘사화에 능주綾州로 유배되었다가 결국 사사賜死되었다. 조광조는 고봉의 삼촌 기준의 친구이기도 한데 고봉은 선조에게 조광조의 복권을 건의한다. 또한 고봉은 화순 죽수서원에 대한 축문과 조광조에 대한 제문을 짓기도 하였다.

다음으로 고봉과 이언적과의 관계를 알아보자. 이언적李彦迪 1491-1553의 자는 복고復古이고, 자호自號는 회재晦齋이다. 처음 이름은 적迪이었는데, 중종 임금께서 언彦자를 넣도록 명하여 언적이 되었다. 그는 1547년 양재역 벽서良才驛壁書 사건에 무고하게 연루되어 평안도 강계로 유배되었고, 그곳에서 많은 저술을 남겼으나 63세로 죽었다. 양재역 벽서 사건은 명종 시절 외척으로서 정권을 잡고 있던 윤원형尹元衡 세력이 반대파 인물들을 숙청한 사건이며, 정미사화丁未士禍라고도 불린다. 그의 저서에 《구인록求仁錄》, 《대학장구보유 大學章句補遺》, 《중용구경연의中庸九經衍義》등이 있다. 고봉은 억울하게 희생된 이언적을 선조에게 복권하도록 건의하였고 그에 대한 신도비명을 짓기도 하였다.

고봉과 퇴계의 인연은 여기에서 다시 언급할 필요가 없을 것 같다. 고봉은 퇴계 선생이 돌아가신 후에도 그리움이 사무쳐서 여러 시와 글을 남겼다.

마지막으로 고봉 기대승과 학봉鶴峯 김성일金誠一 1538-1593과의 관계이다. 학봉은 퇴계의 문인으로서 고봉보다 나이가 11살이나 아래이다. 김성일의 자는 사순士純, 호는 학봉鶴峯이다. 성리학에 조예가 깊어 퇴계의 주리론主理論을 계승하여 영남학파의 중추 역할을 하였으며 예학禮學에도 밝았다. 김성일은 선조에게 일본에 대한 잘못된 정세 보고를 한 인물로 기억된다. 1590년에 선조는 일본의 정세를 파악하기 위하여 황윤길을 정사로 김성일을 부사로 하여 조선통신사를 일본에 파견하였다. 1591년에 귀국한 사신들은 선조에게 엇갈린 정세보고를 한다. 서인의 황윤길은 '풍신수길이 담력이 있고 눈이 빛나 보인다' 며 침략 가능성을 강하게 시사한 데 반하여 동인인 김성일은 '풍신수길을 쥐새끼 같다고 폄하하면서 별로 걱정할 것이 없다.' 고 보고한 것이다. 1592년 4월에 임진왜란이 일어나자 김성일은 죄인 취급을 당한다. 이를 사죄하기라도 하듯이 그는 초유사로 전장을 누비고 경상우도 감사로 곽재우, 김시민등 의병장들을 독려하여 왜군과 힘겨운 싸움을 한다. 그러다가 1593년 4월에 진주를 지켜야 한다는 일념으로 밤낮 없이 군사를 지휘하다가 진주성에서 전염병으로 죽는다.

한편 고봉 기대승이 별세할 때 예문관 검열이었던 학봉은 고봉에 대한 만시를 쓴다. 퇴계 선생이 별세한 후로 고봉에 의지하여 학문을 배우려 했는데 갑자기 고봉이 별세하여 슬프다고 적고 있다.

그런데 고봉과 정여창과의 인연을 찾을 수가 없다. 정여창鄭汝昌 1450-1504은 조선 중기의 문신 · 학자로서 호는 일두一蠹인데 1504년 갑자사화로 희생되었다.

다시 생각하여 보니 나주의 경현서원은 여러 가지로 특별한 의미가 있는 곳이다. 그 하나는 동방의 오현을 비롯한 조선 유학의 현인들을 모신 곳이라는 것과 그 둘은 영남과 호남의 명현들이 함께 있다는 점이고 그 셋은 퇴계 이황과 고봉 기대승이 죽어서도 같이 있다는 점이다.

이렇듯 경현서원은 영남과 호남의 유림이 함께 만나고, 영남과 호남이 화합하는 장소이다. 영남 유림들이 나주 목사골에서 매년 배향을 받는 곳이기도 하다. 영남의 유림 김성일이 나주 목사로 와서 서원을 짓고, 김굉필, 조광조, 이황등 동방 오현이 이곳에 함께 배향 되어 있으니 이 얼마나 의미 있는 일인가. 더욱이나 퇴계와 고봉은 죽어서도 함께 지내고 있으니 이 얼마나 향기로운 인연인가.

20
철학자의 길을 걷다

월봉서원에서 백우산 자락을 잇는 철학자의 길이 만들어졌다. 귀전암에서 백우산 가는 길, 백우산에서 고봉 생가 가는 길, 그리고 백우산에서 낙암 가는 길이 열렸다. 그리고 이 길을 철학자의 길고봉 산책로라 이름 붙이었다. 광주 MBC 라디오 아침방송 '길 위에 길을 걷다' 캠페인 프로에서 이 길이 소개되는 것을 들었다. 참 반가웠다.

화창한 가을날에 철학자의 길을 처음으로 걷는다. 출발지는 월봉서원이다. 먼저 기효증 부부 묘소를 간 뒤에 고봉 묘소 가는 길을 걷는다. 고봉 묘소 가는 길은 잘 정돈되어 있고 시비詩碑도 있다.

소나무 숲길을 걸으니 마음이 청아하다. 묘소 앞에는 정자가 새로 생겼고 안내판도 만들어졌다. 귀전암 가는 길도 정돈이 잘 되어 있다. 길에 통나무를 박아서 미끄러지지 않도록 만들어 놓았다. 드디어 귀전암에 이르

귀전암. 여기에서 백우산 올라가는 108계단이 만들어졌다.

렀다. 귀전암도 예전의 모습이 아니다. 앞부분을 훤하게 정리하여 터가 훨씬 넓어진 느낌이다. 귀전암 유허비 앞에 안내판도 있고 귀전암에서 백우산 올라가는 계단도 만들어져 있다. 계단을 오르기는 경사가 심하여 무척 힘이 들다.

백우산에 오르니 휴게 의자가 두개 놓여 있다. 그곳에서 조금 쉬고서 다시 오른쪽 길로 정상에 오른다. 백우산 정상은 314M이란다. 정상에는 태양열 집진 장치가 하나 설치되어 있고 세 갈래 길 이정표가 있다. 낙암

3km, 귀전암 0.7km, 큰 봉 0.8km라고 적혀 있다.

고봉 생가 가는 길은 낙암 가는 길로 가면 된다. 길을 따라서 조금 더 가니 세 갈래 안내 표시가 다시 나온다. 이정표에는 하림, 광곡, 큰 봉이라고 가는 길 표시가 있다. 하림 길로 가면 고봉 생가 가는 길이고, 광곡이라는 표시 길로 가면 바로 월봉서원이 나온다.

하림으로 가는 길로 한참을 가니 이정표가 또 나온다. 판사등산, 하림, 신촌이라고 적힌 세 갈래 길이다. 다시 신촌 가는 길로 얼마쯤 가니 또 다시 세 갈래 길이 나온다. 이번에는 하림, 판사등산, 가정이라고 적힌 길이다. 가정이라고 써 있는 길을 택하였다. 조금 더 가니 빨간 꽃이 예쁘게 피어 있고 경치가 너무 좋다. 길을 닦아 놓았는데 시누대 숲길이 너무 좋다. 길을 통나무를 사용하여 계단식으로 잘 만들어 놓았다. 조금 더 가니 묘소가 여러 개 있고 왼편에 낙암이 보인다. 이곳부터는 내리막길이라서 별로 힘도 안 든다.

이윽고 신작로가 나온다. 이곳이 바로 양림사 가는 길이다. 양림사는 백룡사라고도 한다. 신작로에는 고봉생가 0.6km, 월봉서원 2.5km 백우산 정상 1.9km라는 이정표가 있다.

양림사를 구경한 다음 용동 마을 고봉 생가로 간다. 그곳에서 고봉 부모 묘소와 오남재, 부친 물재공 유허비를 구경하였다. 이곳이 고봉이 어릴 때 살았던 곳이다. 한 가지 의문이 든다. 기대승이 어렸을 때 아버지를 따라 어느 길로 귀전암을 갔을까. 지금 왔던 길을 다시 되돌아가는 코스인 두동

마을에서 양림사 신작로까지 간 다음 백우산을 넘어 귀전암으로 갔을까. 아니면 신촌마을 길을 따라 낙암으로 가서 백우산을 넘어 귀전암으로 내려갔을까. 그것도 아니면 지금 버스 다니는 길처럼 용동마을에서 임곡면 소재지를 지나 월봉서원으로 가서 귀전암으로 올라갔을까. 아무튼 이 코스들이 모두 고봉 생가에서 귀전암으로 갈 수 있는 길이라고 생각된다.

철학자의 길을 다시 걷다.

일주일이 지난 토요일 오후에 다시 한 번 철학자의 길을 걷는다. 코스는 월봉서원에서 귀전암 그리고 백우산 정상을 가서 월봉서원으로 돌아오는 길이다. 그런데 이번에는 시간을 한번 재어 보기로 하였다. 월봉서원에서 고봉 묘소까지는 5-6분 걸리고 묘소에서 귀전암 터 까지는 10분 정도 걸리었다. 귀전암에 도착하니 이정표가 있는 데 월봉서원까지는 650M, 백우산 까지는 700M로 표시되어 있다.

백우산 길을 걸으니 운치가 있다. 오른편 소나무 숲 사이로 보이는 황룡강 들녘을 감상하면서 얼마를 걸으니 정상에 도착한다. 정상까지는 25분이 걸렸다.

다시 길을 걸었다. 7-8분 정도 가니 이정표가 다시 나온다. 광곡 1.01km 하림 1.75km 큰 봉 0.82km 라고 적혀 있다. 여기에서 광곡 가는 길이 바로 월봉서원으로 내려가는 길이다. 오후 3시에 출발하여 이곳에 도착한 시간은 4시. 이제 월봉서원으로 내려간다. 내리막길이라 내려가기는 편하다. 가을의 황룡강 들판은 누렇다. 조금 가니 묘소가 하나 나오고 또 다시 내려가니 묘소가 여러 개 있는 곳이 나왔다.

이윽고 평평한 길이 나왔다. 백우정이 보였다. 도착 시간은 4시45분. 1시간 45분을 걸은 것이다. 다시 월봉서원 빙월당에 가서 차를 한 잔 마시면서 고봉 산책로에 대하여 생각하여 본다. 귀전암 까지는 고봉의 흔적이 배어 있는 데 백우산에서는 그 흔적을 찾기가 어렵다. 앞으로 보완할 과제라고 생각된다.

월봉서원 교육관에서

2011년에 월봉서원 교육관이 문을 열었다. 호남학의 큰 별, 고봉 기대승의 사상을 알리기 위한 첫 걸음이 시작되었다. 지금은 기숙사를 짓고 있어 조만간 합숙 교육도 가능하게 되었다. 월봉서원은 이제 명실상부하게 호남정신 문화의 산실이 되었다. 다양한 인문학, 문화 강좌가 열리고 체험 활동도 활발하다.

그럼에도 가야 할 길이 멀다. 대중들에게 이해하기 쉽도록 콘텐츠를 개발하여야 하고 스토리가 있는 문화유적 답사도 더욱 활발하게 이루어져야 한다. 〈논사록〉, 퇴계와 고봉의 〈사단칠정논변〉과 13년간의 편지들을 다시 현대적 의미로 해석하는 작업도 필요하고, 태극, 물격, 사단칠정 등 일반인들에게 너무 어려운 성리학의 주요 논쟁도 알기 쉽게 풀이하는 강좌도 마련되어야 한다.

일 년에 두 번 올리는 춘향제와 추향제 행사도 좀 더 짜임새 있게 하면 어떨까? 단순하게 제사만 지낼 것이 아니라 오전에 제사를 지내고 오후에는 고봉 학술 대회를 하거나 아니면 고봉에 대한 특강을 하던지, 또는 고봉 관련 책 읽기논사록 등를 하면 좋을 것이다.

덧붙이면 광산구청에서 하루를 '고봉의 날'로 정하여 광산구청 소재 중·고등학생들을 상대로 사단칠정 글짓기 대회를 하던지, 유림들을 상대로 한시 짓기 대회를 하면 어떨까?

또한 요즘은 시각적인 것이 우선이니 월봉서원을 찾는 사람들에게 고봉 기대승에 관한 비디오나 3D 영상을 보여 주면 좋겠다.

욕심 같아서는 경상대학교에서 남명 조식을 연구하여 남명학을 재조명하듯이 광주의 대학교들도 고봉 기대승을 재조명하여 고봉학을 다시 정립할 수는 없을까? 사실 역사 인물들에 대한 재조명도 크게 비용이 드는 것은 아니다. 문제는 관심이다. 문화유산에 대한 관심이 있으면 투자는 자연히 해결된다.

호남의 역사 인물 알기는 호남인의 정체성正體性과 자긍심을 찾는 일이고, 역사를 아는 것은 과거를 통하여 현재를 조망하고 미래를 설계하는 작업이다. 21세기에는 이러한 역사 문화 운동이 우리의 삶에 자존과 품격을 높이는 자양분임을 확신한다.

월봉서원의 겨울

석주 박종석 畵

조선대학교 대학원 순수 미술학과 졸업
개인전 12회, 단체전 다수
제6회 광주미술상 수상
논문 〈학포 양팽손의 예술과 서적 고찰〉, 〈학포 양팽손의 묵죽도에 관한 연구〉
저서 〈부러진 대나무〉 〈세한을 기약하고〉

제2부

고봉과 인연을 맺은 사람들

다시 고봉 기대승의 흔적을 찾아서 길을 떠난다. 이번 답사는 고봉과 인연을 맺은 사람들을 찾아 나서는 기행이다. 담양 식영정, 면앙정, 소쇄원, 장성 요월정, 광주 풍영정, 임류정 등 고봉이 계산풍류를 즐기던 곳과 무등산, 나주 월정서원, 담양 송강정 등 고봉과 인연을 맺은 사람들의 흔적이 있는 곳을 찾았다.

01

기대승, 면앙정기를 짓다

담양 면앙정

담양군 봉산면에 있는 면앙정을 간다. 면앙정은 송순이 지은 정자이다. 송순宋純 1493-1582은 국문가사 〈면앙정가〉를 쓴 조선 중기의 문신으로 자는 수초, 호는 면앙으로 담양군 기곡면지금의 봉산면 기촌 마을에서 태어났다. 그는 3세 때부터 글을 읽을 줄 알았으며 9세 때 곡조문哭鳥文이라는 시를 지어 주위사람을 깜짝 놀라게 한 신동이었다.

나는 사람이고 너는 새이니
새의 죽음을 사람이 곡하는 것은 맞지 않으나
네가 나 때문에 죽었으니 그를 슬퍼하노라.

유년기에 그는 숙부인 지지당 송흠에게 글을 배웠으며 21세에 진사가 되어서는 당시 담양부사인 눌재 박상 문하에서 공부하였고, 26세 때는 송세림에게 수학하였다. 그는 나이 26세인 1519년 10월에 별시문과에 급제하였는데 당시 시험관이었던 조광조, 김구 등은 그를 보고 탁영 김일손 이후 이런 뛰어난 문장가는 없었다고 칭찬하였다 한다.

그런데 그 해 겨울에 기묘사화가 일어난다. 조광조등 개혁 사림파들은 심정 · 남곤등 훈구파들에 의해 화를 입는다. 이에 송순은 크게 낙담하였다. 그리고 당시의 사회상을 비판하는 다음 시를 짓는다.

> 날은 저물고 달은 아직 돋지 않아
> 뭇 별이 다투어 반짝이는 저 하늘
> 산천의 기운은 가라앉아 가네.
> 그 누가 알랴, 이 속에서 홀로 아파하는 이 마음을

이 시는 사림파의 개혁이 물거품이 되고 세상이 다시 가라앉은 현실을 아파하는 마음을 담고 있다.

한편 평소에 김안로의 전횡을 간언한 송순은 김안로가 권세를 잡자 41세인 1533년에 고향인 담양으로 낙향한다. 그리고 면앙정을 짓고서 시나 읊으면서 자연을 벗 삼아 4년간을 지낸다.

어쩌면 송순은 타고난 벼슬 운이 있었나 보다. 1537년에 김안로가 사약을 받은 지 5일 만에 그는 홍문관 부응교에 제수되고, 다시 사헌부 집의에 오른다. 이어 홍문관 부제학, 충청도 어사 등을 지냈고, 그 뒤 경상도 관찰사,

대사간 등의 요직을 거쳐 50세 되던 해인 1542년에 전라도 관찰사가 되는 등 승승장구 한다.

1545년, 명종 원년에 을사사화가 일어난다. 인종의 외삼촌 윤임 일파는 명종의 외삼촌 윤원형 일파에 의해 숙청당하고 많은 사림들이 희생을 당한다. 이 때 그는 유명한 상춘가傷春歌를 짓는다.

꽃이 진다하고 새들아 슬퍼마라.
바람에 흩날리니 꽃의 탓 아니로다.
가노라 희짓는 봄을 새와 무삼 하리오.

이 시는 을사사화로 인하여 화를 당한 사림들을 어느 봄 날 바람에 떨어지는 낙화에 비유하여 세상을 개탄하는 노래이다.

이렇듯 암울한 시대를 풍자한 시를 여러 편 쓴 송순은 1550년에 대사헌 · 이조참판이 되었으나, 진복창과 이기 등에 의하여 사론邪論 도리에 어긋난 논리을 편다는 죄목으로 그해 6월에 충청도 서천, 평안도 순천, 수원 등으로 귀양을 간다. 그리고 1년 반 후에 귀양에서 풀려나 1552년 3월에 선산 도호부사가 되고, 이 해에 담양부사 오겸의 도움을 받아 면앙정을 중건하였다.

이 후 70세에 기로소耆老所 조선시대에 70세가 넘는 정이품 이상의 문관들을 예우하기 위하여 설치한 기구에 들고, 은퇴하여 면앙정에서 여생을 보낸다.

송순은 성격이 너그럽고 후하였으며 특히 음률에 밝아 가야금을 잘 탔고 풍류를 아는 호기로운 재상으로 일컬어졌다. 교우로는 신광한, 성수침, 나세찬, 이황, 박우, 정만종, 송세형, 김윤제, 임억령 등이 있고, 문하 인사로는 김인후, 임형수, 노진, 박순, 기대승, 고경명, 정철, 임제 등이 있다.

면앙정으로 오르는 계단은 가파르다. 상수리나무와 대나무가 있는 계단을 두 번이나 지나야 정자에 이른다. 정자 앞에는 〈면앙정가비〉가 있고 왼쪽에 면앙정 안내판과 중수비 그리고 고봉 기대승이 지은 〈면앙정기〉비가 있다.

면앙정은 정면 3칸에 측면 2칸의 규모인데, 가운데에 한 칸짜리 방이 있고 사방에 빙 둘러서 마루가 깔려 있다. 이 정자 뒤는 벼랑이고 전망의 중심은 정자 뒤편에 있다. 여기에서 바라보면 멀리 이어지는 산줄기들과 언덕 아래에 깔린 평야, 그 위로 탁 트인 하늘이 시야에 들어온다.

송순은 1533년에 담양 제월봉 아래에 면앙정을 짓는다. 면앙정에는 김인후, 임억령, 소세양, 양산보, 기대승, 박순, 고경명, 정철, 임제 등 많은 시인묵객들이 출입하며 시 짓기를 즐겼다. 특히 송순은 벼슬에서 물러나 자연예찬을 주제로 한 작품을 지음으로써 강호가도의 선구자적 역할을 하

면앙정. 담양군 봉산면에 있다.

였고, 〈면앙정 삼언가〉·〈면앙정제영〉 등 수많은 한시총 505수, 부1편와 국문 시가인 〈면앙정가〉 9수, 〈자상특사황국옥당가自上特賜黃菊玉堂歌〉·〈오륜가〉 등 단가(시조) 20여 수를 지어 조선 시가문학에 크게 기여하였다.

그가 이 정자를 지은 후 지은 것으로 보이는 아래 시는 너무나 유명하다.

> 십년을 경영하여 초려 한간 지어내니
> 반간은 청풍이요 반간은 명월이라
> 강산은 드릴 데 없으니 둘러두고 보리라

면앙정 정자 앞에는 〈면앙정俛仰亭〉 현판이 있다. 한문 글씨가 또박또박하게 잘 써져 있다. 이 글씨는 당대의 명필 청송 성수침成守琛 1493- 1564이 썼다 한다. 송순은 면앙정 현판 글씨를 받기 위하여 성수침이 사는 경기도 파주까지 찾아갔다 한다. 그런데 성수침의 아들이 바로 우계 성혼이다.

정자 마루에는 〈면앙정〉 현판이 붙어 있고, 왼편 마루 위에는 송순의 〈면앙정 삼언가〉, 퇴계 이황의 시와 하서 김인후의 시가 함께 적힌 현판, 석천 임억령과 제봉 고경명의 〈면앙정 30영〉시 편액, 그리고 동악 이안눌의 〈차벽상운〉 현판 등이 붙어 있다. 송순의 〈면앙정 삼언가〉 편액을 보자.

굽어보면 땅이요, 우러러보면 하늘이라	俛有地 仰有天
그 가운데 정자를 짓고 흥취가 호연하다.	亭其中 興浩然
바람과 달을 불러들이고, 산천을 끌어 들여	招風月 揖山川
청려장 지팡이 짚고 백년을 보내네.	扶藜杖 送百年

이 얼마나 담백하면서도 자연과 함께 노는 무위도가인가. '면유지 앙유천이라굽어보면 땅이요 우러러보면 하늘이라.' 이 첫 구절에 송순의 마음이, 이 정자의 이름을 면앙정이라 한 뜻이 모두 담겨 있다.

원래 면앙俛仰은 '하늘에 우러러 부끄러움이 없고, 사람에게 굽어보아 부끄러움이 없는 것仰不愧於天, 俯不怍於人' 이 큰 즐거움이라고 한 〈맹자〉 진심장盡心章에서 말한 '부앙' 을 조금 바꾼 것이다. 부나 면은 모두 굽어본다는 의미이니 송순이 부를 면으로 바꾼 것 같다.

그러면 맹자의 〈진심장盡心章〉의 해당 부분을 읽어보자. 여기에는 군자삼락君子三樂이 실려 있다. 부모가 살아계시고 형제가 무고한 것이 첫 번째 즐거움一樂이고, 우러러 하늘에 부끄러움이 없고 굽어보아 사람에게 부끄럽지 않는 것이 두 번째 즐거움이며仰不愧於天이며 俯不怍於人이 二樂也, 천하의 영재를 얻어 가르치는 것이 세 번째 즐거움三樂이다.

송순이 살았던 시기는 기묘사화, 을사사화가 일어난 때로서 지조 있는 선비들은 살아가기가 힘든 시절이었다. 이런 때에 면앙俛仰은 송순 자신의 수신修身이요, 삶의 길이었다. 이런 인생관이 〈면앙정 3언가俛仰亭三言歌〉에 그대로 나타나 있다 하겠다.

한편 면앙정 마루에는 제봉 고경명과 석천 임억령의 〈면앙정 30영〉시가 있다. 〈면앙정 30영〉시는 면앙정에 관한 30가지 정경을 시로 읊은 것이다. 면앙정 삼언가 현판 옆에는 퇴계 이황李滉 1501-1570의 면앙정 관련 시와 하서 김인후金麟厚 1510-1560의 〈면앙정운〉시가 함께 적힌 편액이 있다. 송순은 선산도호부사로 있을 때 이황과 친교가 잦았다 한다. 퇴계 이황은 〈차면앙정운〉을 남겼고 송순 부친의 비문을 쓰기도 하였다. 여기에 붙어 있는 그의 시는 〈차면앙정운〉이라는 생각이 든다. 퇴계와 하서는 성균관에서 같이 공부하기도 하여 영 · 호남 두 선비는 두터운 교우 관계를 유지하였다.

또한 퇴계 이황의 호남과의 인연은 고봉 기대승과 8년간 사단칠정에 대하여 편지를 주고받음으로서 절정에 이른다. 이理와 기氣에 대한 논쟁인

'사단칠정논변' 은 명종 시절 문정왕후의 불교 우대와 윤원형 등 외척과 권신의 전횡에 숨 막혀 있던 사림들에게 신선한 청량제 역할을 하였다.

퇴계와 하서의 한시는 편액 글씨가 너무 희미하여 읽기가 힘들다. 〈국역 면앙집〉에서 퇴계의 시를 찾았다. 이 시는 七曲高低控二川으로 시작한다.

높고 낮게 뻗은 일곱 굽이 산이 두 냇물을 끌어당기니
수 없는 푸른 머리 비단 빛 같이 앞에 둘렀네.
처마에 매인 해와 달은 머뭇거리며 지내고
좌우로 둘러있는 영과 호壺는 아득하게 보이네.

촌 늙은이의 꿈이 증험하고 옛일은 허무한데
원님의 도움을 받았으니 경치가 값지네.
사람마다 이 가운데 즐거움을 알려 할진데
청량한 바람과 상쾌한 달빛이 같이 전할 것이네

소나무, 대나무 소소하고 산길은 깊은데
정자에 올라보니 산봉우리가 난간에 비꼈네.
텅빈 냇가와 언덕은 그림인양 보일락 말락
마름과 냉이는 군데군데 수목은 울창하네.
꿈속에도 깊은 관심은 귀양살이 당하던 날이요
시 읊으며 생각나는 것은 무마되던 때이네.

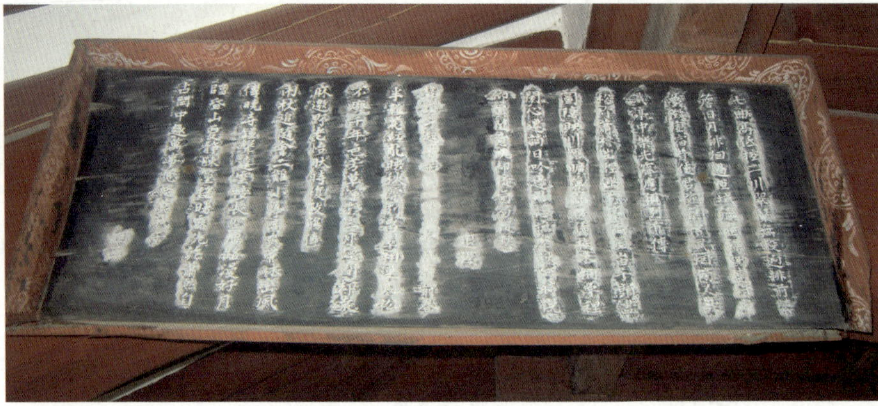
면앙정에 있는 퇴계와 하서의 시 편액

어느 때 굽히고 우러러 보며 내 뜻을 따라서
그전에 사무쳤던 수심을 떨쳐버리는가.

이제 면앙정 오른편 마루로 자리를 옮긴다. 이 마루 위에는 송순과 소세양蘇世讓 1486-1562의 시가 적힌 현판, 소쇄처사 양산보의 시가 적힌 현판, 정조임금의 어제御題가 판각되어 있는 〈하여 면앙정荷與俛仰亭〉 편액, 고봉 기대승의 〈면앙정기俛仰亭記〉 등이 걸려 있다.

먼저 송순과 소세양의 시가 같이 걸려 있는 현판을 본다. 소세양은 송도의 명기 황진이와 진한 사랑을 한 사람이다. 소세양은 송도 기생 황진이가 재색을 겸비하여 이름을 날린다는 말을 듣고 친구들에게 호언장담을 한다. 내가 황진이를 만나 꼭 한 달만 같이 미련 없이 멋지게 돌아 올 터이니 두고 보라고. 한 달을 넘기면 '나는 사람도 아니다.' 라고 큰 소리를 친다.

그는 사람을 보내어 황진이에게 편지를 전한다. 이 편지에는 석류나무 "류榴"글자 한자만 달랑 적혀 있었다. 황진이가 이 편지를 보자 그녀 역시 한 글자로 답장을 보낸다. 답장은 "어漁"이었다.

그러면 류와 어는 어떤 의미일까? 榴류는 碩儒那無遊석류나무 류이다. "여기 큰선비가 여기 있는데, 어찌 놀지 않겠는가?"로 풀이할 수 있다. 漁어는 高妓自不語고기자불어- 고기잡을어로 "고상한 기녀는 스스로 말하지 않는다."라는 뜻이다. 다시 말하면 '같이 놀고 싶으면 당신이 오세요.' 이다. 황진이가 이렇게 화답을 하였으니 조선 천하의 풍류객 소세양이 황진이에게 마음이 더욱 동할 수밖에.

소세양은 황진이와 30일 간 같이 지내기로 약속을 하고 송도에서 사랑에 푹 빠진다. 마침내 헤어지는 날이 왔다. 이 날 황진이는 소세양 앞에서 아래 시를 짓는다.

그리움만 남아 奉別蘇判書世讓

달빛 어린 마당에 오동잎은 지고
차가운 서리 속에 들국화는 누렇게 피어있네
다락은 높아 하늘과 한 척 사이라
취한 임은 무한정 술만 마시네.

흐르는 물소리 차가운 거문고 소리와 어울리고
매화 향기는 피리 소리에 스며드네.
내일 아침 우리 이별한 뒤에는
푸른 물결처럼 그리움이 길이 남겠지

이렇듯 애절하게 읊은 황진이의 시를 들은 소세양은 황진이 곁을 빠져나오지 못한다. '내가 어찌 인정이 없겠느냐吾其非人哉' 하면서 한 달을 더 넘기고 황진이에게 빠진다. 비록 친구와의 내기에는 졌지만 사랑만은 달콤하였다.

마침내 이별이 온다. 중종 임금은 조선 최고의 문장가 소세양을 마냥 송도에 머물게 하지는 않았다. 한양에서 다시 중책을 맡긴 것이다.

이후 황진이는 한양 간 임, 소세양이 너무나 그리워서 꿈길에서라도 그를 만나고 싶은 심정으로 꿈夢이라는 시 한 수를 읊는다.

꿈夢

보고 싶고 그리워도 만날 길은 꿈속밖에 없으니
제가 반가이 임을 찾을 때, 임도 저를 반가이 찾으소서.
바라옵건대, 멀고 먼 꿈길을 서로 달리 오가지만
일시에 꿈꾸어 같은 꿈길에서 서로 만나사이다.

상사상견지빙몽
想思相見只憑夢
농방환시환방농
儂訪歡時歡訪儂
원사요요타야몽
願似遙遙他夜夢
일시동작로중봉
一時同作路中逢

이 한시를 읽으면 명기名技 황진이의 시 작법이 가히 명작임을 느낄 수 있다. 2구의 농방환시환방농儂訪歡時歡訪儂. 첫 글자가 농에서 시작하여 마지막 글자도 농으로 끝나고, 앞에서 읽어도 농방환시환방농이고 뒤에서부터 읽어도 농방환시환방농인 글 솜씨. 시제詩題가 몽夢이요 1,3구의 운 또한 몽夢인 작법. 정말 대단한 여류시인이다.

한편 황진이는 한양에 있는 소세양에게 다음 시조도 보냈는데 이 시조 또한 장안의 화제 거리였다 한다.

동짓달 기나긴 밤을 한허리 베어내어
춘풍 이불 아래 서리서리 넣었다가
어른님 오신 밤이거든 굽이굽이 펴리라.

청산은 내 뜻이오 녹수는 님의 정이
녹수 흘러간들 청산이야 가실손가.
녹수도 청산 못 잊어 울어 밤길 예놋다.

소세양은 명종 시절에 우찬성으로 일하다가 은퇴하여 말년을 전라도 익산에서 살았다. 그는 이곳 송순이 있는 면앙정에도 몇 번 들렀나 보다.

한편 송순과 소세양의 시와 소쇄처사 양산보의 시 사이에는 〈하여면앙정荷與俛仰亭〉이란 어제御題 임금이 낸 시험문제 편액이 붙어 있다. 이 편액을 살펴본다.

어제御題

호남교준유생응제시제湖南校準儒生應製試製

정조임금은 정조 22년1798년에 도과道科를 광주에서 실시하라고 명하였다. 이 때 광주목사는 서형수이다. 시제詩題는 '하여면앙정荷與俛仰亭'이었다. 담양읍지에 가로되 송순의 아호는 기촌企村인데 20세에 과거에 올랐으니 그 문장력은 당세에 표준이요 으뜸이었다. 네 분 임금을 섬기고 관직에서 은퇴하여 고향 땅 언덕 위에 정자를 지어 이름을 면앙정이라 하였으니 대개 면앙이라는 뜻은 우주를 두루 살펴본다는 뜻이다. 선생께서 임금을 사랑했던 충성심은 많은 시구에서 나타나고 있으며 급제에 오른 지 60주년 그 날을 맞아 면앙정 위에서 베푼 잔치는 마치 급제에 오른 그 때와 같았으며 온 전라도가 떠들썩하였다. 술기운이 절반이나 취할 무렵 당시 수찬 정철이 가로되 우리 모두가 이 어른을 위해 죽여를 매는 것이 좋겠다고 하였다. 드디어 헌납 고경명, 교리 기대승, 정언 임제 등이 죽여를 붙들고 내려오자 각 고을 수령들과 사방에서 모여든 손님들이 뒤를 따르니 사람들 모두가 감탄하여 광영으로 여겼다. 이는 실로 옛날에도 없었던 훌륭한 행사였다.

송순은 1579년, 그의 나이 87세 때 담양 면앙정에서 그의 과거 급제 60돌을 축하하는 잔치인 회방연을 열었다. 이 잔치는 임금도 술과 꽃을 하사할 정도로 성대하게 이루어졌는데 송순이 침소에 들려고 할 때 송강 정철이 송순에게 죽여를 직접 매어드리자고 제안을 하여 송강 정철1536-1593, 제봉 고경명1533-1592, 고봉 기대승1527-1572, 백호 임제 1549-1587 등 네 사람이 죽여가마를 직접 매였다고 한다.

그런데 어제御題에는 기대승도 죽여를 매었다고 되어 있으나 이는 잘못된 것이다. 기대승은 이미 7년 전1572년에 별세하였기 때문이다. 면앙집에 실려 있는 이 기록을 단순한 실수로 보아야 할까, 아니면 의도적인 기록이라고 하여야 할까. 나는 이 기록을 의도적인 기록으로 생각한다. 송순의 회방연에 고봉 기대승이 참석한 것이면 그만큼 그 잔치의 명성이 더 높을 것이라는 생각에서 의도적으로 참석자 명단에 고봉을 넣었으리라. 당시 고봉 기대승의 명성은 대단하였다. 특히 퇴계 이황과의 8년간에 걸친 사단칠정론 편지 왕래로 인하여 그의 이름은 출사한 처음부터 널리 알려졌다.

한편 어제御題 바로 앞에는 고봉의 〈면앙정기〉 편액이 걸려 있다. 최근에 행주 기씨 문중에서 걸었다.

면앙정기가 지어진 내역을 살펴보자. 송순은 1552년, 그의 나이 60세에 담양부사 오겸의 도움을 받아 면앙정을 다시 짓는다. 그리고 스스로 '하늘을 쳐다보기도 하고 땅을 내려다보기도 하며 바람을 쐬면서 남은 생애를 보내게 되었으니 나의 본래 원하는 바가 이제야 이루어 졌다' 라고 기뻐하였다. 그리고 기대승에게 〈면앙정기俛仰亭記〉를 임제에게 〈면앙정부俛仰亭賦〉를 지어달라고 부탁한다.

고봉 기대승과 면앙 송순과의 인연은 고봉의 나이 18세 때부터 시작되었다. 당시 기대승은 광주목사로 있던 51세의 송순을 만나 광주 향교에서 공부를 한다. 고봉이 직접 쓴 〈자경설〉에 나와 있는 글을 읽어 보자.

16세에《주역周易》을 읽었는데 침식을 잊을 정도로 매우 열심히 연구하였다. 17세에는 〈전한서前漢書〉·〈후한서後漢書〉 및 〈여지승람輿地勝覽〉을 읽었다. 18세인 1544년에 중종이 승하하자, 졸곡 때까지 곡림哭臨하고 소식素食하였다. 또한 목사 송순이 유생儒生 가운데 더 배우기를 청한 자들을 선발하여 글을 강송講誦하도록 하고, 반드시 그 강송하기 시작한 때를 기록하여 기간이 오래 되었으면 곧 학업 성취도의 여하를 심사하곤 하였다. 나는 맹자와 한유의 글을 읽었다 (후략)

면앙정에 대한 중수내역과 그 배경 등에 관한 산문인 〈면앙정기〉는 기대승의 나이 32세인 1558년에 송순이 완산지금의 전주부윤으로 재직하고 있을 때 지어졌다. 고봉은 산문 솜씨가 탁월하였다. 이 〈면앙정기〉도 명문중의 명문이다. 원래 고봉이 지은 〈면앙정기〉는 두 가지이다. 국역 고봉전서에도 면앙정기가 두 개 번역되어 있다.

한편 송순은 임제에게 면앙정부俛仰亭賦를 지어달라고 부탁한다. 백호 임제. 그는 39세의 나이에 요절한 조선 최고의 풍류객이다. 임제는 나이 35세 때 평안도 도사종6품로 부임하면서 송도 기생 황진이의 묘에 들러 관복을 입은 채로 술잔 올리고 제 지내며 추도시를 읊었다 하여 조정으로부터 파직을 당한 로맨티스트이다.

청초 우거진 골에 자난다 누웠난다.
홍안을 어디 두고 백골만 묻혔난다.
잔 잡아 권할 이 없으니 그를 슬허하노라.

고등학교 국어교과서에도 나오는 이 시조를 양반 신분에 당시에 천시 받던 기생의 무덤 앞에서 예를 갖추고 읊었으니 자유분방함이 가히 풍류객답다.

임제는 전라남도 나주시 회진면 사람으로서 자는 자순子順이고 호는 백호白湖인데 어렸을 때는 규방 출입 등을 하다가 나이 20세에 학문에 뜻을 두어 29세에야 과거에 급제한 후 벼슬을 시작하였다. 그는 자유분방하고 기개 있는 풍류객으로 알려져 있는데 동서분당의 무리에서 초탈하여 굽혀서 남을 섬기기를 좋아하지 아니하였고 격식과 현실에 비판적이었다. 대곡선생 성운의 제자인 임제는 면앙정 송순의 제자이기도 한데 그는 무인으로서 칼과 거문고를 항상 가지고 다니며 호방함을 보여 그가 다니는 곳에는 여인과의 일화가 뒤따랐다.

면앙정부俛仰亭賦는 1576년, 임제의 나이 27세에 지어진 것이다. 송순은 1576년 5월18일에 임제에게 부를 지어달라는 부탁을 하는 편지를 쓴다. 그리고 같은 해 6월 16일에 임제에게 글을 써주어서 감사하다는 답장을 쓴다. 〈면앙집〉 제3권

기記가 이성적이고 지적인 글이라면 부賦는 감성적이고 미적인 글이다. 그래서 송순은 철학적이고 사변적인 기대승에게는 기를 부탁하고, 감성적이고 로맨틱한 임제에게는 부를 지어달라고 부탁한 것이리라.

정자를 구경하고 나서 면앙정 안내판과 중수비 그리고 면앙정기 비석이 세워져 있는 곳으로 간다. 면앙정기 비석은 2010년에 기씨 문중에서 세웠다. 면앙정기 비석은 앞면에는 한글 번역이 뒷면에는 이 비를 세운 취지가 적혀 있다. 한글 면앙정기는 〈국역 고봉전서〉의 번역본을 그대로 옮긴 것 같다.

이제 면앙정을 내려온다. 그리고 송순과 기대승의 인연에 대하여 다시 한 번 생각한다. 몇 백 년 전에 지은 〈면앙정기〉가 남아 있지 않다면 두 사람간의 인연의 깊이를 헤아리기 어려울 것이었으리라는 생각도 하면서 기록의 중요성을 함께 느낀다.

02

양산보에 대한 만시

담양 소쇄원 제월당

1517년 어느 날, 15세의 한 소년이 청운의 뜻을 품고 한양으로 간다. 그는 조광조 밑에서 공부를 한다. 1519년 가을에 있었던 현량과에 천거되었으나 합격자 수가 너무 많아서 최종 합격자 명단에서 빠진다. 나이가 너무 어려서 다음에 합격하여도 된다는 것이 이유였다.

중종 임금께서는 이를 아쉬워하여 그에게 종이를 하사한다.

그런데 그 해 11월 기묘사화가 일어난다. 그의 스승인 조광조는 능주로 유배를 당하고 사약을 받는다. 소년은 출사를 포기하고 낙향을 한다. 고향인 담양군 창암촌에 머물면서 꽃과 나무를 가꾸면서 세상을 등지고 산다. 그가 바로 소쇄처사 양산보梁山甫 1503–1557이다.

양산보를 만나러 소쇄원을 간다. 대숲 바람이 불어오는 소쇄원은 입구에서부터 청량하다. 소쇄원은 이름이 참 별나다. 소쇄瀟灑란 말은 '맑고 깨끗하다' 라는 뜻인데 그 출처가 중국 제나라의 문인 공치규447-501가 쓴 〈북산이문北山移文〉이다. 여기에 소쇄출진지상瀟灑出塵之想 맑고도 깨끗하며 세속을 뛰어넘는 고결한 생각이란 말이 나온다. 〈북산이문〉은 종산에 은거하다가 혜염 현령으로 출사한 주옹周翁이 임기를 마치고 다시 종산으로 은거하려 하자, 평소 주옹의 출사를 못마땅하게 여긴 공치규가 신령의 말을 빌려 이 산에 못 들어오게 하는 경고문이다.

먼저 소쇄원 원림을 한번 둘러본다. 대봉대를 지나 제월당과 광풍각을 간 다음 위교를 건너 다시 입구에 선다. 제월당과 광풍각은 광풍제월光風霽月에서 따온 이름이다. 광풍제월은 중국 송나라 때 명필 황정견이 성리학자 주돈이周敦頤 1017-1073의 인물됨을 "가슴에 품은 뜻의 맑고 맑음이, 마치 비가 갠 뒤 해가 뜨면서 불어오는 청량한 바람과 같고 비 개인 하늘의 상쾌한 달빛과도 같다"胸懷灑落 如光風霽月고 한데서 나온 말이다.

주돈이는 태극도설을 주창한 송나라의 성리학자로서 주희1130-1200의 대선배이다. 양산보도 스승인 조광조와 마찬가지로 주돈이를 존경하였다 한다. 그래서 주돈이가 쓴 〈통서〉와 〈애련설愛蓮說〉 〈태극도설〉을 항상 글방에 간직하고 있었다 한다.

다시 제월당으로 발길을 향한다. 제월당은 방과 마루가 있는데 양산보가 거처하던 곳이었다. 방 안 벽에는 한문 글씨가 여러 폭 붙어 있다. 글씨를 자세히 보니 〈귀거래혜...〉로 라고 써져 있다. 이 시가 바로 도연명

陶淵明 365-427의 귀거래사이다. 양산보는 평소에 은일시인隱逸詩人 도연명을 흠모하여 〈귀거래사〉와 〈오류선생전〉, 〈독讀 산해경〉을 즐겨 읽고 도연명 같은 삶을 살려고 하였다 한다.

도연명. 그는 중국 강서성 구강시의 시상柴桑이라는 마을에서 출생하였다. 시상은 양자강 중류에 있으며 북으로는 여산廬山을 등에 업고 남으로는 파양호를 바라보고 있는 명승지이다. 그는 29세부터 관리 생활을 시작하여 몇 번의 벼슬을 하다가 41세에 팽택 현령을 사직한 뒤에는 다시는 벼슬길에 나가지 않았다. 이때 그는 〈귀거래사〉를 쓴다.

귀거래사는 벼슬을 그만두고 고향 시상마을로 돌아오는 심경을 읊은 시로서, 세속과의 결별 선언문이기도 하다.

귀거래사

자, 돌아가자. 歸去來兮

전원이 황폐해지려 하는데 어찌 돌아가지 않겠는가.

이미 내가 잘못하여 스스로 벼슬살이를 하였고 정신을 육신의 노예로 괴롭혔거늘

어찌 혼자 한탄하고 슬퍼만 하겠는가?

이미 지난 일은 탓해야 소용없음을 깨달았다.

앞으로 바른 길을 쫓는 것이 옳다는 것을 알았노라.

(중략)

이제 모든 것이 끝이로다!
이 몸이 세상에 남아 있을 날이 그 얼마이리.
어찌 마음을 대자연의 섭리에 맡기지 않으며
이제 새삼 초조하고 황망스런 마음으로 무엇을 욕심낼 것인가

부귀는 내가 바라는 바가 아니오.
또 죽은 후에 천제가 사는 천국에서 살 것이라고 기대하지도 않는다.
때가 좋다 생각되면 혼자 나가서 거닐고,
때로는 지팡이를 세워 놓고 김을 매기도 한다.
동쪽 언덕에 올라 조용히 읊조리고,
맑은 시냇가에서 시를 짓는다.
잠시 조화의 수레를 탔다가 이 생명 다하는 대로 돌아가니,
주어진 천명을 즐길 뿐! 무엇을 의심하랴.

'잠시 조화의 수레를 탔다가 이 생명 다하는 대로 돌아가니, 주어진 천명을 즐길 뿐! 무엇을 의심하랴.' 〈귀거래사〉의 마지막 구절은 마치 장자가 역설한 '자연으로 돌아가라'는 선언 같다.

이어서 제월당 마루를 둘러본다. 거기에는 제월당 현판과 여러 개의 편액들이 걸려 있다. 하서 김인후의 소쇄원 48영. 송순, 양응정, 기대승의

소쇄원. 담양군 남면 지곡리에 있다

한시, 그리고 임억령, 김성원, 고경명, 정철의 시가 있다.

먼저 하서 김인후의 〈소쇄원 48영〉시가 적힌 현판을 본다. 소쇄원 48영은 소쇄원 자연경관 48가지를 읊은 시이다. 이 시에는 단순히 경치의 아름다움뿐만 아니라 자연과 인생의 도가 있다.

〈소쇄원 48영〉중에서 양산보에 관한 시 한 수를 음미하여 보자.

소쇄원 제월당

제2영 개울가에 누운 글방

창이 밝으면 책을 읽으니
물 속 바위에 책이 어리비치네.
한가함을 따라서 생각은 깊어지고
이치를 깨닫는 연비어약의 경지에 들었네.

이 시는 하서 김인후가 양산보를 일컬어 쓴 시이다. 하서는 '소쇄옹의 학문과 생각이 연비어약鳶飛魚躍의 경지에 들었다' 고 칭찬하고 있다. 연비어약이란 〈시경詩經〉에 나오는 말로서 '솔개가 하늘을 나는 것이나 물고기가 못에서 뛰는 것' 은 모두 자연스러운 도의 작용으로서 군자의 덕화가 널리 미침을 의미한다.

다시 눈길을 끈 것은 송순, 양응정, 기대승의 한시가 적혀 있는 편액이다. 자세히 보니 이 시들이 소쇄옹 양산보에 대한 만시輓詩이다. 소쇄처사 양산보는 1557년 3월에 소쇄원의 안방에서 별세한다. 이 때 많은 시인 묵객들이 조문을 하였고 만시를 지어 올렸다. 그중 가장 슬퍼한 사람이 양산보의 사돈인 하서 김인후이다. 그의 슬픔은 너무 컸다. 그 슬픔을 나타낸 것이 하서가 지은 〈소쇄원주인만 瀟灑園主人挽〉 이란 시이다.

> 서로를 애타게 그리워한 것이 몇 해이던고.
> 고요하고 한가한 소쇄원이네.
> 이 사람 지금 이미 이승 사람이니
> 병든 내 다시 무슨 말 하겠는가.
> 백발이 온통 목을 뒤덮었는데
> 청산은 가물거려 넋을 끊어놓네
> 부질없이 오곡의 물만 남았으니
> 누워서 전원을 거슬러 볼까 생각하네.

이렇게 만시를 쓴 하서 김인후는 장례식에서 소쇄옹에게 이제 저 세상에 가면 먼저 죽은 하서의 딸이자 소쇄옹의 며느리양자징의 부인도 보겠노라고 하면서, 그 딸을 만나거든 그녀에게 안부나 전해 달라고 했다 한다.하서의 딸이자 소쇄옹의 며느리는 양산보보다 7년 먼저 죽었다. 하서가 먼저 죽은 딸을 위해 지은 글도 있다.

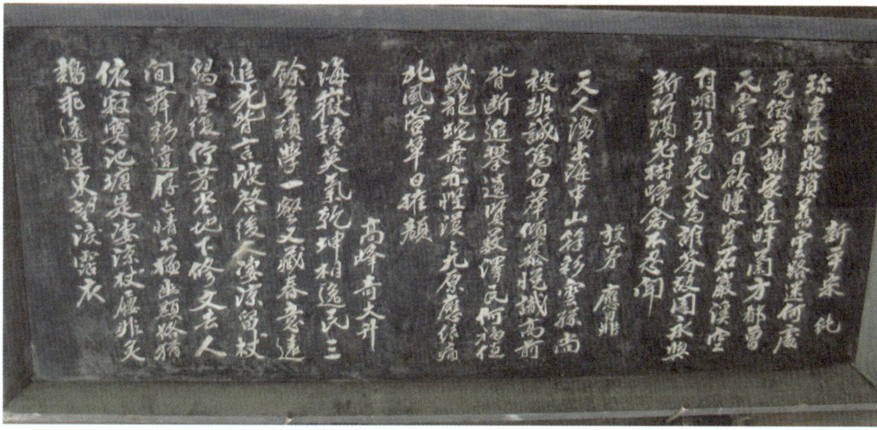

제월당 안에있는 양산보 만시. 송순, 양응정, 기대승이 지었다.

그러면 제월당에 걸린 송순의 시부터 감상하여 보자. 송순과 양산보는 친척이다. 양산보의 어머니가 송순의 고모이다. 나이는 송순이 양산보보다 열 살 이상 많다.

외제소쇄처사만 外弟瀟灑處士輓

보배로운 임천은 옛 구름에 잠겨 있어 珍重林泉鎖舊雲
길 잃으니 어느 곳에서 자네를 찾으랴 路迷何處覓微君

사가謝家의 뜨락엔 난초 바야흐로 가득하고　　謝家庭畔蘭方郁
증씨曾氏의 집 앞엔 저녁햇살 어스레한데　　曾氏堂前日欲曛

돌 뚫는 바위 시냇물만 홀로 목이 메이고　　穿石巖溪空自咽
담장의 붉은 꽃나무는 누굴 위하여 향내를 내는가　　引墻花木爲誰芬
옛 동산길이 새로운 길과는 멀리 떨어져 있어　　故園永與新阡隔
늙은 나무에서 우는 소쩍새 소리 차마듣지 못하네.　　老樹啼禽不忍聞

현판 한가운데에 있는 시는 조광조의 시신을 수습했던 양팽손의 아들인 양응정梁應鼎 1519-1582이 지은 만시이다. 양산보는 양응정의 큰 집 형이며, 양산보를 조광조에게 소개한 이가 양팽손이었다.

아울러 고봉 기대승의 만시도 적혀 있다. 소쇄옹이 별세한 1557년 3월, 이때는 기대승이 아버지 기진奇進의 3년 시묘살이를 끝낸 때이었다.

고봉의 만시는 5수중 제4수와 제5수가 제월당에 걸려 있다.

4.
바다와 산은 영기를 모으고　　海嶽鍾英氣
하늘과 땅이 서로 일민逸民을 도왔네.　　乾坤相逸民
삼여三餘에 학문을 많이 쌓았고　　三餘多積學
한 골짝에 또 봄을 간직했었네.　　一壑又藏春

뜻이 멀어 선배를 따르고	意遠追先輩
말이 깊어 뒷사람을 계시하였네.	言深啓後人
처량하게 옥석을 남겼으니	凄涼留玉舃
부질없이 방진芳塵만 우러르노라	空復仰芳塵

5.

지하로 수문하러 떠나가니	地下修文去
인간의 무채舞綵를 어기었구려	人間舞綵違
존망의 정이 망극도 한데	存亡情不極
이승 저승길이 아득만 하구나	幽顯路猶依

요락한 임당은 그대로 변함없는데	寥落林塘是
처량한 장구는 그 모습이 아니네.	凄涼杖屨非
적계로 멀리 조문을 못하니	炙鷄乖遠造
동쪽을 바라매 눈물이 옷깃을 적시네.	東望淚沾衣

고봉이 지은 만시의 제목은 "만모인 5언 4운 5수 挽某人 五言四韻 五首"이다. 양산보라는 이름이 적혀 있지 않고 그냥 모인이라고 쓴 만시이다. 기대승이 양산보에 대한 만시를 쓰면서 왜 그냥 "모인아무개"이라고 하였을까. 이는 고봉이 세상에 드러나기 싫어하는 소쇄처사의 마음을 가장 잘 읽었기 때문이라고 생각한다. 벼슬도 안하고 도연명처럼 은자의 삶을 산 분에게 무슨 이름이 필요하였을 것인가.

여기에서 고봉이 지은 만시 1,2,3 수도 같이 소개한다.

만모인 5언 4운 5수挽某人 五言四韻 五首

1.

소쇄원 원림이 유벽하고	瀟灑園林僻
청진한 지개가 유유했네.	淸眞志槪悠
꽃을 심어 따뜻한 꽃잎이 열리고	栽花開煖蘂
물을 끌어들여 청류가 솟구쳤네.	引水激淸流
고요하고 가난한 것 싫어하지 아니하고	靜與貪非厭
한가로이 그대로 늙는 것 걱정하지 않았네.	閒仍老不憂
어찌 갑자기 돌아가실 줄 알았으랴	那知遽觀化
슬프게도 흰 구름만 둥둥 떠 있네.	怊悵白雲浮

2.

스스로 유취를 탐할 줄 알아	自覺耽幽趣
부름을 기다리지 않고 찾아오곤 했네.	參尋不待招
명에 편안하여 별경에 숨었고	安排藏異境
실의에 빠져 맑은 의표 숙여졌네.	落拓偃淸標
한번 취했던 일 도리어 꿈을 이뤘으니	一醉還成夢
거듭 노니길 다시 마음먹었었네.	重遊更作料

야학에 옮긴 것을 수심에 겨워 듣고 愁聞移夜壑
슬픈 눈물은 찬 밤에 뿌리노라 衰涕灑寒宵

3.
초년에는 순유의 업이더니 蚤歲醇儒業
중년에는 거사의 몸이었네 中年居士身
공명은 죽백에 비었지만 功名虛竹帛
덕과 의가 향리에 가득하도다. 德義滿鄉隣

한번 웃자 숨긴 배를 잃어버리니 一笑藏舟失
천추에…… 원문 1자 결 ……나무 새롭네 千秋□樹新 (원문 1자 결)
마음 아파라 기구전에 傷心耆舊傳
어찌 다시 이 사람이 있으랴 那復有斯人

그러면 소쇄옹의 장례식에 참석한 이는 누구였을까. 만시를 보면 김인후, 송순, 기대승, 양응정 등이 참석한 것으로 되어 있다. 이 밖에도 임억령당시 담양부사, 김윤제, 김성원, 고경명, 정철도 참석하였으리라. 이들은 모두 소쇄옹과 인연을 맺은 사람들이었다.

소쇄원을 나오면서 제월당 한 곳에 걸려있는 양산보의 면앙정 차운 시 마지막 구절이 생각난다. "난간에 기대어 눈동자를 돌려보니, 세상과 인연하는 소식이 끊겠구나." 이 시구가 바로 소쇄처사의 마음이리라. 이름 없는 한 포기 들풀이 되어 고결하게 산 은자 양산보. 그가 세상과 등지며 만든 원림은 지금은 한국의 대표적 원림으로 뭇 사람들의 볼거리가 되었다.

03

송천 양응정과의 만남

광주 임류정

고봉 기대승이 낙향하여 살던 광주광역시 광산구 두정동 두동마을에서 나주 쪽으로 8-9km를 가면 임류정臨流亭이 있다. 임류정은 광주광역시 광산구 박호동 박산마을 입구에 있다. '물에 임하여 있는 정자' 라는 의미의 임류정은 선조 임금 때 팔문장가로 널리 알려진 송천 양응정松川 梁應鼎 1519-1582이 지은 정자이다.

이 정자 기둥 위에는 여러 개의 편액이 있다. 그 중 한 편액에는 양응정과 교류한 기대승, 김인후, 백광훈, 고경명의 시가 함께 걸려 있다. 여기에서 고봉 기대승의 한시를 읽어 보자.

백씨의 시에 차운하여 공섭공섭은 양응정의 자 字임**에게 보내다** 次伯氏韻 呈公燮

홀로 긴 두레박줄 가지고 샘물을 길으며 獨將脩綆汲寒泉

사람 없다고 곧 거문고 줄 끊지 않네.	不爲無人便絶絃
시험 삼아 양장의 백팔 굽이 밟아보고	試躡羊腸盤百八
마침, 붕새의 날개 따라 삼천 리 물을 박차리.	會隨鵬翼擊三千

이 시는 고봉이 송천과 늘그막에 교우한 것을 그리고 있다. 송천의 인품을 칭찬하면서 고봉과의 관계를 이야기 하고 있다.

여기에서 절현絶絃은 춘추 시대에 가야금을 잘 탔던 백아伯牙의 고사이다. 그는 가야금 음의 가락을 가장 잘 알던 벗 종자기鍾子期가 죽자 그 소리를 들을 사람이 이제 없다 하여 가야금 줄을 모두 끊고 다시는 타지 않았다. 흔히 지음知音이라 하면 가장 마음을 잘 알아주는 친구를 칭하기도 하는 데 고봉과 송천의 관계를 지음知音으로 표현한 것 같다.

'양장羊腸의 백팔 굽이'는 매우 험준한 고개를 의미하는데, 세상 살이가 백팔 양정처럼 험난함을 비유하는 말이다. 〈명일통지明一統志〉에 의하면 양장령羊腸嶺 은 중국 소주부蘇州府 천평산天平山 남쪽에 있는데 염소 창자같이 구불구불하므로 그 이름이 되었다 한다.

'붕새의 날개 따라 삼천 리 물을 박차리.'는 붕정만리鵬程萬里의 원대한 뜻을 품었다는 말이다. 〈장자〉의 '소요유逍遙遊'에 보면 "붕새가 남쪽 바다로 날아갈 때는 물을 3천 리나 박차고 회오리바람을 타고 9만 리나 날아오른 뒤에야 6월의 대풍을 타고 남쪽으로 날아간다."고 적혀 있다. 이는 송천이 붕새처럼 큰 포부를 품었음을 은유하고 있다. 이 구절을 음미해 보면

임류정. 광주광역시 광산구 박호동 박산마을 입구에 있다.

고봉이 송천을 큰 인물로 생각하고 있음을 알 수 있다.

들녘 정자에서 시구 얻으니 총채에 바람 일고	野亭得句風生麈
강가의 누각에서 술잔 돌리니 달은 자리에 가득하네.	江閣傳盃月滿筵
거칠어 공부 못함 스스로 부끄러워	自愧狂疎功力缺
우연히 이웃 만나 망년교를 맺었네.	偶因隣曲忝忘年

양씨 삼강문. 임류정 건너편에 있다.

이 시는 임류정에서 같이 술 마시며 회포를 푸는 장면이다. 두 사람이 늦게야 만나서 망년교를 즐기는 모습이 눈에 선하다.

송천 양응정. 그는 1519년 기묘사화로 조광조가 능주에서 사약을 받고 죽던 해에 화순군 도곡면에서 학포 양팽손梁彭孫 1488-1545의 셋째 아들로 태어났다. 양팽손은 바로 조광조의 시신을 수습한 의로운 선비이다. 양응정이 다섯 살 되던 해, 양팽손은 세상이 싫어 화순 쌍봉사 근처에 학포당을 짓고 은거를 한다. 한 칸 집을 다 짓자 학포는 벽에다 큰 붓으로 '문왕의 아들로서 무왕이 태어났도다. 학포 양팽손의 자식 양응정' 이라고 적었다.

양응정은 아버지 양팽손에게 공부를 배웠다. 그는 34세에 문과에 급제하여 홍문관 정자에 임명된다. 1555년명종10년 5월에 을묘왜변이 일어났다. 왜구가 70척의 배를 이끌고 달량포영암의 한 포구를 침입하여 영암, 장흥, 강진일대를 쑥대밭으로 만들었다. 이로 인하여 장흥군수가 전사하고 영암군수가 포로가 되는 등 국방에 구멍이 크게 뚫리었다. 조정에서는 부랴부랴 호조판서 이준경을 급파하여 왜구를 토벌하였다. 이후 국방을 튼튼히 하기 위하여 비변사를 설치하여야 한다는 의견이 제기되었다.

1556년 2월 명종 임금은 모든 관리들에게 남쪽의 왜구와 북쪽의 오랑캐를 물리칠 대책을 적어 내라고 하였다. 양응정은 이 시험에 장원을 한다. 이름이 널리 알려진 그는 승진하여 이조좌랑에 오른다. 그런데 그는 기개가 너무 강하여 굽힐 줄 몰랐다. 명종 비 심왕후의 외삼촌 이량에게 밉게 보여 관서, 관북평사로 발령이 난다. 이때부터 그는 외직으로 내몰리는 고난이 시작된다. 양응정은 자신을 "나는 글 쓰는 일에는 자신이 없고 다만 센 활로 오랑캐를 쏘아 마칠 줄을 알 뿐이다."라고 자탄을 한다.

나중에 택당 이식1584-1647이 오평사영五評使詠 시에서 '유명한 양공 부자는 산골짜기를 울리고 다니는 호랑이였네. 오색의 붓을 던져 버리고 활을 당겨 서쪽 오랑캐를 쏘려 했네." 라고 양응정을 평한 것도 그가 외직에 머문 것을 안타까워 한 것이었다.

1558년에 양응정은 어렵게 내직으로 들어간다. 이 때 그는 정사룡과 함께 별시의 고시관이 된다. 양응정은 〈천도책天道策〉을 시험문제로 낸다. 이 문제는 천문이나 바람의 순행과 기상의 이변에 대한 이치를 찾는, 이름 그대로 하늘의 도天道에 관한 것이었다.

〈천도책〉 시험문제는 이렇다.

하늘의 도天道란 알기도 어렵고 또 말하기도 어렵다. 해와 달이 하늘에 떠다니며 한번 낮이 되고 한번 밤이 되기도 하는데, 더디기도 하고 빠르기도 한 것은 누가 그렇게 시키는 것인가? 간혹 해와 달이 한꺼번에 나와서 때로는 겹쳐 일식과 월식이 되는 것은 무슨 까닭인가. (중략)

천지가 만물에 대하여 각각 기가 있어서 그렇게 된 것인가. 아니면 하나의 기가 유행하여 흩어져서 만 가지의 변화가 되는 것인가. 만일 올바른 길에 어긋나는 일이 있다면 그것은 천기가 어그러져서 그런 것인가. 아니면 인간의 일이 잘못된 때문인가. 어떻게 하면 일식과 월식이 없을 것이며 우레와 벼락이 치지 않고 서리가 여름에 내리지 아니하며, 눈과 우박이 재앙이 되지 아니하고 모진 바람과 궂은비가 없이 각각 그 진리에 순응하여 마침내 천지가 제자리에 서고 만물이 잘 자라나게 할 것인가.

이 책문에 대하여 별시에 응시한 율곡 이이李珥 1536-1584가 유창하게 대책을 쓴다. 그가 쓴 답안의 요지는 이기합일理氣合一과 천인상감天人相感이다.

즉 이와 기는 서로 떨어질 수 없는 것이며 사람의 기가 바르면 천지의 기도 역시 바르다는 것이다. 또한 하늘과 사람이 서로 감응하여야 천지가 평안하다는 것이다. 그러면서 천지가 안정되려면 덕 있는 군주가 정치를 잘 하여야 한다고 끝맺는다.

〈천도책〉은 명나라에까지도 널리 알려졌다. 중국의 사신이 이를 보고 "천하문장의 책제이요, 일대현사의 답안이다."라고 칭송하였다. 천하문장이 낸 시험문제이고 일대의 현명한 선비가 쓴 답안이라는 것이다. 절개의 선비, 사암 박순도 칭찬을 아끼지 않았다. 그는 "공섭양응정의 자의 책제는 일세의 문장이며, 숙헌이이의 자의 답안은 실로 궁리의 학문이다. 만약 처지가 뒤바뀌어 공섭이 응시자가 되었다 할지라도 답은 이와 똑같았을 것이다." 라고 하였다.

1571년에 양응정은 또 한 번 시련을 겪는다. 진주목사를 거쳐 경주부윤으로 승진하였으나 진주목사 시절 부정이 있었다는 이유로 파직 된 것이다. 양응정은 낙향하여 고향인 능주에서 처가인 나주 박산지금은 광주광역시 광산구 박호동으로 거처를 옮긴 후, 임류정臨流亭을 짓고 유유자적한 삶을 산다.

1571년, 이 시기를 살펴보면, 기대승은 조정에서 원로대신들과 불화하고 소외를 당하여 낙향하여 광주에 머물렀다. 기대승과 양응정은 자주 어울렸다. 두 사람이 서로 동병상련 한 것이다. 송천 집안과 고봉 집안은 예전부터 아는 처지이다. 두 사람 모두 다 1519년 기묘사화로 희생된 집안이다. 고봉의 삼촌 기준이 기묘사화로 유배를 간 후에 교형 絞刑에 처해졌고, 송천의 아버지 양팽손은 파직되어 세상과 등지고 살았다.

두 사람이 이 시절에 잘 어울린 것은 고봉이 지은 임류정 시에서 잘 나타나 있다.

임류정에서 공섭이 화운하기에 다시 차운하다 臨流亭公燮和韻 復次之

소나무 끝에 맑은 달 유유히 떠오르니	松梢淸月上悠悠
술을 잡고 물에 임해 모든 걱정 흩트리노라	把酒臨流散百憂
인간 세상에 몇 번이나 영화와 근심을 보았던가.	人世幾看榮又悴
술 취한 중에도 이 인생이 덧없음을 알겠네.	醉中渾覺此生浮

이 시는 〈고봉집〉에 실려 있다. 이 시를 읽으면 고봉과 송천이 같이 술을 마시고 임류정에서 노는 모습이 역력하다. 그런데 아쉽게도 송천이 고봉에게 화답한 시는 남아 있지 않다.

한편 고봉은 1572년 11월에 별세한다. 송천은 고봉에게 제문을 지어 올리며 조문을 한다. 제문을 읽어보자

세차 계유년1573년 2월 2일 계축에 통정대부通政大夫 전前 행 진주 목사行晉州牧使 양응정은 삼가 맑은 술과 조촐한 제물을 마련하여 부제학 고봉 기 선생의 영전에 삼가 제사 드립니다.

공께서, 재주 넓혀 분발하시매

큰 포부 펼치실까 생각했는데

이처럼 영영 가시어, 시대의 요구 저버렸네.

하늘이여! 신이시여!

사통팔달 다 통하고, 선현 사업 이었으니

남긴 터전 없겠는가.

배우는 자 소득 많고, 서업 또한 이어져서

영원토록 미치리니, 나머지야 모를레라.

생각하면 못난 내가 얼마나 배웠던가.

애통하며 잔 올리니 산고수장 영원하리.

부디 흠향하소서.

惟公, 弘己而奮 謂極良圖 遽此長辭 奈孤時需 天乎神乎

緊如其逵 克幹厥蠱 貽豈無基 求之多獲 緒亦不墜 永世者存

餘付宵寐 尋思蹇鈍 幾承策勵 痛深來奠 山高水逝 尙饗

제문의 요지를 한 마디로 요약하면 '산고수장 하시요, 기대승이여' 이다. 산고수장山高水長은 '산처럼 높고 강물처럼 길다' 는 뜻으로, 고봉이 남긴 자국이 장차 그러하리라는 의미이다. 송나라 범중엄范仲奄의 〈엄 선생 사당기嚴先生祠堂記〉에서 "선생의 유풍이여, 산처럼 높고 강물처럼 길게 가리. 先生之風 山高水長"라고 한 것을 원용한 것같다.

고봉 기대승과 송천 양응정. 두 사람은 활짝 피지 못하고 그냥 지고 만 한 떨기 꽃이다. 경륜을 마음껏 펼치지 못한 호남의 유학자들이다.

04

고봉 기대승과 청련 이후백의 문장 겨루기

사람들은 〈조선왕조실록〉과 같은 정사正史의 기록보다도 〈대동야승〉과 같은 야사野史에 나오는 이야기를 더 좋아한다. 유몽인이 쓴 책 〈어우야담〉과 작자 미상의 책 〈기문총화〉에는 기대승과 이후백의 문장 겨루기 이야기가 실려 있다. 그 내용을 살펴보자.

오겸1496-1582이 광주목사 시절에 고봉 기대승1527-1572과 청련 이후백1520-1578을 초대하였다. 오겸은 미리 아전들에게 단단히 분부를 하여 기생들이 화려하게 몸단장을 하고 성대한 잔치 준비를 하도록 하였다. 두 사람은 마침 엇비슷한 시각에 도착하였다.

> 술이 반쯤 취하였을 때 오겸이 술잔을 들고 말하였다.
>
> "오늘 두 분을 청한 것은 한 바탕 이야기하면서 회포를 풀고 주량을 겨루자고 한 것이 아닙니다. 이 사람이 서울에 있을 때 평소부터 두 분이 유림의 종장이라는 것

을 널리 알고 있었나이다. 그래서 오늘 두 분의 글재주를 겨루는 시합을 하여, 백년에 한번이나 볼 수 있는 문장 솜씨 기회를 마련하고자 하는 것이오니 두 분께서는 사양하지 말아주시기 바랍니다."

기대승은 그 자리에서 나이 어린 기생에게 먹을 갈라 하고는 종이를 펼쳐 7언 율시 8편을 그대로 써 내려갔다. 글자에 점 하나도 고칠 것이 없이 붓을 휘둘렀는데 마치 나비가 나는 듯 하였다.

이후백 또한 화전華牋 종이을 눈썹만큼이나 쌓아놓고 마음대로 붓을 휘둘러, 교방에 소속된 80여명의 기생들에게 자신이 지은 장편, 단편, 율시, 고시古詩를 각자 자기 마음대로 골라 가지도록 하였다.

이렇게 즐긴 다음에야 잔치가 끝났다.

그 다음날 오겸은 전 날 화려하고 성대하게 차렸던 주안상들을 모두 치우고 별도로 떨어진 서재로 가서 간소하게 술상을 차렸다.

술기운이 약간 오르자 오겸이 다시 청하였다. "어제는 두 분의 시 겨루기를 잘 보았소이다. 오늘은 천고의 일을 상세히 논하고 평생토록 기억한 것을 각기 말씀하여 주시지요."

이후백은 〈자치통감강목〉중에 표表를 다스리는데 가장 능한지라 겉으로 두드러진 것 이외에 그 밖의 150책 가운데 미세한 장구에 이르기까지 척척 외우지 못하는 것이 없었다.

기대승 또한 〈자치통감강목〉 가운데 이후백이 논하기 어려웠던 것들을 본기와 본

전에서 출처를 들어 제시하였다. 여러 학자들의 크고 작은 설명을 훤히 꿰뚫어 해당되는 대목을 만나면 외워내곤 하였는데, 더러는 전편을 더러는 수십 행을 외우는 것이었다. 그리고 글의 뜻을 요약하여 말하는 데 꿰뚫고 있지 않는 것이 없었다.

드디어 오겸이 자리에서 일어나 경의를 표하면 말하였다.

"어제의 겨루기에서는 이공李公이 능히 기공奇公을 이겼고, 오늘의 겨루기에서는 기공이 능히 이공을 이겼소이다. 어제와 오늘 이틀에 걸친 모임은 참으로 우리 사림에 전무후무한 멋진 일이었소이다. 동정호에서 듣는 균천광악천상의 음악이나 월궁에서 듣는 예상우의곡당 현종이 들었다는 달나라 월궁의 음악도 이곳 광주의 잔치 보다는 성대하지 못할 것이외다."

청련 이후백李後白은 시詩의 대가이다. 이름도 당나라 시선 이백李白 701-762이후에 태어난 사람이라 하여 후백이요, 호도 이백의 호 청련淸蓮을 그대로 썼다. 반면에 기대승은 문장의 대가이다. 일찍이 주자의 성리학을 독파하여 〈주자문록〉을 썼고 종계변무주 외교문서를 작성하였으며 퇴계 이황의 부탁으로 이황의 부친 묘비명도 지었으니 문장력은 가히 최고이다. 오겸은 한때 담양부사도 하였고 송순이 면앙정을 다시 지을 때 지원을 하여준 바 있고 명종실록 편찬에 참여한 인물이다. 이 세 사람이 벌인 글 잔치가 야사에 남아 있으니 참으로 멋진 이야기 거리이다.

한편 고봉 기대승과 청련 이후백은 평소에 친교가 잦았다. 〈고봉집〉에 보면 고봉이 청련에게 보낸 시가 여러 수 있다. 〈고봉집 외집〉에 나오는 시를 읽어보자.

계진의 시에 차운하다 次季眞韻

숲 속의 방초 길은 높고 낮은데 長林芳草路高低
구름 속의 층층 성은 희미하게 보이네. 雲裡層城望欲迷
노 하나로 불그레한 정자에서 푸른 물결을 타니 一棹紅亭乘碧浪
조각 돛은 저 멀리 무지개 서쪽을 가리키네. 片帆遙指綵虹西

이후백은 기대승이 1572년에 별세하자 만장을 지었는데 이 시가 〈고봉집〉에 실려 있다.

이욕이 인심을 미혹해 일마다 잘못되더니 利欲迷人事事非
남쪽에서 그대 태어나 전휘전인 前人의 아름다움이란 말로, 성현의 심법心法과 송대의 도학을 말한다**를 이었어라** 君生南服紹前徽
쇠락한 풍속 바로잡아 순박한 옛날로 돌릴 뜻이었고 志扶衰俗還淳古
성현의 글 융회하여 깊은 뜻 밝힐 정신이었네 神會遺編闡奧微

잠시나마 고향 이별 함께 애석해 했는데 共惜鄉園聊蹔去
영영 이별하게 되는 소식을 뜻밖에 들었구려. 忽聞身世已長違
현인의 죽음은 옛부터 시운과 관련 있으니 云亡自古關時運
금년에는 어찌하여 눈물 두 번 흘리게 되나 可忍今年淚再揮

여기에서 눈물 두 번 흘린다는 것은 1572년에 경상우도의 거유이고 칼찬 선비 남명 조식曺植 1501-1572이 이미 세상을 떠난 데 이어 고봉 기대승이 또 세상을 떠났기에 이렇게 읊은 것이다.

05

고봉의 제자, 송강 정철

광주 환벽당, 담양 송강정

광주광역시 북구에 있는 환벽당을 간다. 환벽당은 나주목사를 한 사촌 김윤제1501-1572가 지은 집이다. 이곳에는 김윤제와 송강 정철의 인연이 깃들여 있다. 1551년명종 6년 어느 무더운 여름날, 환벽당 주인 김윤제는 낮잠을 자다가 별당 아래 용소에서 용 한 마리가 놀고 있는 꿈을 꾸었다. 꿈이 너무나 생생하여 잠에서 깨어 용소로 내려 가보니 한 소년이 멱을 감고 있었다.

김윤제는 그 소년을 만나보니 기상이 좋고 재기가 넘쳐 보였다. 그래서 제자로 삼는다. 그가 바로 송강 정철鄭澈 1536-1593이다. 그 때 정철은 순천에 사는 둘째 형을 만나러 가는 길이었다. 둘째 형은 을사사화로 집안이 풍비박산이 나자 처가인 순천에서 살고 있었다.

송강 정철. 그는 서울 장의동에서 4남3녀 중 막내로 태어났다. 청와대 근처의 청운초등학교 정문 앞 도로변에 보면 '이 언저리 장의동은 가사문학

서울 청운 초등학교. 이 근처에서 송강 정철이 태어났다.
청운초등학교 앞에는 송강 정철 시비 등이 있다.

의 대가 송강 정철 선생이 태어난 곳' 이라고 써진 표석이 있다. 그는 10살 때 까지는 제법 호사스럽게 살았다. 아버지 정유침은 벼슬은 높지 않았으나 큰 누나가 인종의 후궁이었고 셋째 누나가 왕족 계림군의 부인이었기에 정철은 궁궐 출입이 자유로웠다. 그리고 문정왕후가 낳은 경원대군훗날 명종과도 소꿉동무로서 잘 어울렸다.

그런데 1545년 7월 인종이 죽고 명종이 즉위하자 그의 인생에 파란이 일어난다. 명종의 외삼촌 윤원형 일파가 인종의 외삼촌 윤임 일파를 제거하는 을사사화가 일어난 것이다. 이 사화에 정철의 매형이요 윤임의 조카인 계림군이 연루된다. 윤원형은 윤임을 무함한다. 윤임이 인종 승하 후 왕위를 계림군에게 넘기려고 했다는 것이다. 물론 아무런 증거도 없었으나 이 소식을 안 계림군이 미리 겁에 질려 도망을 가는 바람에 혐의가 기정사실이 되어 버린다. 그는 안변 황룡산 기슭에서 삭발하고 스님으로 숨어 있다가 한 달도 못되어 체포되어 능지처참을 당한다.

계림군의 처가인 정철 집안도 그 불똥이 튄다. 정철의 아버지는 함경도 정평으로, 이조정랑이었던 큰 형은 전라도 광양으로 유배를 간다. 일은 엎친 데 덮친 격인가. 2년 후인 1547년에, 다시 양재역 벽서사건이 일어나자 그의 아버지는 경상도 영일로 유배되었고, 큰 형은 다시 붙잡혀 와서 매를 맞고 함경도 경원으로 유배 가는 도중에 죽는다.

이리하여 정철은 1545년 을사사화이후 1551년 아버지의 유배가 풀릴 때 까지 6년간을 공부도 제대로 못 배운 채 유배지에서 비참한 생활을 하게 된다.

아버지의 유배가 풀리자 정철과 그의 가족은 조부의 묘가 있는 창평 지실마을지금의 담양군 남면로 이사를 온다. 여기에서 정철은 26세에 장원급제하여 벼슬길에 나갈 때 까지 11년간을 창평에서 산다. 배우자를 만나 결혼을 하고 김윤제, 송순, 임억령, 김인후, 기대승 등 당대의 큰 선비를 스승으로 모시고 학문을 배우고 시도 쓰면서 비교적 안정된 생활을 하게 된다.

정철은 17세에 김윤제의 외손녀인 문화유씨와 결혼을 한다. 김윤제의 사위인 유강항은 처음에는 정철과 자기 외동딸과의 결혼에 탐탁하지 않았다 한다. 객지에서 온 정철에게 무남독녀를 성큼 내주고 싶지 않았으리라. 그런데 김윤제는 이 결혼을 꼭 성사 시키고 싶었나 보다. 사위가 시큰둥하자 절교 선언을 한 것이다. 유강항은 이런 장인의 행동에 너무 당황하여 결국 결혼 승낙을 하였다 한다.

무등산 아래에서의 김윤제의 영향력은 상당했던 것 같다. 그는 재산도 많았다 하며 환벽당과 성산 지곡마을 사이의 개울에 다리를 놓았는데 이 다리가 금다리라고 소문이 나서 조정에서 감사가 나오기도 했다는 소문이 전해진다.

송강 정철은 학문을 배우고 국문가사와 한시를 짓는데도 김윤제의 덕을 톡톡히 본다. 송강은 송순에게 국문 가사를 배우고, 김인후에게 도학과 절의를, 기대승으로부터 성리학을, 임억령에게 한시를 배웠는데 이들은 모두 김윤제와 특별한 인연이 있는 사람들이었다.

소쇄원을 지은 양산보는 김윤제의 처남이었고, 양산보와 김인후는 사돈간이고, 양산보와 송순과는 이종간이었다. 그리고 김윤제의 제자이자 조카가 김성원인데, 김성원의 장인이 임억령이었다. 또한 김윤제는 나주 목사시절에 기대승이 쓴 〈주자문록〉을 발간하여 준 고봉의 후원자이었다.

여기에서 고봉과 송강과의 관계를 이야기 하여보자. 고봉 기대승이 일찍이 산에 올라가다가 맑고 깨끗한 수석水石 한 개를 보았다. 그때 어떤 사람이 고봉에게 묻기를 "세상사람 중 이같이 맑은 돌에 비길만한 사람이 있습니까?" 하니, 고봉이 "오직 정철이 그러할 것이다."라고 말하였다. 그만큼 고봉은 송강을 상당히 똑똑한 인물로 생각한 것이다.

고봉이 지은 시 중에는 송강 정철에 대한 시가 있다.

계함계함은 정철의 자 字임**을 생각하다** 憶季涵

꿈속의 매화가 나무에 가득 새로우니	夢裏梅花滿樹新
깨어도 맑은 생각 원빈元賓**에 있노라**	覺來淸想在元賓
인간에 얽매임 있어 옹졸함 못 감추고	人間有累難藏拙
물외에 대해 경영없으니 참다움을 기르기 족하네.	物外無營足養眞

여기에서 원빈은 당나라의 문장가 한유韓愈 768–824의 제자 이관李觀의 자이다. 그는 스승과 막상막하라 불렸는데, 고봉 기대승이 자신의 제자인 정철을 한유의 제자인 원빈에 비교한 것이다. 그리고 보면 고봉은 한유이고 송강은 원빈이다.

늦더위는 한 차례 지나면 감퇴하지만	殘暑一回須退減
사문斯文 유학**은 천고에도 사라지지 않도다.**	斯文千古未埃塵
어느 때나 서로 만나 좋은 모임 이룰까	何時邂逅成佳會
달을 마주하고 바람 임하니 뜻이 절로 친해지네.	對月臨風意自親

그런데 고봉 기대승은 1572년 11월에 46세의 나이로 세상을 떠난다. 이 때 송강은 다음과 같이 제문을 짓는다.

기고봉 선생 제문 - 문인 송강 정철

소자가 선생님을 사모한 지가 이미 오래이오나, 오늘에 이르러 더욱 간절해지는 까닭은 선비들의 풍조가 더러운데 물드는 것을 누가 능히 맑게 하며, 세상을 올바르게 다스리는 도리가 낮게 떨어지는 것을 누가 능히 높일 수 있겠는가 하는 생각이 들어서입니다.

그것을 높이고 맑게 하실 분은 오직 우리 선생님이시기 때문입니다. 그런데 선생님이 돌아가신 후로는 세상에 그럴 사람이 없사오니, 외로이 서 있는 사당엔 남기신 자취만이 눈에 선 하옵니다.

고봉이 별세할 당시에 37살의 송강은 부친상을 당하여 경기도 고양군 신원 선산에서 시묘살이를 하고 다시 벼슬길에 오른 때이었다. 이 시기는 아직 동서 당쟁이 본격화 된 시기는 아니었으나, 송강의 제문 내용으로 보아 사림들의 세속화와 패거리가 상당히 심각함을 알 수 있다.

그리고 송강은 1573년 2월 고봉의 장례식 때도 만장을 짓는다.

한편 송강은 고봉이 돌아가신 이후에 고봉 사당에 대하여 특별한 배려를 한 것 같다. 그는 1581년에 전라감사로 있을 때에 노비와 전답 · 토지를 주기도 하였다. 그만큼 스승 고봉에 대한 존경심이 많았다.

선생고봉을 말함께서 돌아가신 후 7년 1578년에 사림이 뜻을 모아 고마봉 아래 낙암동에 사당을 건립하였다. 때에 황강 김계휘 공이 본도의 감사로 있어 힘을 많이 썼고 또한 강진의 전답 30여 석지를 서원으로 넣어 주었다. 그 후에 송강 정철공이 감사가 되어 또한 많이 돌보아 주었고 노비와 전토도 지급해 주었다.

- 월봉서원 묘정비문 중에서.

그런데 송강은 고봉이 돌아가신 이후에 4번이나 창평에 낙향한다. 처음 낙향은 1575년, 그의 나이 40세 때이다. 이 무렵 동서분쟁이 본격화되어 송강은 서인으로서 동인과 대립하였는데 그만 창평으로 낙향을 한다. 그리고 1577년까지 2년간 창평에 머무른다. 이때 그는 〈성산별곡〉을 지었다 한다.

두 번째는 그의 나이 44세 때인 1579년 8월부터 1580년 1월까지 5개월간이다. 이후 그는 강원도관찰사 벼슬을 제수 받는데 〈관동별곡〉의 첫 머리에는 이 당시의 그의 마음이 잘 나타나 있다.

강호에 병이 깊어 죽림에 누웠더니
관동 팔 백리에 방면을 맡기시어
어와 성은이야 갈수록 망극하다.

세 번째 낙향은 그의 나이 46세 때. 1581년 6월부터 그해 12월까지 6개월간이다. 이후 그는 전라도 관찰사로 임명된다.

마지막 낙향은 1585년, 그의 나이 50세 때이다. 그는 대사헌으로 일하면서 임금의 총애를 받아 임금이 특별히 하사한 말을 타고 출입을 하여 총마어사로 불리는 등 권세를 누렸다. 그런데 율곡 이이가 세상을 떠난 후 서인의 중심인물이 된 그는 동인의 논핵을 받아 처음에는 경기도 고양에 머물렀으나 끝내 1585년 8월에 창평으로 내려오게 된다.

이 때 그는 주로 송강정에 머무르면서 정치적으로 힘든 시절을 보낸다. 그러나 문학적으로는 불후의 명작 〈사미인곡〉과 〈속미인곡〉을 짓는다. 이 사미인思美人 국문 가사들은 선조 임금을 사모하는 뜻을 부친 것인데 굴원의 이소에 견주어 동방의 이소라 평하고 있다. 1589년 10월 정여립 사건이 일어나자 그는 다시 우의정으로 발탁되고 기축옥사의 조사책임자가 된다.

그림자도 쉬어가는 정자, 담양 식영정에는 성산별곡비가 세워져 있고, 비 뒷면에 담양과 정철에 대한 내력이 적혀 있다. 비 옆에 서 있는 낙락장송 소나무도 일품이다. 가사문학관에는 송강가사가 전시되어 있고, 송강정에는 사미인곡비가 있다.

이 몸 삼기실제 임을 조차 삼기시니
한생 연분이며 하늘 모를 일이런가.
나 하나 젊어있고 님 하나 날 괴시니
이 마음 이 사랑 견줄 데 노여 업다.

송강 정철. 그는 국문시가의 개척자이다. 우리나라 말의 조형성을 가장 아름답고 감칠맛 나게 표현한 시인이다. 남도 땅 창평은 송강 가사 문학을 탄생시킨 본향이다. 그리고 그의 스승이 바로 고봉 기대승이다.

담양 송강정

06

칠계 김언거와의 인연

광주 풍영정에서

광주광역시 광산구 신창동에 있는 풍영정을 가다. 풍영정은 영산강 상류 극락강과 선창산이 만나는 곳에 자리 잡고 있다. 주변에는 중흥파크 맨션 아파트 단지가 들어서 있고, 정자 들어가는 입구에 풍영정 안내판이 있다.

풍영정 風詠亭

광주광역시 문화재 자료 제4호
소재지 광산구 신창동

조선 중기에 김언거金彦琚 1503-1584**가 세운 정자이다.**

'풍영'이라는 이름은 자연을 즐기며 시가를 읊조린다는 뜻으로 〈논어〉에서 따온 말이다.

김언거의 자는 계진季珍**, 호는 칠계**漆溪**이다. 1531년**중종 26**에 문과 급제하여 여러 벼슬을 거친 뒤 물러나 이곳에서 여러 문인, 학자들과 어울리며 생활하였다.**

정자 안에는 당대의 명필 석봉 한호가 쓴 '제일호산第一湖山'이라는 커다란 편액이 걸려있으며 송순·이황·김인후·기대승·고경명·이덕형 등 많은 문인들의 시가 현판에 남아 있다.

이 정자는 1560년명종 15 김언거가 승문원 판교 벼슬을 그만두고 고향으로 내려와 극락강 상류에 정자를 지었다고 한다.

김언거는 자字가 계진季珍, 호는 풍영豊咏 또는 칠계漆溪이고 1531년중종 26 식년시式年試에 급제하여 벼슬은 중종과 명종 대에 금산군수, 사헌부장령, 헌납獻納, 연안부사, 홍문관교리, 승문원판교 등을 역임하였다.

그가 지은 정자의 이름 '풍영風詠'은 〈논어〉 선진 편에서 증점이 공자에게 한 말인 "기수에서 목욕하고, 무우에서 바람을 쐬고는 노래를 읊조리고 돌아오겠다."의 '바람을 쐬다'의 풍風과 '노래를 부르다.'의 영詠에서 따온 이름이다. 그러면 〈논어〉에 나오는 이야기 전말을 살펴보자.

자로·증석·염유·공서화가 공자를 모시고 앉아 있을 때, 공자께서 말씀하셨다. "내가 너희들 보다 나이가 조금 많기는 하지만, 그런 것을 의식하지 말고 얘기해 보아라. 평소에 말하기를 '나를 알아주지 않는다.'라고 하는데, 만일 너희를 알아주는 사람이 있다면 어떻게 하겠는가?"

자로가 불쑥 나서면서 대답하였다. "제후의 나라가 큰 나라들 사이에 끼어 있어서 군대의 침략을 당하고 거기에 기근까지 이어진다 하더라도, 제가 그 나라를 다스린다면 대략 3년 만에 백성들을 용감하게 하고 또한 살아갈 방향을 알도록 하겠습니다." 그러자, 공자께서 미소 지으셨다.

"구염유야, 너는 어찌하겠느냐?"

염유가 대답하였다. "사방 60-70리 혹은 50-60리의 땅을 제가 다스린다면, 대략 3년 만에 백성들을 풍족하게 할 수 있습니다. 하지만 그곳의 예법이나 음악과 같은 것에 관해서는 군자를 기다리겠습니다."

"적공서화아, 너는 어찌하겠느냐?" 공서화가 대답하였다. "저는 '할 수 있다'고 말하기 보다는, 배우고자 합니다. 종묘에서 제사 지내는 일이나 혹은 제후들이 천자를 알현할 때, 검은 예복과 예관을 갖추고 잔심부름이나 해보고 싶습니다."

"점증석아, 너는 어찌 하겠느냐?" 거문고를 타는 소리가 점차 잦아들더니 뎅그렁 하며 거문고를 밀어 놓고 일어서서 대답하였다. "세 사람이 이야기 한 것과는 다릅니다."

공자께서 말씀하셨다. "무슨 상관이 있겠느냐? 또한 각기 자기의 뜻을 말 한 것이다." 증석이 말하였다. "늦은 봄에 봄옷을 지어 입은 뒤, 어른 5-6명, 어린아이 6-7명과 함께 기수沂水는 노나라 도성 남쪽에 있는 강 이름이다 -필자 주에서 목욕을 하고, 무우舞雩는 하늘에 비를 기원하는 제사를 지내는 곳이다. - 필자 주에서 바람을 쐬고는 노래를 읊조리며 돌아오겠습니다. 욕호기 浴乎沂하고, 풍호무우 風乎舞雩하며, 영이귀 詠而歸 하리이다."

공자께서 감탄하시며 말씀하셨다. " 나는 점증석과 함께 하련다."

- 〈논어〉 '선진 편' 제25장에서

증점은 공자의 제자로서 〈대학〉과 〈효경〉을 지은 증자曾子의 아버지이다. 증자는 이름은 삼參. 자는 자여子輿로 공자의 문하생이며 〈대학〉의 저자로 알려져 있다. 그는 〈대학〉에서 유가의 덕목인 충忠과 서恕의 중요성을 강조했다. 또한 그는 유가에서 강조하는 효를 재확립하는 데 힘썼다. 김언거도 공자나 증점과 같은 삶을 살고 싶었나 보다. 그러니 정자 이름도 풍영정으로 지었으리라.

정자에는 풍영정 현판이 두 개가 있고 '제일호산'이라는 한석봉의 글씨가 걸려 있다. 둘러보니 수십 개의 편액에 이름 있는 문인들의 풍영정 시가 적혀 있다. 석천 임억령과 하서 김인후가 지은 풍영정 10영, 퇴계 이황과 주세붕의 풍영정시, 지지당 송흠과 면앙 송순, 규암 송인수의 시. 제봉

풍영정. 광주광역시 광산구 신창동에 있다.

고경명의 시, 오성 이항복과 한음 이덕형, 동악 이안눌과 석주 권필의 시, 우산 안방준, 반계 유형원의 차운 시도 있다. 고봉 기대승의 시도 한 곳에 붙어 있다. 이름만 들어도 너무나 대단한 문인들의 시가 여러 개 붙어 있어 엄두가 안 난다. 아쉬운 것은 편액이 모두 한자로 되어 있어 의미를 알기가 어렵다는 점이다. 이 한시들을 모두 한글로 번역하면 좋겠다는 생각이 든다.

풍영정 한시 편액들

그러면 먼저 김언거가 지은 풍영정 원운부터 감상하여 보자. 이 시는 광주직할시가 1992년에 발간한 광주의 〈누정제영〉에서 찾은 것이다.

풍영정 원운 주인 김언거 主人 金彦琚

벼슬길에 있으면서 전혀 쉬지를 못했는데 — 체완연래미득휴 替緩年來未得休

잠시 높은 각에 오르니 모든 근심이 줄어드네. — 잠등고각일산수 暫登高閣一刪愁

노를 젓는 사공의 외로운 얼굴, 달빛에 비추이고 — 월변고영인이도 月邊孤影人移棹

물을 찾는 기러기 떼 소리, 바람에 차갑구나. — 풍외한성안하주 風外寒聲鴈下洲

이름 있는 이 지역이 한 없이 화려하니 — 위시명구개장려 爲是名區開壯麗

지나가는 길손들이 찾아와서 머무르네. — 잉교행객고엄류 仍敎行客故淹留

난간에 기대 앉아 여러 노선비들의 시편을 바라보니 — 빙간제노시편재 憑看諸老詩篇在

칠수나산이 만추를 감싸네. — 칠수나산호만추 漆水羅山護萬秋

시는 칠언 율시이다. 압운은 첫 수는 휴休 · 수愁 · 주洲, 둘째 수는 류留 추秋 이다. 운은 매우 중요하다. 운에 맞추어 다른 문인들이 차운 시를 쓰게 되니까.

정자 기둥 한쪽에 편액 하나로 붙어 있는 고봉 기대승의 시를 자세히 보았다. 시는 '次 로 시작하여 遊山羈客不能休... 高峯 奇大升' 이라고 적혀 있다. 자세히 읽어 보니 〈고봉집〉에서 읽은 풍영정 차운 시이다.

풍영정의 시에 차운하다 次風詠亭韻 **김언거**金彦琚**의 정자이다.**

산에 노는 나그네 쉬지 못하다가　　遊山羈客不能休
우연히 선창산에 이르러 시름을 풀었노라　　偶到仙滄一散愁
바람은 숲 끝에 불어 먼 들판에 보내고　　風約林梢呈遠野
안개는 물결에 걷혀 긴 모래톱 드러나네.　　烟開波浪露長洲

풍진 속에 삼신산 막혀 한스러울 뿐이니　　塵埃只恨三山隔
동이 술에 한나절 머문들 어떠하리.　　樽酒何妨半日留
사람의 일 유유해서 마치기 어려우니　　人事悠悠難自了
응당 와서 늦가을 완상하리라.　　故應來賞待高秋

이 시를 언제 지었을까. 고봉과 칠계가 만나서 지은 시일까.

김언거는 1560년 이후에는 광주에 살았으니 고봉이 광주에 머문 시절에 지은 것으로 추측할 수 있는데 그 시기는 알 수 없다. 다만 첫 수의 산에서 노는 나그네와 둘째 수의 우연히 선창에 이르러 라는 시구로 보아 1570년 고마산 아래 낙암에서 지냈을 때를 '산에 노는' 이라는 표현을 쓴 것 같고 선창은 극락강변의 선창산에 있는 풍영정을 말하는 것으로 보아 고봉이 이곳에 놀러 온 것 아닌가 하는 생각이 든다. 아무튼 기대승은 1570년에 광주에 있으면서 대 선배 김언거를 한 번쯤은 만났으리라 생각된다.

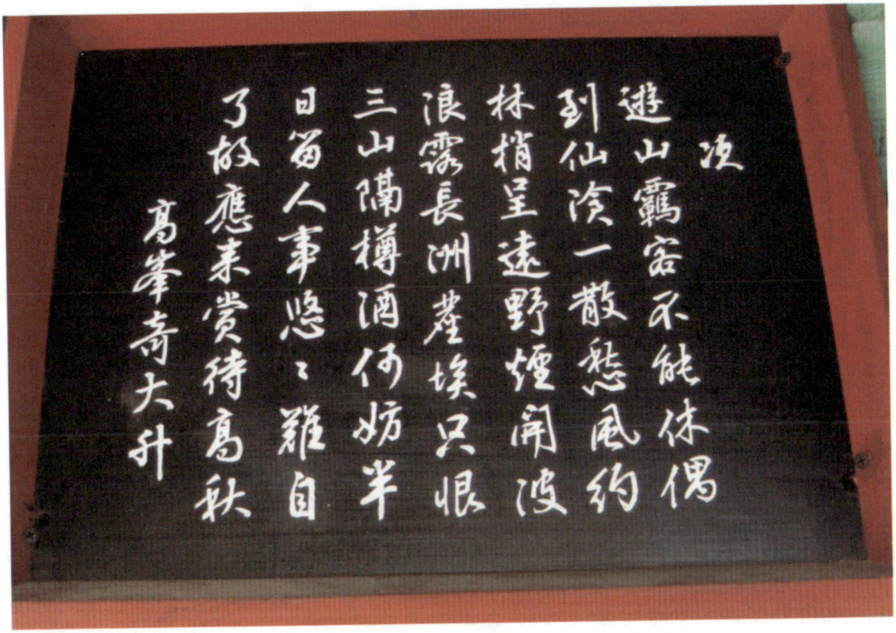

고봉의 풍영정 시

퇴계도 칠계 김언거와 친하였나 보다. 퇴계와 고봉의 편지에는 김언거 이름이 1561년과 1570년에 다섯 번 언급된다. 1570년 3월 21일편지에 퇴계는 고봉에게 김언거의 안부를 묻는다.

> 김계진계진은 김언거의 자임을 때때로 만나 보십니까? 옛날 함께 어울릴 때에는 정이 깊었습니다. 지금 그에게 편지 한통을 썼는데, 만약 함형이 사람을 시켜 스스로 그에게 전했다면 그만이겠습니다만, 만약 그대에게 갔다면 번거롭더라도 전해 주십시오.

고봉은 1570년 5월9일에 퇴계에게 편지를 보내면서 김언거에 대하여 언급한다.

> 김 정金正 김언거를 말함에게 편지를 즉시 전달하고, 지금 다시 답장을 받아서 올려 보냅니다. 저는 고향에 도착한 뒤로 게으르고 피곤함이 심하여 출입을 할 수 없어 아직 김정을 만나 인사를 나누지 못하였습니다. 아울러 살피시기 바랍니다.

풍영정에는 퇴계가 지은 풍영정 시 편액이 걸려 있다.

깊게 흐른 저 강물은 몇 천추를 지났는고.	일홍류열기천추 一泓流閱幾千秋
지금 보니 소인騷人 문인들이 배를 타고 낚시하네.	금견소인상조주 今見騷人上釣舟
탕양하는 그 모습이 연기처럼 흘러가니	탕양지종연리거 蕩漾只從烟裡去
회선하는 그 물결이 달 가운데 떠 있도다.	회선시향월중부 洄旋時向月中浮

고요한 선비 집에 오리우는 소리 들려오고	필상다구능언압 筆床茶臼能言鴨
비껴 부는 바람 가랑비 내리는 궂은 날씨에 갈매기 떼 춤추지 않네.	세우사풍불무구 細雨斜風不舞鷗
잡된 생각이 없는 이 마음이 원래부터 유정 有定 하니	단지허령원유정 但識虛靈元有定
우리 도를 다시 밝혀 푸른 물가에 붙였도다.	미방오도부창주 未妨吾道付滄洲

필상다구筆床茶臼는 붓을 걸어 놓은 기구와 차를 가는 맷돌이라는 의미로 고요한 선비의 생활을 가리킨다. 사풍세우斜風細雨는 비껴 부는 바람과 가늘게 내리는 비이다. 창주滄洲는 푸른 물가라는 뜻으로, 신선이나 은자隱者가 사는 곳을 이르는 말이다.

풍영정에서 극락강을 바라보니 경치가 빼어나다. 너무 좋다. 이곳에서 풍류를 즐길 줄 아는 옛 선비들이 술 한 잔 하고 시 한 수 읊었음직하다.

정자 한 쪽에 비가 하나 있다. 비의 앞면에는 '문화재 풍영정의 유래에 관한 전설'이 적혀 있고 뒷면에는 풍영정에 여러 시인 묵객이 드나들었다는 내역이 적혀 있다. 원래 이 정자는 12동이 있었다 하나 11동은 불타고 없고 지금은 1동만 남아있다.

한편 1584년까지 살았던 칠계 김언거는 후배 기대승이 1572년에 별세하자 슬픔에 잠긴다. 24세나 나이 많은 대 선배보다 먼저 세상을 떠났으니 마음이 착잡하였으리라. 〈고봉집〉을 보니 고봉에 대한 김언거의 만시가 있다.

칠계 漆溪 김언거 金彦琚

어릴 적부터 문장 솜씨 너무나 출중하니	出衆文華自妙年
한 시대 드날린 명성 뉘라서 앞설 건가.	蜚英一代孰能先
정승 될 재주라고 사람들이 모두 기대하였는데	才堪大拜人皆望
오랜 수명 못 누리니 세상 함께 슬퍼하네.	天嗇脩齡世共
문 밖에는 학이 날아 조객을 놀라게 하고	門外鶴飛驚吊客
무덤 앞에 새가 모여 찾아온 이 감동시키네.	墳前鳥集感來賢

나이 많은 이 사람은 아직 죽지 않고 고개 숙여 만시를 쓰니 白頭未死叩題挽
이로부터 공의 모습 구천 멀리 막히리. 從此音容隔九泉

07

고봉 기대승, 김경우를 그리워하다

장성 요월정

요월정邀月亭을 간다. 요월정은 장성군 황룡면 황룡리에 있는 정자이다. 월봉서원에서 장성 쪽으로 3-4Km 정도 가면 있다. 요월邀月은 '달을 맞는다.' 는 뜻이다. 맑은 황룡강변에서 달을 맞는다는 의미의 이 정자는 상당히 높은 곳에 지어진 정자이다.

정자를 들어가는 계단 입구에는 여의주를 물고 있는 용 두 마리가 조각되어 있다. 이 용이 전설로 전하여지는 황룡 두 마리이다. 한 마리는 하늘로 승천한 용, 나머지 한 마리는 샘에 물 길러 온 처녀의 발꿈치에 꼬리가 밟혀 다시 물속으로 들어가고 만 용. 어느 용이 승천한 용일까 생각하여 보았으나 잘 모르겠다.

정자에 오르니 경치가 정말 좋다. 배롱나무와 소나무 아래에 황룡강이 흐르고 황룡 들녘이 잘 펴져 있다. 한 곳에 있는 안내판을 읽었다. 거기에는 '요월정은 조선의 명종 때 공조좌랑을 지낸 김경우金景愚 1517-1559가 1550년대에 산수와 벗하며 풍류를 즐기기 위하여 만든 것으로서 당대의

요월정 전경. 장성군 황룡면 황룡리에 있다.

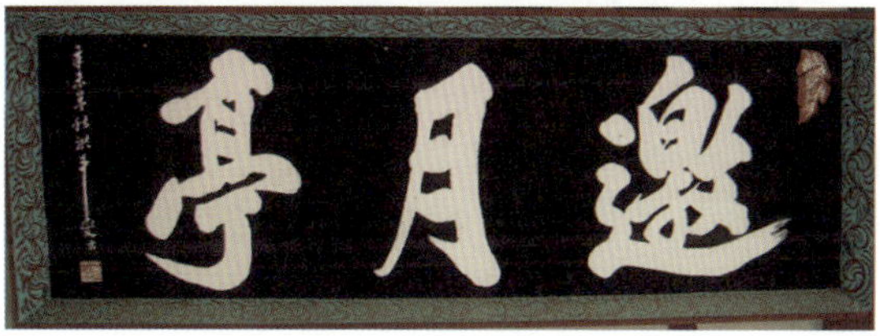

명사인 하서 김인후와 고봉 기대승, 송천 양응정이 시를 읊고 놀았다' 고 적혀 있다.

요월정 원림은 경치가 너무 빼어나다. 김경우의 후손인 김경찬의 일화도 재미있는 스토리텔링 감이다. 김경찬은 요월정 경치를 찬탄하여 '조선의 제일' 이라고 하였단다. 그런데 이 일이 조정에 알려져서 문제가 되었다. 황룡의 경치가 조선의 제일이라면 임금이 사는 한양은 조선의 제2라는 것이냐는 시비가 붙었다. 김경찬은 한양에 끌려가서 심문을 당하자 '황룡은 조선의 제일이요 임금님이 계시는 한양은 천하의 제일이라.' 고 답변하여 화를 면하였다 한다. 만약에 중국 명나라 조정에서 이를 알아서 김경찬을 다시 추국하였다면 김경찬이 명나라 수도는 무엇이라 답변하였을지 자못 궁금하다.

정자를 보니 요월정이라고 적힌 한문 현판이 두 개이다. 그런데 아쉽게도 김인후, 기대승, 양응정이 읊었다는 요월정 시는 찾아 볼 수 없다. 방 안에 있을 것 같아 문을 열어 보았으나 문이 잠겨 있다.

〈고봉집〉과 〈하서집〉에는 고봉과 하서가 읊은 요월정 시가 있다. 먼저 기대승의 시부터 보자. 기대승은 김경우보다 10살 아래이다. 고봉이 1558년에 과거에 급제하였으니 김경우와는 그가 과거 급제하기 이전에 교류가 있었을 것이다.

고봉이 지은 요월정 관련 시는 두 수이다. 먼저 첫 번째 수를 보자.

요월정의 운 邀月亭韻

그대의 재기가 수레를 탈 만한데	夫君才氣合乘車
강호에 방랑한 나머지 자취를 감추었네	遁跡江湖放浪餘
술을 실은 배 끄니 풍색이 조용하고	載酒引船風色嬾
꽃을 심고 지팡이 잡으니 달빛도 밝네.	藝花扶杖月華虛

옛 학문에 마음 두니 오직 마음이고	經心舊學惟心也
새로운 시에 손을 대니 다시 문채로워.	脫手新詩更賁如

구천에서 우로가 응당 내려오리니　　雨露九天應下漏
직장의 위망이 주려를 누르리라.　　直長威望壓周廬

여기에서 '수레를 탈 만한데'는 벼슬할 만하다는 말이다. 《대학장구》전 10장에 "맹헌자孟獻子가 말하기를 '마승馬乘을 기르는 이는 닭과 돼지를 기르지 않는다.' 하였다."는 말이 있는데, 그 주에 "선비로서 처음 대부大夫가 된 자이다." 하였다. 주려周廬는 궁궐을 호위하기 위하여 설치한 군막軍幕이다.

두 번째 시를 보자.

좌랑 김경우 요월정에 준 시 與金佐郎景愚邀月亭詩

지붕 위에 흐르는 햇살 굴러가는 수레 같아　　屋角流光似轉車
강산에는 지금 구월의 가을빛이로다.　　江山今見九秋餘
쓸쓸한 낙엽 빗속에 나부끼고　　蕭蕭落木空飄雨
첩첩의 먼 봉우리 허공에 솟았구나.　　疊疊遙岑欲挿虛
소나무 아래에 술병 차니 정이 무궁하고　　松下佩壺情不盡
물가에 손님 맞으니 흥이 어떠한가.　　水邊邀客興何如
소광疎狂한 몸 스스로 한가로움 좋아해서이니　　疎狂自有偸閑僻
밝은 때에 벼슬이 싫어서만은 아니로세.　　未必明時厭直廬

그러면 하서 김인후의 요월정 시도 같이 음미하여 보자.

밝은 달은 툇마루에 마주쳐서 하얗고	月色當軒白
가을빛은 눈에 서려 파랗군 그래.	秋光入眼青
이 밤에 정자에 올라 이 경치를 보니	登臨此夜景
한 세상의 부평이 가소롭구려.	一世笑浮萍

그런데 김경우는 1559년에 별세한다. 이 때 고봉은 김경우에 대한 만시 2수를 쓴다. 이 시는 〈고봉집〉에 남아 있다.

김좌랑 경우에 대한 만사 2수 挽金佐郎景愚 2首

흰 장막 갠 모래 바라보는 속에 밝았는데	白幔青莎望裏明
한 병 술로 그대는 나의 걸음 기다렸지.	一壺君爲佇吾行
할미새 사는 곳의 묵은 풀 정을 참을 길 없으니	鴒原宿草情難忍
맑은 기쁨 저버리고 사생이 막혀 있네.	孤負淸歡隔死生

요월정 속에서 몇 번이나 취했던가.	邀月亭中幾醉醒
인간의 모든 일 부평에 부치노라	人間萬事付流萍
청산은 눈에 가득 가을 빛 차가운데	青山滿目秋光冷
쓸쓸한 흰 달빛 밤중에 들어오네.	惆悵銀蟾入夜涼

08

임억령, 김성원과의 인연

담양 식영정에서

식영정을 간다. 식영정 주소는 담양군 남면 지곡리 성산 마을인데 광주에서 광주호를 지나 소쇄원을 가는 길목에 있다. 식영정은 서하당 김성원金成遠 1525-1597이 장인인 석천 임억령을 위해 지은 것이다. 김성원은 이 정자 옆에 자신의 호를 따서 '서하당棲霞堂' 이라는 집을 지었다. '서하棲霞' 는 '노을이 깃을 들이는 곳' 이라는 의미이다. 김성원은 환벽당 주인 김윤제의 조카이고 임억령의 사위이다. 그는 송강 정철이 지은 가사 〈성산별곡〉의 서하당, 식영정 주인으로 널리 알려져 있다. 성산별곡 첫 머리에 나오는 은자隱者가 바로 김성원이다.

어떤 길손이 성산에 머물면서
서하당, 식영정 주인아 내 말 듣소.
인간 세상에 좋은 일 많건마는
어찌 한 강산을 갈수록 낫게 여겨
적막 산중에 들고 아니 나오신가.

돌계단을 올라서 식영정息影亭으로 간다. 올라가는 계단 주변에는 소나무가 울창하다. 식영정 앞에는 소나무 사이로 광주호가 보이고 왼쪽에는 무등산 서석대가 있다. 원래 정자는 앞이 툭 트이고 뒤에 산이 있는 곳에 짓는 것이 제격이라는 데 식영정은 바로 그런 곳에 위치하여 있다.

언덕 한 끝에 있는 정자 마루에 오른다. 마루 위 벽에는 식영정이라고 써진 전서 글씨와 석천 임억령의 〈식영정기息影亭記〉, 그리고 〈식영정 20영〉 편액, 송강의 〈식영정 잡영 10수〉, 고경명과 김성원의 〈식영정 20영〉 한시 편액이 있다.

〈식영정기〉편액이 먼저 눈에 들어온다. 이 글은 석천 임억령이 지었는데 그의 그림자 좇기 글은 장자의 기품이 가득하다.

'그림자도 쉬고 있는 정자' 息影亭란 이름은 단지 서정적인 뜻뿐만 아니라 엄청나게 호방하고 무애한 경지를 가리키는 이름이다. 거기에는 은둔과 조화와 순리의 동양사상, 다시 말하면 노자와 장자의 자연론이 담겨 있다.

그러면 여기에서 식영정 주인 임억령에 대하여 살펴보자. 석천 임억령林億齡 1496-1568은 시문에 뛰어난 호남의 사종詞宗으로 불리는데 해남 동문밖 해리에서 태어났다. 석천石川이란 호도 그가 태어난 마을의 개울 이름이다. 그의 형제는 오형제였는데 이름 중에 마지막 글자 령은 문중의 항렬이고, 가운데 글자는 대망을 의미하는 숫자인 천, 만, 억, 백, 구를 얹어 천령, 만령, 억령, 백령, 구령이라 하였다. 셋째인 억령은 부친을 여윈 14세 때 엄한 어머니의 뜻에 따라 눌재 박상朴祥 1474-1530의 제자가 된다. 이 때 동생 임백령도 같이 공부를 하였는데 박상은 억령에게는 장자를 읽으라고 하면서 '너는 문장이 될 것' 이라고 하였다. 백령에게는 논어를 공부하라고 하면서 '족히 나랏일을 담당할 것' 이라 하였다.

어릴 적에 석천은 벼슬에 별 뜻이 없었다. 30살이 된 1525년에야 과거에 급제한 후, 사헌부 지평, 홍문관 교리를 지냈으며, 1544년에는 동부승지, 대사간 등을 역임하였다. 을사사화1545년때 그는 금산군수로 있었는데 동생 임백령이 윤원형 일파가 되어 윤임등 대윤의 선비와 사림들을 추방하는 횡포 등을 보고 자책감을 느껴 벼슬을 사퇴하고 해남에 은거하였다.

한편 임억령은 명종 때에 다시 벼슬에 나아가 강원도 관찰사, 담양부사 등을 역임하기도 하였다. 그가 담양부사를 한 것은 62세인 1557년이다. 3년 후에 그는 담양부사 직을 사직하고 담양 성산星山 아래 식영정에서 자연을 벗 삼고 유유자적한 생활을 보낸다. 이 때 식영정을 다닌 인물로는 면앙 송순, 사촌 김윤제, 하서 김인후, 고봉 기대승, 송천 양응정, 서하당 김성원, 송강 정철, 제봉 고경명, 옥봉 백광훈 등이었다. 특히 석천과 하서, 고봉과 송천을 성산 사선四仙이라 하였고, 석천과 서하당, 송강, 제봉을 식영정 사선이라 하였다.

〈식영정 20영〉은 식영정과 성산 근처의 이름난 20가지 풍광을 시로 쓴

담양 식영정. 담양군 남면 지곡리에 있다.

것이다. 그것은 서석한운瑞石閑雲, 창계백파蒼溪白波, 벽오양월碧梧涼月, 조대쌍송釣臺雙松, 노자암鰲伸巖, 자미탄紫薇灘, 도화경桃花徑, 부용당芙蓉塘, 선유동仙遊洞 등 20개로서 석천 임억령이 먼저 시를 짓고 서하당 김성원, 제봉 고경명, 송강 정철이 그 시를 20수씩 차운하여 도합 80수가 전해진다.

그러면 고봉 기대승의 시를 감상하여 보자. 그가 쓴 시는 오언사운 5수와 오언사운 2수가 있다. 이 시의 운은 모두 정亭, 성, 정庭, 경扃' 이다.

식영정의 시에 차운하다 次息影亭韻 오언사운 5수

1.

옛날에 석천노인임억령을 말함 찾아뵙고	昔拜石川老
소나무 밑 정자에서 배회했노라.	徘徊松下亭
인간 세계는 헌신짝인 양 벗어던지고	人間猶脫屣
하늘 위에선 스스로 별을 타리라.	天上自騎星
석양에 구름은 산봉우리에서 나오고	落日雲生峀
가을바람에 지는 잎 뜨락에 가득하구나.	秋風葉滿庭
그대를 만나 좋은 경치 이야기 들으니	逢君言勝槩
나도 그윽한 곳 찾아보고 싶구나.	吾欲款幽扃

2.

식영이란 본래 작명이 없는 것인데	息影初無作
높은 곳 의지해서 정자 만들었구나.	憑高更製亭
뭇 산은 떨어지는 해를 받들고	衆山擎落日
한 줄기 물은 별빛을 띠었네.	一水帶飛星
비 그친 후 이끼는 대발에 이어지고	雨罷苔連竹
봄 깊으니 새가 뜨락에 내려오네.	春深鳥下庭
소요하며 스스로 뜻을 얻어	逍遙自得意
부질없이 사립문을 다시 닫았노라	空復掩柴扃

3

서하 속에 살 집 한 채 마련하매 　棲霞成一室
식영이란 외로운 정자 있도다. 　息影有孤亭
구부리고 우러르며 하늘과 땅을 보고 　俯仰看天地
행하고 감춤은 해와 별에게 묻는다. 　行藏問日星

뽕나무와 삼대는 오솔길 가리고 　桑麻翳幽徑
참새 떼 황량한 뜨락에 지저귄다. 　鳥雀噪荒庭
적막한 곳에 어떤 사람 찾아올까 　寂寞何人到
소나무 사립문 스스로 닫고 있네. 　松關只自扃

4.

나의 벗 김강숙(강숙은 김성원의 자이다)이 　吾友金剛叔
소나무 사이에 초정을 지었구나. 　松間作草亭
마을 이름은 지금 돌이라 하는 데 　里名今道石
산 이름도 예부터 성산이라 들었네. 　山號舊聞星

수레에 멍에 매어 좋은 경치 찾길 생각하고 　命駕思探勝
흉금을 열고 정원을 거닐었지 　開襟佇步庭
봄바람이 불어 서로 약속할 만한데 　春風可相約
울긋불긋 꽃 그림자가 숲 속 문에 비치네. 　紅綠映林扃

5.

바위 아래 시냇가 집에 石底溪邊宅
떠풀 엮어 조그마한 정자 일으켰네. 編茅起小亭
한가한 몸 아침엔 기둥에 기대고 閒身朝倚柱
그윽한 생각 밤에는 별을 본다. 幽思夜觀星

이슬 젖은 작약 붉게 창을 가리고 露藥紅迷牖
서리 맞은 대 푸르게 뜨락을 덮누나. 霜篁翠覆庭
때로 마을 술 익었다는 말 듣고 時聞社酒熟
지팡이 잡고 구름 속 문을 나온다. 扶杖出雲扃

고봉이 지은 또 다른 시도 음미하여 보자

식영정 운을 차하다 오언 사운 2수

1

무등산을 다 돌아보고 歷盡山無等
오는 길에 식영정을 찾았노라. 來尋息影亭
자리 사이에는 촛불을 배치했고 坐間批玉燭
소나무 속에 별빛 드물게 보이네. 松裏見疎星
취한 흥취 모두 술잔 버리고 醉興渾抛盞
거친 회포 뜨락에 눕고 싶어라 狂懷欲臥庭

내일 아침에 무슨 일 있는가. 明朝有何事
그윽한 돌길엔 빗장도 필요 없네. 幽磴不須扃

2

맑은 바람 늙은 나무에 불고 淸風吹老樹
밝은 해는 봄 정자에 걸리었네 白日麗春亭
좋은 술 삼해를 기울이고 美酒傾三亥
아름다운 나물 오성을 대하누나. 嘉蔬對五星

조용히 산과 물 구경하고 從容見山水
교만한 태도로 문정에 있도다. 偃蹇在門庭
그대 나와 함께 취미 같으니 君與吾同趣
배회하자 구름은 창가에 가득하구나. 徘徊雲滿扃

여기에서 삼해三亥는 해亥의 일진日辰이 세 번 든 것인데, 그 해에는 장마가 진다는 말이 있으므로 그 의미를 취하여 많은 물을 마신다는 뜻인 듯하고, 오성五星은 금·목·수·화·토 다섯별인데 여러 가지 나물 반찬을 먹는다는 뜻인 것 같다.

그런데 면앙 송순宋純 1493-1582이 지은 한시 중에도 고봉의 시 운과 같은 운으로 쓴 시가 있다. 이를 감상하여 보자.

차김상사 성원 식영정운 2수 次金上舍成遠息影亭韻 2首

남쪽에는 승지가 정말 많구나. 維南多勝地
가는 곳 마다 경치 좋은 정자로다 隨處有林亭
내 한가히 지내는 마을은 기촌이고 我臥村爲企
그대 사는 산은 바로 별뫼일세. 君居山是星

친소는 있어도 세분 世分이 같아 親疎同世分
한 가정처럼 왕래한다네. 來往一家庭
말 타고 부담 없이 올 테이니 匹馬尋常到
사립문 아예 닫지 마시게. 松關愼勿扃

식영정이 환벽당과 함께 息影與環碧
이제는 노형의 정자가 되었구나. 今僞魯衛亭
시내와 산은 비단같이 곱기도 하고 溪山明似錦
제택들은 별처럼 늘어서 있네. 第宅列如星

본시 풍월도 함께 하며 自可同風月
모두가 한 식구로 지낸다네. 元非異戶庭
다만 안타까운 건 소쇄원 양산보님이 只憐瀟灑老
시든 풀 속에 구름 닫고 누워 있음이라. 衰草沒雲扃

송순은 이 시의 앞부분에는 "때는 계해년1563년 가을에 주인 김군이 임석천을 위하여 새로 이 정자를 지어주니 석천이 식영이라 이름 붙였다."고 적고 뒤 부분에는 "소쇄원, 식영정, 환벽당이 일동의 삼승三勝이라고 일컬었는데 이때에 소쇄옹이 이미 저 세상 사람이었기 때문에 마지막 구절에 그를 기리는 글을 적는다." 라고 자그마한 글씨로 적어 놓았다. 이 송순의 설명을 보면 이 시는 1563년 이후에 지은 것으로 보인다.

우연의 일치일까. 송강 정철의 시중에도 고봉과 송순의 운과 같은 식영정 시가 있다.

식영정 운에 차운하다 次息影亭韻

숨어사는 사람幽人이 세상을 피하여	幽人如避世
산정에 외로운 정자를 세웠구나.	山頂起孤亭
아침엔 주역을 보아 진퇴를 정하고	進退朝看易
저녁엔 별을 보아 갠 날과 흐린 날을 아네.	陰晴夜見星
이끼 무늬는 해 묵은 벽을 오르고	苔紋上古壁
솔방울은 빈 뜰에 떨어지네.	松子落空庭
이웃에 거문고 가진 객이 있어	隣有携琴客
때때로 대사립문을 두들기나니.	時時叩竹扃

고봉과 면앙 그리고 송강 세 사람의 식영정 시는 운이 똑같이 "정亭, 성星, 정庭, 경扃" 이다. 이들이 이 시를 한 날에 같이 만나서 쓴 것인지, 누가 먼저 쓰고 나머지 다른 사람이 그 운에 차운하여 쓴 것인지는 알 수 없다. 그러나 세 사람이 운이 같은 시를 쓴 것만으로도 면앙과 고봉 그리고 송강이 모두 식영정을 다니었음을 알 수 있다.

09

제봉 고경명과 한 잔 술을 하면서

담양 식영정, 서하당

1570년 음력 12월 8일, 조선 유학의 최고봉, 퇴계 이황은 경상도 안동의 도산에서 별세한다. 매화를 누구보다도 사랑한 그는 죽기 전에 '내가 설사를 하여 저 매화에게 미안하다. 다른 곳으로 치우라.' 는 말을 유언인 것처럼 하였다.

고봉 기대승은 광주에서 퇴계의 별세 소식을 접한다. 그는 사람을 보내 조문을 하면서 제문을 쓰고 만장을 짓는다. 그가 쓴 제문에는 퇴계 선생을 잃은 비통함이 진하게 배어 있다.

> 아, 애통합니다. 대들보가 꺾이고 태산이 무너졌으니, 제가 다시 어떻게 가슴을 가누겠습니까. 위로는 사문斯文이 땅에 떨어짐을 애도하옵고, 아래로는 만학晩學이 의지할 곳을 잃음을 슬퍼하오니, 어찌하여 나로 하여금 뼈가 놀라고 혼이 날아가게 하지 않을 수 있겠습니까. (후략)
>
> – 〈제문에서〉

1571년선조 4년 3월 21일 퇴계 선생의 장례가 있던 날, 고봉은 멀리서나마 인사를 하려고 한 것인지 여러 제자들과 함께 무등산 규봉에 올랐다. 이 날 고봉은 '퇴계 선생의 장례날에 문수암에서' [원제는 '느낌이 있어감흠感欽' 이다]란 시 3수를 짓는다.

제1수

선생은 세상이 싫어 백운향에 가셨는데　　先生厭世白雲鄉
천한 제자는 슬픔 머금고 이곳에 있네.　　賤子含哀在一方
멀리서 생각하니 오늘 무덤에 묻히실 텐데　　遙想佳城今日掩
사방의 궂은 안개가 차츰 아득해지네.　　四山氛霧轉茫茫

제2수

한 기운이 유유하게 갔다가 돌아오니　　一氣悠悠往又回
화려한 집에서 황천으로 떨어짐을 어찌 견디랴.　　可堪華屋落泉臺
산머리에서 나도 모르게 마음속이 아프니　　山頭不覺中心痛
쇠약한 몸 백발 여생이 외로워졌네.　　衰白餘生踽踽來

제3수

병이 많아 근년에는 몸조심을 하니　　多病年來效括囊
우연히 봄빛 따라 선방에 이르렀네.　　偶隨春色到禪房

우리 도학이 땅에 떨어짐을 상심하노니 傷心吾道今墜地
누구를 공경하며 다시 향기 기를꼬. 敬爲何人更畜香

고봉은 퇴계가 없는 세상에서 낭떠러지에 홀로 서있는 고아가 된 느낌이다. 태산이 무너졌으니 이제 누구를 공경하고 누구를 의지하고 산다는 말인가.

이 날 고봉 기대승은 무등산 규봉에서 내려와 하룻밤을 담양 식영정에서 보낸다. 그곳에서 고봉은 제봉 고경명高敬命 1533-1592을 만난다. 이 당시에 고경명은 파직되어 광주에서 벼슬 없이 지내고 있었다.

그러면 여기에서 고경명에 대하여 알아보자. 임진왜란이 일어난 해인, 1592년 7월 선조수정실록에는 이렇게 적혀 있다.

의병장 고경명이 금산의 적을 토벌하다가 패하여 순절하였다. (중략) 처음에 임금이 경명이 의병을 일으켰다는 소문을 듣고 공조참의 겸 초토사에 제수하도록 명하고 글을 내려 칭찬하고 위로하였다. (중략) 고경명의 자字는 이순而順, 호號는 제봉霽峯이다. 풍류와 문채는 세상에서 부러워하는 바였으며 중년에는 벼슬길이 막혔으나 조용한 생활을 하면서 마음이 변하지 않았다. 그러다가 난리에 임해서 절개를 드러냈으므로 조정에서는 그를 일찍 기용하지 못했음을 한스럽게 여겼다. 그는 시詩의 대가大家로 불리었으며 유고遺稿가 세상에 전한다.

고경명은 광주광역시 남구 압촌동에서 태어났다. 조부는 기묘명현 고운이고 부친은 대사간 고맹영, 장인은 김백균이다. 그는 어릴 적부터 시문에 능하여 임억령, 정철, 김성원과 더불어 식영정 사선으로 알려졌다. 고경명은 1558년 26세의 나이에 문과에 장원 급제한다. 이어서 호조좌랑, 사헌부 지평, 공조좌랑 등을 거쳐 명종의 총애를 받는다. 그는 시문으로 널리 조정에 이름을 날린다.

호사다마라 할까. 제봉은 1563년 이량 사건으로 울산군수에서 파직 당한다. 이량은 효령대군의 5세손이며 명종 비 심왕후의 외삼촌이다. 명종은 1559년에 어머니 문정왕후의 동생 윤원형을 견제하기 위하여 이량을 중용하였다. 그런데 이량 역시 전횡을 행사한다. 추종자들만 중용하고 아들을 무리하게 과거에 장원 급제시켜 병조좌랑에 앉히었으며 이를 반대하는 기대승, 허엽, 윤두수 등 신진 사림을 숙청하려 하였다.

이에 홍문관 부제학 기대항등은 이량을 탄핵하는 글을 명종에게 올린다. 기대항1519-1564은 기묘명현 기준의 아들로서 고봉의 사촌형이다. 이 탄핵 논의 자리에 홍문관 교리 고경명도 참가하였다. 그런데 고경명은 이 사실을 장인 김백균에게 알리었고 김백균은 이량에게 말한다. 이 사실은 명종실록 1563년 8월 19일 기사에 나온다. 한편 심의겸은 누나인 명종 비 심 왕후를 통하여 이량의 비위를 명종에게 아뢰었고, 명종은 이량을 평안도 강계로 유배 보낸다. 이량의 당이었던 고경명의 장인 김백균과 아버지 고맹영도 파직된다. 고경명은 탄핵 논의 누설 혐의로 1563년 11월 울산군수에서 파직된다. 그리고 1581년까지 19년간 출사의 길이 막힌다.

1571년 3월 21일 밤, 식영정에서 만난 고봉과 제봉 두 사람은 밤새워 술을 마시면서 서로 어긋난 인연을 토로하면서 회포를 푼다. 이 날 밤에 고봉은 시 3수를 짓는다. 이 시는 〈고봉집〉에 실려 있다.

식영정에서 술 취한 후에 고제봉高霽峯과 김성원의 정자, 오언 사운 3수 김상사 경생金上舍景生과 더불어 운자를 부르다.

1.

물 밖物外에는 정 다하기 어려운데　　物外情難盡
인간에게는 일이 간혹 어긋나네.　　人間事或乖
손님과 주인이 술상을 함께 하고　　杯盤賓主共
옛날과 지금의 이야기 함께 하노라.　　談笑古今偕

술잔은 기울이면 기쁘고　　酒味傾還喜
노래 소리는 들으면 더욱 아름답네.　　歌聲聽卽佳
성산의 오늘 밤 모임에서　　星山此夜會
백년의 회포를 풀어 보리라.　　消遣百年懷

2

서석산 겨우 탐승하니　　瑞石纔探歷
소나무 사이에 뜻이 어울리네.　　松間意不乖

술 많으니 정 스스로 방랑해지고　酒多情自放
괴롭게 읊으니 웃음과 함께 했네.　吟苦笑兼偕

젓대소리 바람 앞에 좋고　長笛風前好
등잔불 밤 되니 아름다워라.　華燈夜亦佳
서하당에서 하룻밤을 자고서　棲霞成一宿
날이 새어도 남은 회포가 있네.　明發有餘懷

3

밤 빛은 깊을수록 좋은데　夜色深深好
지나간 말은 일마다 어긋났네.　往言事事乖
술이 오면 즉시 사양하지 아니하고　酒來曾不讓
취해 갈 때는 함께 잠자네.　醉去宿能偕

무르익은 정 어찌 끝이 있을까　爛爛情何極
서로 따르는 뜻 다시 아름다워라　追隨意更佳
바람과 내 골짝에 가득하니　風煙迷洞壑
봄 술로 그윽한 회포 보내리라　春酌遣幽懷

이 시 3수에 고봉과 제봉이 서로 만나 술 마시고 회포를 푼 정황이 잘 나타나 있다. 고봉은 제봉에게 예전 일은 잊자고 하는 듯하다.

이로부터 1년 후인 1572년에 고봉 기대승은 별세한다. 반면에 제봉 고

서하당. 담양 식영정 아래에 있다.

경명은 한동안 힘들었지만 1581년에 영암군수가 되어 다시 벼슬길에 오른다. 그리고 1591년에 동래부사를 마지막으로 벼슬에서 물러나 고향인 광주에서 지낸다.

그런데 1592년 4월에 임진왜란이 일어난 것이다. 60세의 노장인 그는 분연히 두 아들과 함께 의병으로 나선다. 의병장 고경명은 호남의 선비들에게 조선을 위하여 싸우자고 격문을 보낸다. 이 격문이 오늘날까지도 일

광주 포충사

부 식자층에게 잘 알려져 있는 '마상격문馬上檄文' 이다. 이 격문은 최치원의 '황소격문黃巢檄文', 제갈공명의 '출사표出師表' 와 함께 3대 격문에 들어갈 만큼 명문으로 알려져 있다. "옷소매를 떨치며 단상에 올라 눈물을 뿌리고 군중과 맹서하니, 곰을 잡고 범을 넘어뜨릴 장사는 천둥 울리듯 바람 치듯 달려오고, 수레를 뛰어 오르고 관문을 넘어가는 무리는 구름 모이듯 비 쏟듯 한다."는 내용의 마상격문은 광주, 남원, 전주, 여산을 비롯한 전라도 선비들의 심금을 울려 6천명의 전라도 사람들이 그의 뒤를 따랐다.

결국 그는 1592년 7월에 금산 전투에서 둘째 아들 고인후와 함께 전사한다. 그는 만고의 충신으로 지금도 광주광역시 남구에 있는 포충사에 배향되어 있다.

10
고봉과 박순, 심의겸, 김계휘와의 인연

나주 월정서원

나주 월정서원을 간다. 이곳에는 고봉과 인연이 있는 박순, 심의겸,김계휘, 정철의 신위가 모시어져 있다. 월정서원 주소는 전남 나주시 노안면 금안리 광곡마을이다. 먼저 쌍계정을 갔다. 근처에 월정서원이 있을 줄 알았는데 찾기가 어려웠다. 여기저기 수소문하여 겨우 월정서원을 찾았다.

월정서원은 입구를 찾을 수 없고, 담장도 헐어져 있다. 헐어진 담으로 들어가니 강당에는 월정서원, 사당에는 월정사라는 현판이 붙어 있다. 다행히 사당 문은 열려 있었다. 사당 안에는 김계휘, 박순, 심의겸, 정철, 홍천경의 신위가 의자 위에 놓여 있다.

월정서원은 1659년에 박순의 학덕을 흠모하는 도내 사림들의 발의로 홍합이란 사람이 서원 건립을 청하는 상소를 올려 허락을 받았다. 1664년현종 5에 창건되었으며, 박순 · 김계휘 · 심의겸 · 정철의 위패를 모셨다. 그

후 1669년현종 10년에 사액이 내려졌으며, 1767년에는 홍천경洪千璟을 추가 배향했다. 그런데 1868년고종 5 대원군의 서원 철폐령으로 훼철되어 1974년 현재의 위치에 터를 잡고 사우와 강당 등 건물을 옮겨 중건하였다.

월정사에 배향된 다섯 분은 모두 서인의 대표인물이다. 심의겸은 동서 분쟁의 주역으로서 서인을 탄생시킨 사람이고, 박순은 서인으로서 15년간이나 재상을 한 사람이며, 정철은 서인 중에서 골수 보수파 영수이다. 김계휘는 그의 아들이 김장생, 손자가 김집인데 이들이 노론의 영수 송시열을 키운 스승이다.

먼저 박순朴淳 1523~1589과 기대승의 인연을 살펴본다. 박순의 자는 화숙和叔, 호는 사암思菴이다. 대사간이 되어 대사헌 이탁과 함께 1565년에 윤원형을 탄핵함으로써 포악한 척신 일당의 횡포를 제거한 주역이 되었다. 대제학, 이조 판서, 우의정, 좌의정 등을 두루 거친 다음 1572년 우의정에 올라 약 15년간 정승을 재직하였다. 율곡 이이가 탄핵되었을 때 그를 옹호하다가 도리어 양사兩司의 탄핵을 받고 스스로 관직에서 물러나 영평永平 지금의 포천 백운산에 암자를 짓고 은거하였다. 일찍이 서경덕에게 학문을 배워 성리학에 박통하고 특히 주역에 연구가 깊었으며, 문장과 시와 서예에 뛰어났다. 중년에 퇴계 이황을 사사師事하였고, 만년에 율곡 이이및 우계 성혼과 깊이 사귀어 "이 세 사람은 용모는 달라도 마음은 하나이다."라고 할 정도였으며, 고봉과도 교분이 두터웠다.

박순은 절개 있고 강직한 선비였다. 그는 나이 31세인 1553년에 문과에 장원 급제하였다. 그리고 3년 후, 밀수품을 단속하는 임무를 맡은 수은어사가 되어 의주에서 문정왕후 소생인 의혜공주의 밀수품을 압수하였다. 왕족의 부정행위를 파헤친 것이다. 요즘 같으면 대검찰청 중수부에서 기획수사를 한 것이다.

또한 그는 겸양의 선비였다. 1567년에 명종이 승하하고 선조가 즉위하자 박순은 대제학이 된다. 이때 그가 퇴계 이황에게 대제학 자리를 양보한 것은 겸양의 극치로 남아 있다. 이익은 〈성호사설〉에서 사암능양思庵能讓이란 글을 쓴다. 사암思庵 박순의 호이 겸양에 능하다는 글이다.

> 우리 선조 조정에 퇴계 선생이 예문관 제학에 임명되자, 그때 대제학 박순이, "신臣이 대제학인데 퇴계 선생은 제학이니, 나이 높은 큰 선비를 낮은 지위에 두고 초학자가 도리어 무거운 자리를 차지하여, 사람 쓰는 것이 뒤바뀌었습니다. 청컨대 그 임무를 교체해 주옵소서."하였다. 임금께서 대신들에게 의논할 것을 명령하자, 모두 박순의 말이 당연하다 하므로 이에 박순과 서로 바꿀 것을 명령했으니, 아름다워라! 박순의 그 훌륭함이. 충분히 세속의 모범이 될 만하다. 지금에는 이욕만 챙겨 이런 것을 보고 본받는 사람이 없으니 어찌하랴? 아! 슬픈 일이다.
>
> -이익의 성호사설에서

1569년에 안동 도산으로 물러난 퇴계는 박순을 칭찬하기를, "화숙화숙은 박순의 자과 마주하고 있으면 한 덩어리 맑은 얼음과 같아 정신이 아주 상쾌하다'고 하였다. 고봉 기대승 또한 박순을 평하기를 "의리義理를 분석함이 밝고 또 아주 절실하니 내가 미치지 못하는 점이다."라고 하였다.

박순의 고향은 나주이다. 기대승과 박순과는 고향이 가까워서 매우 친하였다. 나이는 박순이 몇 살 더 많았지만 사회적으로는 기대승이 더 선배 대접을 받았던 것 같다. 퇴계와 고봉이 주고받은 편지에는 박순에 관한 이야기가 여러 번 나온다. 퇴계가 고봉에게 박순의 본관이 어디인지를 묻는 대목도 나온다. 박순이 충주 박씨임을 퇴계가 몰랐나 보다.

기대승이 쓴 시중에는 박순의 시를 차운한 시도 있다. 이를 감상하여 보자.

박화숙의 시에 차운하다.

음침한 비 갑자기 개니 　陰雨忽云霽
석양이 창가에 들어온다. 　夕陽來入窓
옷깃을 여미고 스스로 살피며 　斂襟獨自省
이 한 마음을 시험해 보았네. 　驗此一團腔

또

달은 구슬 같은 나무에 걸렸고 　月掛珠璣樹
구름은 창칼 같은 산에 비끼었네. 　雲橫劍戟山

옥퉁소 부는 소리 멎지 않는데　　　　玉簫吹不徹
차가운 깊은 밤에 외로운 학 한 마리　　　　孤鶴夜深寒

1572년에 기대승이 별세하였을 때 박순은 아래와 같은 만시를 짓는다.

하늘은 빼어난 풍모를 내려 주고
사람은 순수한 학업 추앙했네.
태고 멀리 부터 희헌을 추구하였고
근본 학문은 추로를 소급하였네.
외로운 외침은 쇠락한 시대를 슬퍼하였고
올바른 자취로 노한 세속에 곤욕 치렀네.
청포青蒲 위에 새 은총 넘쳤으나
곡구谷口에서 예전처럼 안빈낙도 하렸기에
한강에서 다시금 뱃길을 돌리어
풍진 속에 두 번이나 몸을 떠났네.
한밤중 객창 촛불에 병이 깊어져
새벽녘 노령蘆嶺 구름에 시름 보냈네.
성현의 도는 유서가 끊겨 버렸고
청명한 조정엔 철인이 없어졌어라.
출처의 완전함, 평소의 소망인데
덧없는 세상 형둔이 있었구나.
일찍이 우리 서로 마음 맞아서

세월이 지날수록 교분 두터웠고
강산에서 함께 놀아 흥을 돋우고
송죽을 이웃하기로 언약했건만
호외湖外의 밝은 가을 달만이
요서 멀리 만 리에 둥글었다오.
이별한 지 헤아리면 며칠일런고.
생시나 돌아가신 후에나 수건에 눈물 적시네.

天界英姿秀 人推學業醇 羲軒追古遠 鄒魯泝源眞 孤雛傷時溺
危蹤困俗嗔 伏蒲新渥渙 耕谷舊棲貧 江漢重回棹 風塵再去身
病淹郵燭夜 愁入嶺雲晨 聖道隳遺緖 明庭喪哲人 素期全出處
浮世有亨屯 夙昔心相契 星霜分更親 溪山俱引興 松竹約爲隣
湖外三秋月 遼西萬里輪 別離曾幾日 存沒只沾巾

이런 인연으로 박상과 박순의 위패가 1671년현종 12에 월봉서원에 봉안되었다. 안타깝게도 지금 월봉서원에는 이들의 신위가 없다.

다음은 기대승과 심의겸沈義謙 1535–1587과의 인연이다. 심의겸의 자는 방숙方叔, 호는 손암巽菴이고 이황의 문인이다. 명종 비 인순왕후의 동생이고, 동서분당의 주역으로 서인의 영수이었다. 효성이 지극하고 검소하였으며, 외척으로 있으면서도 권세를 함부로 부리지 않았다. 벼슬은 대사헌에 이르렀고, 세습으로 청양군靑陽君에 피봉 되었다.

나주 월정서원. 나주시 노안면 금안리 광곡마을에 있다.

심의겸은 기대승과 호흡이 잘 맞았다. 무척 개혁적이어서 당시의 원로 재상들에게 눈 밖에 나기도 하였다. 1563년 이량의 당 사건에 고봉을 적극 도와주기도 하였다. 이량은 명종비 심왕후의 외삼촌인데, 명종은 1559년에 윤원형을 견제하기 위하여 이량을 중용하였다. 그런데 이량 또한 추종자들만 중용하고 아들을 무리하게 과거에 장원 급제시켜 병조좌랑에 앉히었다. 기대승, 허엽, 윤두수 등 신진 사림이 이를 반대하자 그들을 숙청하려 하였다. 이에 홍문관 부제학 기대항등은 이량을 탄핵하는 글을 명종에게 올린다. 그리고 심의겸은 누나인 명종비 심 왕후을 통하여 이량의 비위를 명종에게 아뢰었고, 명종은 이량을 평안도 강계로 유배 보낸다. 이리하여 기대승 등 신진 사림은 일시 파직 당한 후에 다시 복직한다.

1572년 고봉이 별세하였을 때 심의겸은 병세가 악화된 상태이었다. 그는 조문도 못 갈 정도로 몸이 아팠다. 그가 쓴 만시를 읽어 보자.

내 병들어 오늘 내일 죽으려 하는데	我病方折命
깜짝 놀랐네. 그대가 먼저 가다니.	驚聞子已歸
정신이 몽롱하여 얼이 빠진 듯	精神渾欲喪
이 간담을 누가 다시 알아주려나.	肝膽更誰知
하늘 뜻을 그 어찌 믿을 수 있나	天意嗟何恃
사문유학은 이제 영원히 무너졌어라.	斯文奈永隳
남쪽 향해 하염없이 눈물 흘리며	南瞻淚不盡
구천에서 만나기를 기대한다오.	倘有九泉期

이어서 고봉과 김계휘金繼輝 1526-1582와의 관계에 대하여 알아보자. 김계휘의 자는 중회重晦, 호는 황강黃岡이다. 일찍이 경서와 사서 등을 폭넓게 읽었으며 문장에도 뛰어났다. 식년 문과에 을과로 입격하여 사가독서에 뽑혔다. 평안도 관찰사로 있다가 1581년선조14에 종계변무를 위한 주청사로 중국에 다녀오고, 이어서 예조 참판에 올라 경연관經筵官이 되었다. 우리나

라의 산천 · 마을 · 도로 · 성지 등의 형세와 전술적인 문제점, 농작물의 생산 현황, 각 지방의 전통 · 연혁 · 씨족 원류 등을 두루 파악하여 기록으로 남겼으나, 임진왜란 때 소실되었다.

김계휘는 고봉의 친한 벗으로서 그가 전라도관찰사 시절에 서원에 전답을 주었다. 그는 예학의 종조인 김장생의 아버지이고, 월봉서원 초대 원장인 김집의 할아버지이다. 이런 인연으로 1673년에 김장생과 김집이 월봉서원에 추배되기도 하였다.

김계휘는 고봉이 별세할 때 제문을 지어 벗 잃은 슬픔을 표시한다.
이 제문을 읽어보자.

세차 계유년 1월 27일에 예조참의 김계휘는 삼가 돌아가신 벗 고봉 선생에게 고합니다.

아, 하늘이 사문斯文에 화를 내리는 것이 어찌 이리도 혹독합니까. 몇 해 전에는 퇴계 선생께서 돌아가시더니 이제는 우리 명언明彦이 또 고인이 되었습니다. 하늘이 이 사람을 세상에 냈을 때에는 이 세상을 위한 뜻이 필시 없지 않았을 터인데 어찌 이다지도 빨리 빼앗아 간단 말입니까. 옛날 큰 선비로서 장수를 누린 자를 보건대, 어떤 이는 나라를 경영하고 백성을 구제하여 세도世道를 붙들기도 하고 어떤 이는 학설을 수립하여 도맥道脈을 튼튼히 하기도 하였습니다.

아, 그대의 수명은 겨우 46세로, 살아생전에는 이미 세상에 크게 쓰여 가슴속에

축적한 경륜을 펴 보지도 못했고 죽어서는 또 저술을 남겨 뒷사람의 길잡이가 됨도 없으니, 어찌하여 하늘로부터 받은 것이 풍부함에도 베풀어 쓴 것은 이처럼 적단 말입니까. 죽음과 삶, 장수와 요절이 한 번 오고 한 번 가는 그 사이를 조물주가 아니면 그 누구도 간섭하지 못하는 것인지, 아니면 이른바 현명하고 어리석음과 선하고 악함이란 다 사람이 억지로 붙인 이름일 뿐 하늘은 실제로 화를 내리고 복을 주는 것에는 무관한 것인지, 저 푸른 하늘은 참으로 아득하여 헤아리기 어렵습니다.

아, 오늘날의 세상 사람들은 성리의 학문에 어두워 진정 그대가 나아간 경지를 알지 못합니다. 그러나 퇴계는 한 시대 유림의 종장宗匠으로서 도학의 종통을 그대에게 맡겼고, 조정을 하직하고 돌아가면서 성상을 면대하실 때 유독 그대만을 추천하면서 학문을 좋아한다고 칭찬하였습니다. 조정에 들어와 남에게 시기를 받는 것은 참으로 선비에게 늘 있는 일입니다. 더구나 학문을 좋아한다는 이 이름표는 참소하는 자의 표적이 되는 것이기에 우리 동방의 여러 원로 선생들이 모두 여기에 걸려 큰 화를 면치 못하셨으니, 우리 그대가 자주 황급하게 오가게 된 것도 당연한 일입니다.

그리고 아무리 원수 사이일지라도 감히 비난하지 못할 점이 있으니, 그대의 숙속菽粟 같은 문장평범하면서도 맛이 깊고 세상에 큰 도움이 되는 문장입니다. 요즘에 지으신 여러 원로들에 대한 비문, 지문誌文, 행장行狀은 또한 그 솜씨를 빌려 고인에게 보이더라도 충분히 부끄러움이 없을 만합니다. 그 다음으로 어진 이를 좋아하고 선비를 반기는 정성은 역색易色 이성을 사랑하는 것과 맞먹을 정도로 어진 이를 존경하는 마음이 간절하다는 표현이다.의 정도만이 아니었으니, 배우는 자들이 태산북두泰山北斗 태산처럼 높이 숭앙하고 북두칠성처럼 우러러 존모한다는 뜻이다.처럼 추앙한 것이 어찌 한유와 구양수

보다 못하였겠습니까.

나는 천품이 혼매하고 또 도를 배운 것도 독실하지 못하여 반평생 동안 벗에게 신임을 받지 못하였는데, 오직 그대가 문인들의 모임의 일원으로 받아 주셨습니다. 그대의 언론을 듣노라면 마치 장강대하長江大河가 유장하게 흘러 동쪽으로 내려가는 것과 같아서 가슴속에 맺힌 답답함이 봄날의 얼음처럼 시원하게 녹는 것을 느꼈습니다. 정직함과 진실함과 넓은 식견, 이 세 가지 덕목을 갖춘 자는 참으로 성인께서 말씀하신 유익한 벗입니다. 옛사람이 "도가 쇠잔해진 세상에 태어났지만 유감이 없는 것은 오직 아무개를 알았기 때문이다."라고 하였는데, 이는 참으로 내가 하고 싶었던 말을 먼저 한 것입니다.

아, 한강변 객관에서 하룻밤을 묵고 떨어지지 않는 발걸음으로 더디 더디 조정을 떠날 때 나는 그래도 벗을 아끼는 마음에, '초야에 편히 누워 있더라도 충분히 많은 선비의 모범이 될 것이고, 또 혈기 가운데 치우친 부분을 전부 변화시켜 그 덕업을 더 높이고 넓힐 수 있겠지.'라고 기대했습니다. 그런데 어찌 이 길로 영영 유명幽明이 갈라질 줄 알았겠습니까. 그날 작별할 때의 음성과 모습이 아직도 마음에 아른거리고 눈에 선하니, 흉금은 봄바람처럼 따스하고 얼굴빛은 지는 달처럼 쓸쓸하였습니다. 아, 벗이여 가신 그대를 다시는 살릴 수 없겠지요. 우리 도를 위하고 이 세상을 위하여 슬퍼해야 할 것이 한두 가지가 아니지만, 우선 천 리 멀리 제문을 보내어 나의 사적인 슬픔을 곡합니다.

부 록

1. 1558년부터 1570년까지 퇴계와 고봉이 교류한 시절의 주요 사건들
2. 퇴계와 고봉이 주고받은 매화시 8수
3. 고봉 기대승 연보
4. 고봉 기대승과 인연을 맺은 사람들

1. 1558년부터 1570년까지 퇴계와 고봉이 교류한 시절의 주요 사건들

연 월 일 주요사건	퇴계 이황	고봉 기대승
1558년 7월		과거를 보러가는 길에 하서 김인후와 일재 이항을 만나다.
8월		경기도 고양으로 가서 성묘하고 정지운을 만나다.
9월	임금의 부름을 받아 서울로 올라오다.	
10월	성균관 대사성으로 근무하다. 서소문 자택에서 고봉을 처음 만나다.	문과 을과 1등에 합격하다. 퇴계를 처음 만나다.
11월		고향으로 내려가다. 광주로 내려가면서 다시 일재 이항을 만나 태극논쟁을 하였으나 결론을 내리지 못하다.
12월	공조참판이 되다. 고봉에게 첫 편지를 쓰다.	
1559년 1월 5일	고봉에게 두 번째 편지 쓰다.	
2월	휴가를 얻어 안동으로 귀향하다.	
3월 5일		퇴계에게 첫 편지를 쓰다(편지가 되돌아오다).
8월		8월14일과 15일. 퇴계에게 편지를 쓰다(사단칠정 논변 제1서를 첨부함).

연 월 일 주요사건	퇴계 이황	고봉 기대승
10월 24일	고봉에게 사단칠정론 답서를 보내다. 고봉의 상담에 응하여 멘토를 하다.	퇴계에게 출처에 대하여 자문을 구하다.
1560년 3월		하서 김인후를 조문하다.
1560년 8월 8일		퇴계에게 하서 김인후의 부음을 전하다. 두 번째 사단칠정론을 짓다. 퇴계의 충고에 대한 답을 하다.
9월 1일	고봉에게 답서를 하다. 다시 멘토를 하다.	
11월 5일	고봉에게 사단칠정론 답서를 보내다. 고봉의 상담에 응하여 멘토를 하다.	
1561년 1월	안동 도산서당이 완성되다. 완락재에서 기거하다.	
4월10일		퇴계에게 세 번째 사단칠정론 편지를 보내다.
7월 21일		추만 정지운의 부음을 전하다
1562년 10월 16일	고봉에게 편지를 보내어 사단칠정논쟁을 중지하자고 제안하다.	
1563년		

연 월 일 주요사건	퇴계 이황	고봉 기대승
순회세자가 13세에 별세하다		
4월 2일		처세에 대하여 퇴계에게 상담하다.
4월 17일		
8월 이량 사건이 일어나다. 이량이 귀양 가다.		이량 사건으로 삭직 되어 광주에 일시 내려가다.
10월		종형 기대항과 심의겸의 도움으로 10월에 다시 복직되다.
1564년 12월		종형 기대항이 별세하다.
1565년 4월		
문정왕후가 별세하다.		
6월 승려 보우가 귀양 가다.		
11월 윤원형이 죽다		

연 월 일 주요사건	퇴계 이황	고봉 기대승
1566년 1월	명종임금의 부름을 받고 서울로 가다가 예천에서 다시 안동으로 돌아오다.	
7월 15일		사단칠정 후설과 총론을 지어 퇴계에게 보내다.
윤10월 26일	사단칠정 후설 총론에 대한 답장을 하다.	
11월 6일	사단칠정논변 마무리 편지를 고봉에게 보내다.	
1567년 2월	고봉에게 평안도 중화군에 있는 용학석의 등 판각의 훼판을 부탁하다.	
5월		홍문관 응교에 배수되다. 원접사 임무를 띠고 의주에 가다.
6월 24일	명종의 부름으로 서울로 올라오다.	평안도 중화군에서 퇴계가 부탁한 판각을 불태우다
6월 28일 명종임금이 승하하다. 하성군, 선조로 등극하다.		

연 월 일 주요사건	퇴계 이황	고봉 기대승
7월	명종 행장을 짓다. 명종의 발인을 보지 않고 안동으로 내려가다 - 주변 사람들로부터 명종 장례를 안 보고 낙향하였다 하여 비난을 받다.	
9월 21일	고봉에게 편지를 써서 자신의 입장을 해명하다	
1568년 2월		우부승지, 퇴계에게 조정에서 일할 것을 간곡히 건의하다
7월	임금의 거듭된 부름으로, 서울로 올라오다.	퇴계를 서울에서 뵙다.
8월	선조에게 무진육조소를 올리다.	대사성에서 체직되고 공조참의에 배수되다.
12월	선조에게 성학십도를 올리다. 퇴계, 고봉을 나무라는 편지를 쓰다.	우승지, 퇴계의 요청에 의거 성학십도를 검토하다. 야대에서 퇴계를 임금의 스승으로 우대할 것을 주장하다.
1569년 3월	3월3일 퇴계, 야대청에서 선조 임금을 만나다. - 고봉을 선조에게 학문하는 이로 추천하다.	

연 월 일 주요사건	퇴계 이황	고봉 기대승
1569년 3월 4일	안동으로 낙향하다. 봉은사에서 고봉과 같이 자다. 매화 시 8수를 고봉에게 건네주다.	퇴계를 동호에서 전송하다
3월 15일		매화시 8수에 대한 답시를 지어 퇴계에게 보내다.
4월		좌승지가 되다.
6월 9일 대사헌 김개 사건이 일어나다. 김개가 선조에게 기묘사림과 관련하여 아뢰다.	부친 묘갈명을 지어달라고 고봉에게 부탁하다.	야대에 김개사건으로 좌승지 기대승, 우승지 심의겸 등이 선조를 만나 주청하다.
7월 김개, 삭탈 관직을 당하다		좌승지에서 물러나다.
1570년 1월 30일	고봉을 질책하는 편지를 보내다.	성균관 대사성에서 물러나다. (영의정 이준경의 미움을 사다.)
2월		벼슬을 버리고 광주로 낙향하다.
3월	고봉에게 갈석에 문제가 생김을 알리다.	
4월		낙암을 지었다고 퇴계에게 편지하다 자신의 처신에 대하여 변명하다

연 월 일 주요사건	퇴계 이황	고봉 기대승
5월		대사성 벼슬을 사양하다
6월		부경사의 벼슬을 사양하다.
7월 12일	고봉이 지은 부친 묘갈명을 쓰기로 확정하다.	
10월 15일	고봉에게 물격과 태극에 대한 자신의 견해가 잘못되었음을 인정하다.	
11월 15일		퇴계에게 편지를 보내다.(마지막 편지가 되다 – 물격과 태극에 대한 자신의 견해에 퇴계가 동조함을 기뻐하다.
11월 17일	고봉에게 마지막 편지를 보내다. – 물격과 태극에 대한 자신의 견해가 잘못되었음을 인정하다. – 고봉이 기대에 저버리지 않고 학문에 업적을 이루기를 당부하다.	
12월 8일	안동에서 별세하다.	퇴계 제문과 시를 짓다.
1571년 3월 21일	퇴계 장례식 –안동 건지산에 묻히다.	장례식날 무등산 규봉에 올라가다. – 밤에 식영정에서 고경명을 만나다.

2. 퇴계와 고봉이 주고받은 매화시 8수

안동의 도산서원을 가 본 적이 있는가. 서원에는 퇴계가 기거한 도산서당이 있다. 퇴계는 이곳에서 제자들을 가르쳤다. 도산서당에서 왼편으로 걸어가면 담이 하나 있고 소나무 · 국화 · 대나무 · 매화가 심어져 있다. 퇴계는 절의를 상징하는 위 네 가지 식물을 심고 절우사節友社라 불렀다. 절우사는 절개를 지닌 친구들의 모임이란 의미 같다.

〈도산기〉에는 퇴계가 이곳에서 산책을 즐긴 글이 실려 있다.

> 나는 늘 고질병을 달고 다녀 괴로웠기 때문에, 비록 산에서 살더라도 마음껏 책을 읽지 못한다. 남몰래 걱정하다가 조식調息한 뒤 때로 몸이 가뿐하고 마음이 상쾌하여, 우주를 굽어보고 우러러보다 감개感慨가 생기면, 책을 덮고 지팡이를 짚고 나가 단에 올라 절우사를 찾기도 하며, 밭을 돌면서 약초를 심기도 하고 숲을 헤치며 꽃을 따기도 한다.

또한 〈도산잡영〉에는 퇴계가 지은 절우사 시가 소개되어 있다.

절우사 節友社

소나무와 국화, 도연명의 동산에 대나무 더불어 셋인데	송국도원여죽삼 松菊陶園與竹三
매화 형, 너는 어이하여 함께 들지 않았던가?	매형호나불동참 梅兄胡奈不同參
내 이제 바람과 서리의 서약 함께 맺었으니	아금병작풍상계 我今倂作風霜契
굳은 절개 맑은 향기 너무나 잘 이해하네.	고절청분진포암 苦節淸芬儘포諳

이 시를 좀 더 자세히 음미하여 보자. 먼저 제1구이다.

소나무와 국화, 도연명의 동산에

대나무 더불어 셋인데松菊陶園與竹三

이 구절에는 도연명의 동산에 심어져 있는 소나무, 국화, 대나무가 나온다. 도연명의 시 〈귀거래사〉에는 세 갈래길, 즉 삼경三徑이 있다.

귀거래혜사

자, 돌아가자.歸去來兮

전원이 황폐해지려 하는데 어찌 돌아가지 않겠는가.

이미 내가 잘못하여 스스로 벼슬살이를 하였고 정신을 육신의 노예로 괴롭혔거늘 어찌 혼자 한탄하고 슬퍼만 하겠는가?

이미 지난 일은 탓해야 소용없음을 깨달았다.

앞으로 바른 길을 좇는 것이 옳다는 것을 알았노라. (중략)

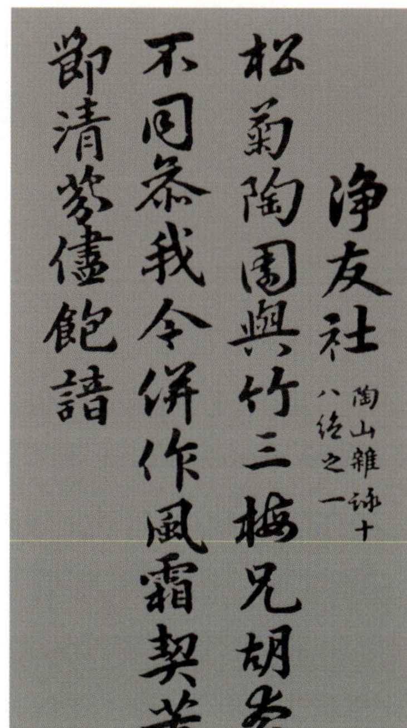

퇴계가 쓴 절우사 한시

마침내 저 멀리 나의 집 대문과 처마가 보이자, 나는 기쁜 마음에 뛰었다. 머슴 아이가 길에 나와 나를 반기고, 어린 자식들은 문에서 나를 맞는다.
뜰 안의 세 갈래 작은 길에는 온통 잡초가 무성하지만,
소나무와 국화는 아직도 시들지 않고 그대로 있다. 三徑就荒 松菊猶存

바로 여기의 '삼경취황 송국유존'의 삼경, 즉 세 갈래 작은 길에 심어진 것이 소나무, 대나무 그리고 국화이다. 원래 삼경이란 말은 한나라의 연주자사 장후가 벼슬을 그만두고 은거하면서 정원 안에 소나무, 대나무, 국화가 심어진 세 갈래 길을 내 놓고, 구중과 양중이라는 친구만 오게 하여 놀았다는 고사故事에서 나온 말인데, 나중에는 은자의 거처를 삼경이라고 하였다.

귀거래사를 지은 이는 바로 퇴계가 어릴 적부터 흠모한 도연명陶淵明 365-427이다. 도연명. 그는 중국 강서성 구강시의 시상柴桑이라는 마을에서 출생하였다. 시상은 양자강 중류에 있으며 북으로는 여산廬山을 등에 업고 남으로는 파양호를 바라보고 있는 명승지이다. 그는 29세부터 관리 생활을 시작하여 몇 번의 벼슬을 하다가 41세에 팽택 현령을 사직한 뒤에는 다시는 벼슬길에 나가지 않았다. 이때 그는 〈귀거래사〉를 쓴다.

귀거래사는 세속과의 결별 선언문이다. 도연명은 63세로 세상을 마칠 때까지 23년간을 고향에서 전원생활을 하면서 '은일시인隱逸詩人,' 혹은 '전원시인田園詩人'이라는 평에 걸맞게 많은 시문을 남기었다.

그가 살았던 시절인 동진 말엽에서 송나라 초기는 왕실의 세력이 약화되고 군인세력이 커진 때였으며 농민 봉기와 반란, 그리고 사회혼란으로 백

성들이 너무 힘든 시절이었다. 이러한 가운데 현실과 이상의 괴리, 그리고 출사出仕와 퇴은退隱의 문제를 고민하는 도연명 문학이 생겨나게 된 것이다.

그러면 제2구를 음미하여 보자.

매화 형, 너는 어이하여
함께 들지 않았던가? 梅兄胡奈不同參

퇴계는 매화에게 묻는다. "그런데 절의의 상징인 매화야, 도연명의 정원에는 왜 빠져 있느냐?"

퇴계는 유독 매화를 사랑한 사람이다. 그는 평생 107수의 매화시를 지었는데 그중에서 91수를 모아서 손수 〈매화시첩〉이라는 책도 만들었다.

퇴계가 얼마나 매화를 좋아하였는지는 그가 별세한 날에 마지막 한 말이 매화에게 한 말이었다.

이 날 아침1570년 12월8일 **모시고 있던 사람에게 "화분의 매화에 물을 주라"고 하시었다. 오후 다섯 시경에 누운 자리를 정돈하라 하셨다. 부축하여 일으키니, 앉으신 채 조용하게 떠나 가셨다.**

- 퇴계집 '연보에서'

퇴계는 일생동안 3천여 수의 시를 지었는데, 그는 자기가 지은 시를 남에게 보여주기를 좋아하였다. 특히 퇴계는 매화시를 지어서 보내기를 좋아하였다. 퇴계 이황이 고봉 기대승에게 자신의 매화 시 8수를 주고 고봉이 차운시를 다시 보낸 일화는 웬만한 조선 선비들은 다 아는 일이다.

그러면 여기에서 퇴계와 고봉이 주고받은 매화 시 8수에 대하여 살펴보자.

퇴계는 1569년 3월4일 선조 임금에게 사직 인사를 하고 도성을 떠나 동호의 몽뢰정에서 묵었다. 그리고 다음날 배로 한강을 건너 봉은사에서 묵었는데 고봉은 봉은사까지 따라와서 이별의 정을 나누었다. 이 때 퇴계는 그가 쓴 매화 시 8수를 고봉에게 주면서 화답해 달라고 한다.

고봉은 1569년 3월 15일자 편지에 화답하는 매화시 8수를 동봉하여 퇴계에게 보낸다. 이 차운 시는 〈고봉 집 속집 1권〉에 퇴계 시 원운과 함께 실려 있다.

퇴계의 매화시 8수

먼저 퇴계선생 매화 시(退溪先生梅花詩) 8수를 살펴보자. 이 8수는 각기 다른 시기에 2수씩 네 번 지어진 것이다.

처음 1,2수는 독서당 동호東湖의 망호당望湖堂 아래에 핀 매화 한 그루를 보고 쓴 것이다. 망호당은 한강 주변 독서당의 부속 건물이다. 퇴계는 1541년에 사가독서를 하며 이곳에 머물렀는데 그 후로도 자주 이곳을 찾았다. 1545년에 을사사화가 일어나자 퇴계는 물러날 뜻을 굳히고 1546년 2월에 귀향을 결심한다.

그가 남쪽으로 떠나는 날에 막 꽃이 피어나는 매화를 만나 술을 가지고 찾아가서 이 시를 쓴 것이다.

제1수 망호당에서 매화를 심방하다 望湖堂尋梅

망호당 아래의 한그루 매화야	望湖堂裏一株梅
널 보고자 몇 번이나 말 달려 왔나	幾度尋春走馬來
천 리길 남쪽으로 떠날 제 널 버리기 어려워	千里南行難負汝
또 찾아와 흠뻑 취해 곁에 누웠네.	敲門更作玉山頹

여기에서 옥산퇴玉山頹는 술에 취해서 몸을 가누지 못하는 것이다. 세설신어世說新語〈용지容止〉에 "혜강嵇康의 자태가 마치 외로운 소나무가 홀로 선 것처럼 빼어나 그가 술에 취해서 넘어지면 옥으로 된 산이 무너지는 것과 같았다." 하였다. 여기서는 퇴계가 매화를 이별하매 석별의 정을 못 이겨 술에 취했음을 말한 것이다.

제2수 재차 앞의 운을 써서 경열에게 답하다 再用前韻答景說

듣자하니 저 호숫가에, 매화 이미 피었으나	聞道湖邊已放梅
흰 안장 호방한 객이, 아직 오지 않았다오.	銀鞍豪客不曾來

가엾어라 초라한 이 몸, 남으로 가는 길이니 獨憐憔悴南行客
임과 함께 한번 취해, 저무는 것도 모르련다. 一醉同君抵日頽

제3, 4수는 퇴계가 1566년명종21 중춘에 소명의 사면을 빌며 예천 동헌에 머물면서 뜨락의 매화에게 묻는 시이다.(丙寅仲春 乞辭召命 留醴泉東軒 問庭梅)그는 명종의 소명을 받아 서울로 올라가다가 병으로 사직을 하고 예천에 머물다가 다시 고향으로 돌아가면서 매화 시 두 수를 지었다.

제3수

정자중의 서한을 받아보고 진퇴가 어려움을 더욱 한탄하며 시를 읊어 매화에게 묻다

得鄭子中書 益歎進退之難 吟聞庭梅

매화의 고절함은 고산을 일컫거늘 風流從古說孤山
무슨 일로 이 관가에 일찍이 옮겨왔나 底事移來郡圃間
마침내는 스스로가 명리에 그릇 얽혀 料得亦爲名所誤
내가 늙었다 해서, 속이지를 말아다오. 莫欺吾老困名關

제목의 정자중은 퇴계의 문인인 정유일을 말하며, 시에서 고산孤山은 송나라 때 은자인 임포林逋 967-1028를 가리킨다. 임포는 자가 군복君復으로 서호西湖의 고산에 은거하여 20년 동안 성시城市에 발을 들여놓지 않았으며, 서화와 시에 능하였고 특히 매화시가 유명하다. 장가를 들지 않아 자식이 없이 매화를 심고 학을 길러 짝을 삼으니, 당시에 '매처학자梅妻鶴子' 라고

하였다. 사후에 화정선생和靖先生이란 시호를 받았다.

제4수 매화를 대신하여 대답하다 代梅花答

나는 관가에 있으면서 고산 생각 간절하고	我從官圃憶湖山
그대는 구름 시내에 나그네 꿈 짓는구나.	君夢雲溪客枕間
서로 만나 한번 웃으니 하늘이 점지함이라.	一笑相逢天所借
신선 학과 사립문에 아니 와도 좋을 것일세.	不須仙鶴共柴關

제5, 6수는 1566년 이른 봄에 안동 도산서당에서 매화를 보고 지은 시이다. 1566년 정월에 퇴계는 명종으로부터 공조판서 벼슬을 제수 받아 서울로 가는 중이었다. 그런데 눈이 녹지 않아 예천에 머물렀는데 병이 났다. 퇴계는 사직소를 올리고 다시 도산으로 돌아왔다. 퇴계는 도산에 와서 절우사에 핀 매화를 보고 너무 기뻐 시 두수를 짓는다.

제5수 1566년 병인년 계춘에 소명을 사양하고 산에 돌아와 매화에게 묻다 丙寅季春 辭召命 還山問梅

묻노라 이 산중에, 두 그루 백옥 신선	爲問山中兩玉仙
어이 봄 빛 기다리어, 온갖 꽃 필 때 이르렀나.	留春何待百花天
이제 서로 만났으나, 양양 객사와 같지 않아	相逢不似襄陽館
추위를 비웃으며, 나의 앞에 다가오네.	一笑凌寒向我前

이 시에서 양양은 예천禮泉의 옛 이름으로 양양관은 그곳의 객사를 말한다.

제6수 매화를 대신하여 대답하다 代梅花答

나는 바로 포옹이라 환골한 신선인데	我是逋翁換骨仙
그대는 요동에 돌아온 학이라 하늘에서 내려왔네.	君如歸鶴上遼天
서로 만나 한 번 웃음 하늘이 이미 허락하니	相逢一笑天應許
양양관의 매화와 전후를 비교하지 마시게.	莫把襄陽較後前

이 시는 매화가 퇴계에게 대답한 것처럼 의인법을 써서 지은 시이다.

여기에서 포옹逋翁은 송나라 때 은자인 임포林逋 967-1028를 말하는 데 임포의 시 "산 동산의 작은 매화山園小梅"는 너무나 유명하다.

2구의 요동에 돌아온 학은 정영위丁令威를 말한다. 정영위는 본래 요동遼東 사람으로 영호산靈虎山에서 도를 배워 신선이 되었는데, 그가 뒤에 학으로 변하여 성문 앞의 큰 기둥인 화표華表에 앉아 있었다. 이때 어떤 소년이 활로 쏘려고 하자 학이 날아서 공중을 배회하며 말하기를 '새여, 새여, 정영위로다. 집을 떠난 지 천 년 만에 이제야 돌아오니, 성곽은 옛적과 같은데 백성은 그때 사람이 아니로구나. 어찌하여 신선술을 배우지 않아 무덤만 즐비한고.' 하고는 날아가 버렸다.

제7수와 8수는 1569년 3월초에 선조 임금의 윤허를 받고 서울을 떠나는 퇴계가 1568년 7월부터 1569년선조2 3월까지 8개월간 한성 우사에 있으면서 늘 책상에서 마주보던 매화와 떠남을 서운해 하며 지은 시이다.

제7수 한성 우사에서 분매와 증답하다 漢城寓舍 盆梅贈答

다행히 이 매선이 나와 함께 서늘하여	頓有梅仙伴我凉
객창이 소쇄하여 꿈마저 향기로워라.	客牕蕭灑夢魂香
동으로 돌아갈 제, 그대와 함께 못하니	東行恨未携君去
서울 티끌 이 속에서, 고이 보전하시게.	京洛塵中好艶藏

제8수 매화가 대답하다 盆梅答

듣건대 도선께서, 우리를 푸대접한다 하니	聞說陶仙我輩凉
임이 돌아간 뒤에 천향을 피우리라	待公歸去發天香
원컨대 임이시여, 마주앉아 생각할 때	願公相對相思處
청진한 옥설 그대로, 함께 고이 간직해주오.	玉雪淸眞共善藏

원문에는 이렇게 적혀 있다.

기사년 모춘 3일 계로溪老. 나의 고향 예안禮安은 영남의 가장 북쪽에 있다. 육로로 새재鳥嶺를 경유하여 가면 남행南行이라 하고 수로로 죽령竹嶺을 경유해서 돌아가면 동행東行이라 하니, 모두 예안을 가리켜 말한 것이다.

고봉의 차운시 8수

퇴계와 이별하면서 퇴계의 매화시 8수를 받은 고봉은 1569년 3월15일에 퇴계에게 쓴 편지에 8수의 차운 시를 동봉한다. 먼저 3월15일의 편지를 보자

선생님께 올리는 편지

강 위의 이별은 꿈결처럼 아득하였습니다. 양근楊根에서 돌아온 김 별좌金別坐에게서 선생의 행색行色을 듣고는 슬프고 그리운 마음 갑절이나 더했습니다. 그 뒤 가시는 동안 건강은 어떠하셨는지요? 그리는 마음 말로 다하기 어렵습니다. 지금쯤은 이미 고향 가까이 가셨을 것이니 귀향의 흥취興趣가 더욱 아름다울 것으로 생각됩니다. 저는 근근이 이 몸만 보존하고 있을 뿐이니 다른 것은 말할 만한 것이 없습니다마는, 매양 모시게 될 날이 멀어졌음을 생각할 적마다 저의 마음이 절로 슬퍼집니다.

보내 주신 〈매화편梅花篇〉을 보고 삼가 그 운韻을 사용하여 저의 생각을 표현한 시詩 한 편을 올리니 웃으며 보아 주시기 바랍니다. 그 밖에 많은 생각을 글로는 다 말할 수 없습니다. 살피시기 바랍니다. 삼가 절하고 이만 줄입니다.

1569년 3월 15일 후학後學 대승大升은 절하며 올립니다.

퇴계 선생의 매화시에 우러러 차운하다 仰次退溪先生梅花詩

칠언절구 8수

제1수와 2수 운은 1구 매, 2구 래, 4구 퇴이다.

선생의 그윽한 마음 한매에 의탁하고 先生幽契託寒梅
서울의 풍진 속에 우연히 홀로 왔네 京洛風塵偶獨來
돌아갈 흥 호연하고 봄도 저물지 않으니 歸興浩然春不暮
성긴 그림자 쇠퇴함 달래 줌이 어여쁘네 定憐疏影慰摧頹
맑은 창가에 한 가지 매화 환히 피었는데 晴牕深著一枝梅
나는 벌 찾아오는 것 허락지 않네. 不許遊蜂取次來
오늘의 이별 부질없이 괴로워하노니 今日別懷空自苦
백 잔 술 마셔 마구 취해 쓰러지네 百觴澆下任欹頹

제3수와 4수 운은 산, 간, 관이다.

공은 매화 찾아 고향 산으로 돌아가는데 公欲尋梅返舊山
나는 영화 녹봉 탐하여 풍진에 머무르네. 我貪榮祿滯塵間
향 피우고 닻줄 매는 곳 어드메냐 燒香繫纜知何處
비바람 어둑한데 홀로 사립문 닫았노라 風雨冥冥獨掩關

3월 10일에 비바람이 매우 심했는데 멀리 간 배를 생각하며 홀로 깊은 방에 있으면서 이런 말을 썼다. 원주

호수 위 황량한 집 푸른 산 의지하니 湖上荒廬倚碧山
여윈 매화 긴 대나무 창살에 비치네. 瘦梅脩竹映牕間
지금도 봄소식 옛날과 같으리니 祇今春信應如舊
공명의 관문 뚫지 못한 내가 부끄럽네. 愧我功名未透關

제5수와 6수 운은 선, 천, 전이다

아스라한 맑은 모습 학 위의 신선인데 縹緲淸標鶴上仙
꽃다운 마음 짐짓 봄 하늘에 드러냈네 故將芳意露春天
누가 정실이 연기와 빗속에 드리움을 동정하랴 誰憐鼎實垂烟雨
심어서 나온 좋은 싹이 눈앞에 있네. 種出嘉萌在眼前

정실鼎實은 나라를 다스리는 재상의 역할을 의미하는데, 여기서는 퇴계를 가리켜 말한 것이다.

고개 너머 차갑게 피어 있는 매화는 바로 적선謫仙이라. 嶺外寒梅是謫仙
고고한 향기와 나그네 자취가 각각 천성을 보전하였네. 孤芳羈跡各全天
어찌하면 달빛 아래서 우리 그윽한 회포를 열고 何當月下開幽抱
복희씨가 괘를 긋기 전의 이야기를 해 볼까. 說到羲皇畫卦前

매화는 적선謫仙이라. 고고한 향기와 나그네 자취가 천성이네. 고봉이 퇴계의 성품을 이렇게 매화에 비유한 것이다. 적선은 죄를 짓고 인간세상으로 쫓겨 내려온 천상의 선인이다. 이 시에 나오는 복희씨는 주역의 8괘를 처음으로 만든 전설적인 인물로서 몸뚱이는 뱀이고 얼굴은 사람이며, 소의 목과 호랑이 꼬리가 달렸다고 〈열자〉라는 책에 전한다. 공자는 〈주역〉을 좋아하여 책을 엮은 가죽 끈이 세 번이나 끊어졌는데, 특히 복희씨가 괘를 긋기 전의 뜻에 심취했다고 한다.

제 7수와 8수 운은 량, 향, 장이다.

남몰래 서리를 이겨내고 달빛 띠고 서늘한데	暗傲霜寒帶月凉
작은 창가에 배양되어 은은한 향기 풍기누나.	小牕培養發微香
얼음의 자세 명년을 기다려 감상하리니	冰姿擬待明年賞
정원지기에게 부탁건대 부질없이 감추지 마오.	報道園丁莫謾藏

늠름한 높은 절개 더위 물리치고 서늘한데	稜稜高節撥炎凉
바람 불고 안개 자욱해도 향기 사라지지 않네.	風動烟香不廢香
봄날에 온갖 꽃 난만하게 피어나면	春攬百花從爛熳
물가 숲 아래에 깊이 감추리라	水邊林下且深藏

퇴계의 답장 편지

고봉의 차운시 8수를 받은 퇴계는 1569년 4월 2일에 고봉에게 답장을 한다.

명언에게 절하고 답합니다.

동호東湖의 배위에서 정답게 얘기했던 것이 꿈결 속에 되살아나는데, 나를 전송하느라 봉은사奉恩寺까지 따라와서 하룻밤을 묵은 뜻이 더욱 깊게 느껴집니다. 서로 술에 취하여 바라보기만 하고 아무 말도 없이 천 리의 이별을 다 이루었습니다. 그런데 서한과 시를 받으니 다시 얼굴을 대하는 듯 하여 지극히 위로되고 다행스러움을 말로 표현하기 어렵습니다.

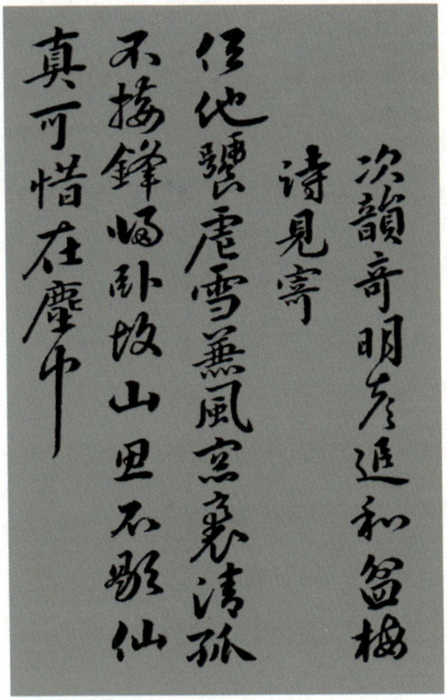

고봉이 보내온 시에 답하는 퇴계의 차운시

나는 여강驪江 경기도 여주를 말함)을 지나면서부터 사나운 바람과 심한 비로 뱃길에 매우 어려움이 있었으나, 충주忠州에서 육지로 올라 눈 덮인 길을 걸어 영嶺을 넘었는데도 오히려 다른 병이 생기지는 않았습니다. 고향 산천에 들어와 보니 한창 바쁜 농사일이 마치 나를 기다리고 있는 듯하여 이 또한 스스로 뜻을 붙일 만하였습니다.

앞뒤를 돌아보건대 성은聖恩을 입고 보답하지 못하였으니 부끄럽고 두려움이 더욱 깊어집니다. (중략)

앞으로 서로 만날 날이 요원하여 기약이 없으니, 대업大業을 더욱 닦아 아주 높고 깊은 경지에 이르도록 힘써서 시대의 요구에 부응하기를 바랍니다. 아름다운 시를 주시어 감사합니다. 보답하는 시를 지어 별지別紙에 기록하였습니다. 삼가 회답합니다.

기사년1569년 4월 2일 황滉 돈頓.

지난번에 드린 〈매화시梅花詩〉8절絕은 각각 감흥이 담겨 있기는 해도 다 익살에 가까운데, 뜻밖에 화답하여 천 리 밖에 있는 나에게 부쳐 주었으니, 서로 사모하는 뜻을 그 속에서 볼 수 있어 감사한 마음 실로 깊습니다.

최근에 도산陶山으로 돌아와서 매화를 보고 또 두 수의 시를 지었는데, 그대에게 숨기고 싶지 않아 다시 써서 보내니, 한번 웃어 주십시오.

매화에 물을 주다

목운 오견규 畵

아산 조방원 선생에게 사사
개인전 6회, 단체전 다수
대한민국 미술대전 심사위원 등 역임
광주 시립미술관 운영자문위원장
2012 광주시 문화예술상 수상

3. 고봉 기대승 연보

- 1527년(중종 22년, 1세) : 11월 18일 광주 소고룡리召古龍里 송현동松峴洞 집에서 태어남.
- 1533년(7세) : 학업을 시작함
- 1534년(8세) : 모친께서 돌아가심
- 1535년(9세) : 《효경》을 읽음
- 1536년(10세) : 작은 누이가 역질疫疾로 죽음.
- 1537년(11세) : 서당에서 공부 배움. 대학, 중용, 맹자 배움
- 1538년(12세) : 중용, 고문진보등의 책을 읽음
- 1539년(13세) : 《사략史略》을 읽음.
- 1540년(14세) : 항상 《통감강목》을 좋아하여 날마다 한 권씩 끝까지 읽음.
- 1541년(15세) : 아버지가 훈계한 말씀을 손수 기록하여 좌우에 써 두고 날마다 노력하면서 스스로 다짐함
  - 봄에 외종조모가 돌아가심. 늦봄에 〈서경부西京賦〉130구句를 지음.
- 1542년(16세) : 〈주역〉을 읽고 깊이 연구함
- 1543년(17세) : 《전한서前漢書》, 《후한서後漢書》 및 《동국여지승람》을 읽음
- 1544년(18세) : 《심경心經》을 읽음. 중종이 승하하자 졸곡卒哭 때까지 곡림哭臨하고 소식素食함.
- 1545년(을사년, 19세) : 인종임금이 승하하자 졸곡 때까지 곡림하고 소식함. 사림의 화가 일어났다는 소문을 듣고는 종일토록 식음을 폐하고 눈물을 흘리며 두문불출함. 〈자경설〉을 지어 스스로 경계함.

○ 1546년(20세) : 가을에 향시鄕試 진사과進士科에 응시하여 2등으로 합격함.

○ 1547년(21세) : 1월에 성균관에 유학함.

○ 1548년(22세) : 나주 충위羅州忠衛 함풍咸豐 지금의 함평 이임李任의 딸과 결혼함.

○ 1549년(23세) : 사마 양시司馬兩試 생원시와 진사시에 모두 2등을 함.

○ 1550년(24세) : 아들 효증孝曾이 태어남.

○ 1551년(25세) : 알성시謁聖試에 응시함. 급제할 수 있었는데 윤원형尹元衡이 그의 이름을 꺼려 하등下等의 점수를 주어 낙제함.

○ 1554년(28세) : 동당 향시東堂鄕試에 응시하여 장원을 하함. 봄에 용산 정희렴을 조문함.

○ 1555년(29세) : 1월 15일에 부친 물재공의 상을 당함. 3월에 집 뒤 동쪽 언덕에 장례하였으며, 묘지墓誌를 지음.

○ 1556년(30세) : 3월에 모친 강씨의 묘를 옮겨 부친의 묘소 동쪽에 안장하였는데 봉분은 다르고 묘역은 같음. 〈천묘기遷墓記〉를 지음.

○ 1557년(31세) : 3월에 시묘살이가 끝남. 이 달에 서석산瑞石山 지금의 무등산과 월출산을 유람함. 《주자문록朱子文錄》이 완성됨.

○ 1558년(32세) : 4월에 두류산頭流山 지금이 지리산을 유람함. 7월에 하서 김인후를 만남. 8월에 고양으로 가서 선조의 묘소에 성묘함. 추만 정지운이 찾아와 〈천명도설天命圖說〉에 대해 강론함. 10월에 문과 을과에 1등으로 급제하였고, 이 달에 퇴계 선생을 배알하고 처음으로 사단·칠정을 발론함. 11월에 고향으로 돌아옴.

○ 1559년(33세) : 〈사단칠정설〉에 대한 편지를 퇴계에게 보냄.

○ 1560년(34세) : 3월에 하서 김인후를 조문함. 8월에 퇴계 선생에게 편

지를 올려 사단 · 칠정을 논함.

○ 1561년(35세) : 아들 효민孝閔이 태어남. 통사랑 권지승문원부정자에 제수됨.

○ 1562년(36세) : 5월에 예문관검열 겸 춘추관기사관에 배수됨.

○ 1563년(37세) : 3월에 승정원 주서注書에 배수됨. 4월에 예문관 봉교奉教에 제수되었는데 병으로 소장을 올려 주서에서 체직되었으며 간원으로 옮김 5월에 봉교에서 체직되고 부사정副司正에 제수됨.

- 8월 17일에 논박을 당함. 이량李樑이 사헌부를 사주하여 기대승과 박소립, 윤두수, 윤근수, 이문형, 허엽을 논박하였는데, 기대승을 괴수로 지목하여 삭탈관작하고 문외출송門外黜送함. 며칠 뒤 옥당이 차자를 올려 이량 등의 죄를 논핵하여 그들을 축출하였으므로 오래지 않아 다시 명하여 서용敍用함.

  8월19일에 남쪽으로 귀향함

- 10월에 조정으로 돌아와 사은하였으며, 독서당에 뽑혀 들어감.
- 11월에 선무랑에 제수되고 홍문관부수찬 겸 경연검토관 춘추관기사관에 배수됨

○ 1564년(38세) : 6월에 홍문관부수찬 지제교 겸 경연검토관에 배수됨.

○ 1565년(39세) : 2월에 병조 좌랑에 배수됨.

- 6월에 승의랑承議郎에 제수되고 성균관 직강 · 지제교에 배수됨. 이 달에 또 이조 정랑 · 지제교에 배수됨.
- 12월에 노수신이 유배지 진도에서 진천으로 옮겨져서 진국원鎭國院을 지나갈 때 가서 그를 만나고 인심人心과 도심道心에 대해 논함 노수신은

정암整菴의 소견을 근본으로 하였는데 뒤에 선생은 〈곤지기론困知記論〉을 지어 논변함.

○ 1566년(40세) : 4월에 통덕랑에 제수되고, 예조 정랑 · 지제교에 배수됨.

– 10월에 통선랑에 제수되고 홍문관 교리에 배수되었으며 겸직은 전과 같음. 이 달에 또 사간원 헌납 · 지제교에 배수되었으며, 재차 소명이 있었으므로 조정으로 돌아와 사은함. 이달에 또 사인舍人으로 승천되었으며 나머지는 전과 같음.

○ 1567년(41세) : 2월에 사헌부 장령 · 지제교에 배수됨.

– 3월에 성균관 사예 · 지제교에 배수됨.

– 4월에 사인 · 지제교에 배수되었으며, 이달에 다시 사헌부 장령에 배수됨.

– 5월에 홍문관 응교에 배수되었음. 원접사 종사관으로 관서에 감.

– 10월에 조산대부朝散大夫에 제수되고 사헌부 집의司憲府執義에 배수됨. 경연에서 선조 임금에게 조광조와 이언적의 복권을 건의함.

○ 1568년(42세) : 1월에 봉정대부奉正大夫에 제수되고 홍문관직제학 겸 교서관판교에 배수됨

– 2월에 통정대부通政大夫로 승진하였고 승정원동부승지 지제교 겸 경연참찬관에 배됨.

– 이 달에 또 우부승지로 승천함.

– 3월에 전위사餞慰使로 의주로 갔다 옴.

– 4월에 병으로 승지를 그만두고 성균관 대사성에 배수되었으며 나머지는 전과 같음.

- 7월에 퇴계 선생을 한성우사寓舍에서 만남.
- 8월에 병으로 대사성에서 체직되고 공조 참의에 배수됨.
- 11월에 승정원 우부승지에 배수됨.
- 12월에 우승지로 승천함.

○ 1569년(43세) : 3월에 퇴계 선생을 동호東湖에서 전송하여 강가의 농막에서 함께 유숙하였으며, 봉은사까지 따라가 송별함. 배 위에서 한 수의 칠언절구 〈퇴계 선생과 작별하다〉를 드리자, 퇴계 선생 역시 화운和韻하여 답함. 퇴계 선생이 여덟 수의 칠언절구로 된 〈매화시〉를 꺼내어 선생에게 보여 주며 화답을 요구함. 이 달에 대사간에 배수됨.

- 4월에 좌승지에 배수됨.
- 6월 9일 오시午時에 문정전에서 선조를 면대面對할 것을 청하여 김개 金鎧의 일에 대해 분명하게 논변함.
- 7월에 병을 말씀드려 좌승지를 그만둠.
- 8월에 성균관 대사성에 배수됨, 9월에 대사성을 그만둠.

○ 1570년(44세) : 2월에 고향으로 내려옴. 도성을 나와 한강에서 유숙하였는데 조정의 많은 사람들이 전별함. 김계, 김취려와 같이 강가에서 유숙하자 선생이 절구 2수를 보여 주었는데,

천 리 길 돌아가려니 넋이 끊어지는데	千里歸程欲斷魂
종남산의 안개는 대궐 문을 가렸네	終南烟霧掩修門
성명하신 우리 임금 빠짐없이 비추나니	吾君聖明無遺照
비방 두려워 번거로이 아룀을 꺼리지 말라	恐被人譏不憚煩

세월은 유유히 물처럼 흐르는데　　歲月悠悠水共流
천기도 이와 같아 멈추질 않는구려　　天機如許不曾留
지난해 작별하며 가슴 아파하던 곳　　前年惜別傷心地
오늘 귀향길도 근심만 절로 나네　　今日南歸亦自愁

하였음 지난해 퇴계 선생을 송별하며 지은 시에 차운한 것임.

- 5월에 낙암樂庵이 완성됨.
- 6월에 부경사赴京使에 제수됨. 소장疏章을 올려 사정을 진달함.
- 12월에 퇴계 선생의 부음을 듣고는 곡읍하는 예를 행하고 몹시 슬퍼함.

○ 1571년(45세) : 1월에 도산으로 사람을 보내 조제弔祭함.

- 2월에 도산으로 사람을 보내 전제奠祭함. 3월13일에 가묘家廟에 하직 인사를 드리고 서석산瑞石山 지금의 무등산으로 가서 유람하였는데 따라간 문인들이 몹시 많음. 이 달에 돌아와 가묘에 배알함.
- 4월에 홍문관부제학 겸 경연수찬관 예문관직제학에 배수되었으며, 소명이 있었음.
- 5월에 소장을 올려 해직을 청함. 이달에 다시 상이 소명을 내려 빨리 오라고 재촉하였는데 소장을 올려 해직을 청함. 9월에 옥천서원기를 짓고 이조 참의에 제수됨.

○ 1572년(46세) : 2월에 성균관 대사성에 배수됨. 27일에 소명에 달려감.

- 당시 선생이 주청사奏請使에 충원되었기 때문에 길을 떠난 것임.
- 이 달에 대사간에 배수됨.

- 5월에 병으로 대사간에서 체직됨.
- 7월에 공조 참의 · 지제교에 배수됨.
- 9월에 대사간에 배수되었는데 그날 곧바로 병으로 사퇴하였으며, 오래지 않아 대사간에서 체직됨.
- 10월 3일에 남쪽으로 귀향하니 온 조정이 와서 전별함.
- 10일에 천안에 도착하여 병을 앓기 시작함. 15일에 태인에 도착하였는데, 병이 더욱 악화되어 그대로 머물며 조리함. 25일에 병이 위중하였는데 매당梅堂 김점金坫이 문안함. 28일 저녁에 매당에 도착함.

  이 날 선조임금이 선생의 병세가 위중하다는 소식을 듣고 특별히 어의 御醫를 보내고 승정원의 서장書狀까지 보냈는데, 오변이 오는 도중이었는데 선생은 이미 별세함. 30일 저녁에 선생은 아들 효증에게 유언을 남기고 11월 1에 별세함.

○ 1573년(선조6년) : 2월 8일에 나주의 치소治所 북쪽 오산리烏山里 통현산通峴山 광곡廣谷 묘좌유향卯坐酉向의 언덕에 안장하였으니, 선생이 잡은 터를 따른 것임.

○ 1578년 : 호남 유생들이 낙암 아래에 사당을 세우고 위패를 모심.

○ 1590년 : 광국공신에 녹훈되고 이조판서 겸 홍문관 대제학에 추증되었으며 덕원군에 봉해짐. 문헌文憲이라는 시호를 받음.

○ 1654년(효종 5년) : 임금이 월봉서원에 사액함.

4. 고봉 기대승과 인연을 맺은 사람들

고봉과 인연을 맺은 사람들을 크게 보면 1) 고봉의 친 · 인척들, 2) 고봉의 스승, 친구, 선 · 후배들 3) 고봉이 별세할 때 제문과 만장을 쓴 사람들로 대별할 수 있다.

1. 고봉의 친 · 인척들

- 기진(奇進 1487-1555) 고봉의 부친. 호는 물재. 아우 기준이 기묘사화에 연루되어 죽자 광주로 이거함. 과정기훈을 지었다.
- 진주 강씨(1501-1534) 고봉의 모친. 고봉이 8살 때 별세하였다.
- 기준(奇遵 1492-1521) 고봉의 삼촌. 기묘명현의 한 사람으로 자는 자경子敬, 호는 복재服齋 · 덕양德陽이다. 저서에 《복재집》, 〈무인기문戊寅記聞〉, 〈덕양일기德陽日記〉 등이 있으며, 시에도 능하여 《해동시선》,《대동운부군옥大東韻府群玉》등에 시가 수록되어 있다.
- 강희맹(姜希孟 1424-1483) 고봉의 외고조부. 자는 경순景醇, 호는 사숙재私淑齋이다. 조선 초기 의례와 행정을 정립하는 데 기여했으며, 문학에도 재주를 보였다. 저서에 《사숙재집私淑齋集》〈금양잡록衿陽雜錄〉, 《촌담해이村談解頤》 등이 있다.
- 기대항(奇大恒 1519-1564) 고봉의 사촌 형. 기준의 아들. 1563년 8월에 이량이 신진사류들을 숙청하려 하자 그의 죄상을 탄핵하였고 대사헌, 한성부 판윤에 올랐다. 기대승은 기대항이 죽자 만시와 행장, 제문을 지었다.

○ 기효증(奇孝曾 1550-1616) 기대승의 장남. 군기시첨정으로 임진왜란 때 군량을 의주로 조달하였다. 칠송정에서 시묘살이를 하였고 고봉의 문집을 정리하였다.

○ 기대림(奇大臨 1526-1565) 기대승의 형. 기대림 별세 시 고봉은 미리 보아둔 묘지에다 기대림의 묘를 쓰도록 하였다.

○ 기대절(1534-1567) 기대승의 동생. 고봉은 사신으로 의주에 가게 되어 그의 장례식에 가지 못하였고, 만시를 지었다.

○ 김점(金坫 ? - ?) 고봉의 사돈. 기효증의 장인이다. 본관은 부안, 자는 경숙敬叔, 호는 매당梅堂이다. 일재一齋 이항李恒의 문인이며, 정읍 남고 서원에 배향되어 있다. 고봉은 김점의 집인 매당에서 별세하였다.

○ 조찬한(趙纘韓 1572-1631) 호는 현주, 고봉의 장남 기효증의 사위이다. 선산부사와 영암군수를 하였고 〈고봉집〉 발문拔文, 〈논사록〉 발문을 썼다.

2. 고봉의 스승, 친구, 선 · 후배들

○ 정희렴(鄭希廉 1495-1554) 고봉의 어릴 적 스승이다. 호는 용산龍山이고 문과에 급제하여 교리를 지냈다. 고봉은 만시와 제문을 지었다.

○ 송순(宋純 1493-1582) 자는 수초守初, 호는 기촌企村 · 면앙 이고 1519년 별시문과에 급제하여 대사간을 거쳐 전주부윤 등을 지냈고 77세에 한성부윤, 의정부 우참찬을 끝으로 향리로 물러났다. 문집으로 〈면앙집〉이 있다. 광주목사 시절에 고봉은 향교에서 공부를 하였다. 송순

은 1552년에 면앙정이 중수되자 고봉에게 면앙정기를, 백호 임제에게 면앙정부를 지어달라고 부탁을 하였다. 고봉이 쓴 면앙정기는 두 가지이다.

○ 김윤제(金允悌 1501-1572) 자는 공로恭老, 호는 사촌沙村, 홍문관 교리 등을 거쳐 부안군수, 나주목사 등을 하였다. 나주목사 시절에 기대승의 〈주자문록〉을 발간하였고 말년에는 광주 환벽당 에서 살았다.

○ 퇴계 이황(李滉 1501-1570) 고봉의 스승이고 진정한 멘토이다. 고봉과 퇴계는 13년간 편지를 주고받았고 사단칠정논변뿐만 아니라 물격, 태극 논쟁도 하였다. 고봉은 퇴계 선생 묘갈명, 퇴계의 부친 이식1463-1502에 대한 묘갈명, 퇴계 선생 광명 제문, 〈주자서 절요〉에 대한 발문과 여러 수의 시를 썼다.

○ 이항(李恒 1499-1576) 자는 항지恒之, 호는 일재一齋이다. 처음에는 무신이었으나 태인현 칠보산 아래에 일재라는 정사를 짓고 학문에 열중하였다. 1558년에 고봉과 태극논쟁을 벌였고 제자는 김천일, 최경회, 김점등이다. 정읍 남고서원에 배향되어 있다. 저서에 《일재집》이 있다.

○ 유희춘(柳希春 1513-1577) 자는 인중仁仲, 호는 미암眉巖, 1547년 양재역 벽서 사건에 연루되어 함경도 종성과 은진에서 19년을 유배생활을 하였다. 선조의 총애를 받았으며 전라도 관찰사, 대사헌 등을 하였다. 보물 260호인 미암일기眉巖日記의 저자이기도 하다. 고봉은 유희춘을 특진토록 선조에게 건의하였다.

○ 김인후(金麟厚 1510-1560) 자는 후지厚之, 호는 하서河西 · 담재澹齋. 1540

년 별시문과에 급제하여 권지승문원부정자에 올랐다. 이듬해에 호당에 들어가 사가독서 하고 홍문관저작이 되었으며, 1543년 세자시강원설서에 이르렀다. 1545년 을사사화가 일어나자 관직을 버리고 고향인 장성으로 돌아가 시와 학문 연구에 전념하면서 여생을 마쳤다. 저서로 〈하서집〉 〈백련초해〉등이 있다. 고봉은 제문을 지었다.

○ 정지운(鄭之雲 1509-1561) 자는 정이靜而, 호는 추만秋巒이다. 천명도설天命圖說을 지었고 그 뒤 1553년에 퇴계의 의견을 따라 다시 정정하였다. 고봉은 천명도설에 오류가 있다고 문제를 제기하여 사단칠정논변이 시작되었다. 고봉은 추만 만시를 지었다.

○ 임억령(林億齡 1496-1568) 자는 대수大樹, 호는 석천石泉. 동생 임백령이 을사사화를 일으키자 금산군수를 사직하였다. 동부승지, 강원도 관찰사, 담양부사 등을 지내고 담양 식영정에서 살았다. 문집으로 〈석천집〉이 있다 석천과 식영정에 관한 고봉의 시가 여러 수 있다.

○ 김성원(金成遠 1525-1597) 호는 서하당. 임억령의 사위이며 담양 성산 주변의 자연에 묻혀 살았다.

○ 최경창(崔慶昌 1539-1583) 자는 가운嘉運, 호는 고죽孤竹, 당시唐詩에 뛰어나 옥봉 백광훈白光勳, 송곡 이달李達과 함께 삼당시인三唐詩人으로 불렸다. 저서에 《고죽유고》가 있다. 기생 홍랑과의 사랑 이야기가 전해진다.

○ 박개(朴漑 1511-1586) 자는 대균, 호는 연파처사烟波處士 이다. 명종 때 고산 현감高山縣監 등을 지냈으며 선조 때 암행어사가 되었고 김제군수를 지냈다. 고봉이 지은 시가 있다.

○ 유경심(柳景深 1516-1571) 자는 태호太浩, 호는 구촌龜村이다. 평안 감사, 호조 참판 등을 지냈다. 저서에 《구촌집》이 있다. 고봉이 지은 제문과 시가 있다.

○ 고경명(高敬命 1533-1592) 자는 이순而順, 호는 제봉霽峰, 광주 압보촌鴨保村 출생으로 1592년에 임진왜란이 일어나자 두 아들과 함께 광주에서 의병장으로 나서 금산전투에서 순절하였다. 그를 모신 사당이 광주광역시 남구에 있는 포충사이다. 저서로는 시문집인 〈제봉집〉〈서석록〉 등이 있다.

○ 고맹영(高孟英 1502-?) 자는 영지英之, 호는 하천霞川이다. 의병장 고경명이 그의 아들이다. 옥천 군수, 강원도 관찰사, 대사간 등의 벼슬을 지냈다. 고봉이 쓴 만장이 있다.

○ 양산보(梁山甫 1503-1557) 자는 언진, 호는 소쇄옹·조광조의 문인으로 조광조가 화를 입자 여생을 마칠 때까지 담양 창암촌에 은거하여 소쇄원을 가꾸고 살았다. 고봉이 쓴 만시가 있다.

○ 오겸(吳謙 1496-1582) 자는 경부敬夫, 호는 지족암知足庵·금양錦陽. 1532년 별시문과에 급제하여 예조좌랑 등을 지내고, 담양부사·광주목사 등을 거쳐 1559년 예조판서가 되었다. 이조판서·병조판서·호조판서·대사헌, 우찬성이 되고 벼슬이 우의정에 이르렀다. 〈기문총화〉에는 오겸이 광주목사로 있을 때 벌인 기대승과 이후백 간에 벌인 시와 문장 내기 글이 있다. 고봉이 쓴 시가 있다.

○ 김천일(金千鎰 1537-1593) 자는 사중士重, 호는 건재健齋이다. 임진왜란 때 나주에서 의병을 일으켜 경기·경상·전라·충청 4도에서 활약

하였으며, 1593년 6월29일 진주성이 함락되자 남강에 몸을 던졌다. 저서에 《건재집》이 있다. 고봉이 지은 시가 있다.

○ 김시회(金時晦 1542-1581) 자는 양오養吾, 호는 양진재養眞齋이다. 예문관 대교藝文館待教 등의 벼슬을 지냈다. 고봉이 지은 시가 있다.

○ 이량(李樑 1519-1563) 자는 공거公擧. 명종의 총애를 믿고 전횡을 일삼으며 비리를 저질렀다. 1563년에 기대승, 허엽등 사림을 숙청하려 계획하였으나 심의겸에 의해 사전에 발각되어 기대항에게 탄핵받고 강계江界에 유배된 뒤 죽었다 이 당시 기대승은 소기묘로 칭하여졌고 고봉은 일시 낙향을 하였다.

3. 고봉 별세 시 제문과 만장을 쓴 이

〈고봉전서〉에는 제문이 20개, 만장이 55개 소개되어 있다.

가. 제문을 쓴 이(20명)

유홍, 서엄, 김계, 안용, 정인관, 정염, 최경회, 서맹종, 심의겸, 김우홍, 김계휘, 양응정, 임추, 김경생, 민철명, 김관, 조유성, 이함형, 이호민, 정철

○ 유홍(兪泓 1524-1594) 자는 지숙止叔, 호는 송당松堂 또는 퇴우당退憂堂, 개성부 유수를 거쳐 충청 · 전라 · 경상 · 함경 · 평안도의 관찰사와 한성 판윤 등을 역임하면서 치적을 쌓았다. 1590년 종계변무宗系辨誣 1등, 토역討逆 2등에 책훈策勳되어 보국숭록대부輔國崇錄大夫 · 기성부원군杞城府院君에 봉해졌으며, 이조 판서 · 우의정에 승진되었다. 1594년

좌의정으로서 해주에 있는 왕비를 호종하다가 객사하였다. 저서에 《송당집》4권이 있다. 고봉 별세 당시 전라감사였다.

○ 서엄(徐崦 1529-1573) 자는 진지鎭之, 호는 춘헌春軒이다. 퇴계의 문인으로 1560년 별시 문과에 병과로 급제, 예조 상훈禮曹常訓에 오른 뒤 함경도 도사를 거쳐 사예司藝에 이르렀다. 당시 안성군수였다.

○ 김계(金啓 1528-1574) 자는 회숙晦叔, 호는 운강雲江이다. 중국어에 능통하여 승문원 부제조로 발탁되었고 퇴계의 문인으로 이조 참판에 이르렀다. 하서 김인후, 율곡 이이 등과 도의를 강론하였고 문무를 겸비한 인물이었다. 김계는 고봉의 친구이고, 고봉의 사돈인 김점기효증 장인의 동생이다. 당시 병조참의였다.

○ 안용(安容 1522-?) 자는 사묵士默이다. 형조 좌랑, 사헌부 지평을 거쳐 사헌부 장령, 사간원 사간을 역임한 뒤 1581년 황해도 감사가 되었다. 당시 영광군수였다.

○ 정인관(鄭仁寬) 자는 백유伯裕, 호는 옥천玉川이다. 1543년 진사시에 입격하여 장흥 부사를 지냈다.

○ 정염(丁焰 1524-1609) 자는 군회君晦, 호는 만헌晩軒이다. 성균관 직강을 거쳐 안성 군수, 광주 목사光州牧使, 고부군수를 지냈다. 1590년 통정대부에 가자加資되고 원종공신原從功臣 1등에 녹선 되었다. 저서에 《만헌집》이 있다. 당시 능성현령이었다.

○ 최경회(崔慶會 1532-1593) 자는 선우善遇, 호는 일휴당日休堂이다. 능주陵州 출신으로 임진왜란이 일어나자 두 형 경운慶雲 · 경장慶長과 함께 의병을 모집하였고 진주성 싸움에서 순절하였다. 논개의 지아비이기도

하다. 진주의 창렬사, 능주의 포충사에 제향되었다. 고봉의 문인이며 당시 선무랑 교서정자였다.

○ 심의겸(沈義謙 1535-1587) 자는 방숙方叔, 호는 손암巽菴이다. 이황李滉의 문인이다. 벼슬이 대사헌에 이르렀고, 세습으로 청양군靑陽君에 피봉되었다. 고봉의 벗으로서 1563년 이량 사건에 적극적으로 도와주었다. 명종비 인순왕후의 동생이고, 동서분당의 주역으로 서인의 영수이었다.

○ 김우홍(金宇弘) 자는 면부勉夫, 호는 이계伊溪 또는 지족당知足堂이며, 1553년에 문과에 급제하고 나주 목사와 영흥 목사를 지냈다. 고봉의 벗이고 당시 나주목사였다.

○ 김계휘(金繼輝 1526-1582) 자는 중회重晦, 호는 황강黃岡이다. 일찍이 경서와 사서 등을 폭넓게 읽었으며 문장에도 뛰어났다. 식년 문과에 을과로 입격하여 사가독서에 뽑혔다. 평안도 관찰사로 있다가 1581년 종계변무를 위한 주청사로 중국에 다녀오고, 이어서 예조 참판에 올라 경연관이 되었다. 고봉의 친한 벗으로서 전라도관찰사 시절에 서원에 전답을 주었다. 김장생의 아버지. 김집의 할아버지이다. 고봉 별세 당시 예조참의였다.

○ 양응정(梁應鼎 1519-1581) 자는 공섭公燮, 호는 송천松川이다. 기묘명현 양팽손의 아들이며 시문에 능하여 선조 때 팔문장八文章의 한 사람으로 뽑혔으며 효행으로 정문이 세워졌다. 저서에 《송천집》과 《용성창수록龍城唱酬錄》이 있다. 광산 임류정 주인이며 고봉과 여러 수의 시를 주고받았다.

○ 임추(林樞 1528-?) 자는 백기伯機이다. 1562년 별시 병과에 입격했다. 지평, 홍주 목사 등을 거쳐 내자시정內資寺正에 올랐다. 당시 전라도 도사였다.

○ 김경생(金景生 1549-?) 자는 자길子吉. 1573년 알성시 병과에 입격했다. 감찰을 지냈다. 고봉의 문인이다.

○ 김관(金瓘 1525-?) 자는 백온伯溫이다. 1562년 별시別試 병과에 입격하여 집의執義를 지냈다.

○ 조유성(趙惟誠 1526-1575) 자는 중실仲實이다. 사헌부 감찰로 서장관書狀官이 되어 연경燕京에 갔을 때 심부름하는 자가 길에서 죽자 예로써 장사지내 주고 돌아와서는 일을 게을리 하지 않아 사람들의 칭찬이 자자하였다. 대각臺閣에 있을 때 일을 논함에 흔들림이 없이 바른말로 직언하였다. 성품은 청렴하고 검소하여 행실을 스스로 지키면서 가사에는 관심이 없었다. 외직으로 고부 군수古阜郡守등을 역임하였다. 친한 벗이고 당시 나주목사였다.

○ 이함형(李咸亨) 자는 평숙平叔, 호는 산천재山天齋이다. 서울에 거주하여 관직 생활을 하러 서울에 올라온 퇴계와 고봉 모두에게 배웠다.

○ 이호민(李好閔 1553-1634) 자는 효언孝彦, 호는 오봉五峯이다. 문장에 뛰어나 임진왜란 때 왕명으로 각종 문서를 많이 작성하였는데, 그가 지은 교서敎書의 내용이 간절하여 보는 이의 감동을 자아냈다고 한다. 그러나 문장보다는 시에 뛰어나다는 평을 들었다. 저서에 《오봉집》이 있다. 고봉의 문인이다.

○ 정철(鄭澈 1536-1593) 자는 계함季涵, 호는 송강松江이다. 장원 급제하

여 좌의정까지 올랐다. 서인의 영수이다. 저서에 시문집인 〈송강집〉과 시가작품집인 《송강가사》가 있다. 담양 송강정은 그의 정자이다. 고봉의 문인으로 고봉이 송강에게 '계함을 생각하며' 란 시도 지었으며, 전라도관찰사 시절 서원에 전답도 주었다. 아들 정홍명은 고봉의 행장을 지었다.

나. 만장을 쓴 이

1573년 2월 8일 고봉의 장례식이 있던 날, 만장은 55개이었다.

만장을 지은 사람들은 유홍, 노진, 양사기, 김계, 우성전, 홍인경, 정철, 노수신, 구봉령, 윤두수, 유격, 최현, 홍천민, 정유일, 송인, 허엽, 김귀영, 이이, 이담, 김취려, 유근, 정유길, 정탁, 홍적, 김성일, 신광필,임추, 박광옥, 오건, 황혁, 이로, 심우승, 박순, 김언거, 이호민, 진중후, 최시망, 이유희, 정인관,박대붕, 조유성, 정복현, 변사정, 김위, 이후백, 신응시, 박충원, 정염, 유주, 유은, 이경명, 윤근수, 심의겸, 김경생, 서태수이다.

○ 노진(盧禛 1518-1578) 자는 자응子膺, 호는 옥계玉溪이다. 직제학, 형조참의를 거쳐 충청도 관찰사와 전주 부윤이 되어 선정을 베풀었다. 1575년 예조 판서에 올랐으나 사퇴하고, 그 뒤 대사헌과 이조 판서 등에 연이어 제수되었으나 모두 병으로 나가지 않았다. 고봉을 비롯하여 소재 노수신, 하서 김인후 등의 학자들과 도의로 교유하였다. 저서에 《옥계집》이 있다.

○ 양사기(楊士奇 1531-1586) 자는 응우應遇, 호는 죽재竹齋로 양사언楊士彦의

아우이다. 선조가 등극한 뒤 상소를 올려 외적의 침범에 대한 방어책을 진언했는데 뒷날 그 예언이 맞아들었고, 1586년에 병으로 앓아눕자 스스로 죽을 날을 점쳤는데 틀림이 없이 그날에 나이 56세로 죽었다. 형 사언, 사준 세 형제가 모두 대과에 급제하고 문필에 뛰어나 세상에 평판이 높았다. 고봉이 양사기에 대하여 쓴 시가 여러 수 있다.

○ 우성전(禹性傳 1542-1593) 자는 경선景善, 호는 추연秋淵 또는 연암淵庵. 대사헌 허엽許曄의 사위이며, 이황의 문인이다. 저서에 《계갑록癸甲錄》, 《역설易說》, 《이기설理氣說》 등이 있다. 우성전은 서울에서 퇴계, 고봉과 함께 지낸 적이 있다.

○ 홍인경(洪仁慶 1525-?) 자는 응선應善이다. 부제학에 올랐다

○ 노수신(盧守愼 1515-1590) 자는 과회寡悔, 호는 소재蘇齋, 여봉노인茹峯老人 · 암실暗室 · 이재伊齋 등이다. 선조 때 영의정에 올랐으나 기축옥사로 파직되었다. 저서에 《소재집》이 있다 온유하고 원만한 성격을 가진 문신이자 학자로서 사림의 중망을 받았으며, 특히 선조의 지극한 존경과 은총을 입었다. 노수신이 1547년에 진도로 귀양 가 있다가 1565년에 괴산槐山으로 이배되었는데, 고봉이 진국원鎭國院까지 가서 그를 만났다. 고봉은 선조에게 노수신의 특진을 건의하였다.

○ 구봉령(具鳳齡 1526-1586) 자는 경서景瑞, 호는 백담柏潭. 이황의 문하에서 수학하였다. 대사성, 대사헌을 거쳐 병조참판과 형조참판 등을 지냈다. 시문에 뛰어나 고봉과 비견되었고, 〈혼천의기渾天儀記〉를 짓는 등 천문학에도 조예가 깊었다. 저서에 《백담문집》이 있다. 고봉이 지은 시가 있다.

○ 윤두수(尹斗壽 1533-1601) 자는 자앙子仰, 호는 오음梧陰. 윤근수의 형이며, 퇴계의 문인이다. 사은사謝恩使로 명나라에 다녀온 뒤 도승지가 되었고, 임진왜란이 발발하자 어영대장과 우의정을 거쳐 좌의정에 이르렀다. 영의정이 되었으나 사직하고 남파南坡로 물러났다. 저서에 《오음유고梧陰遺稿》, 《기자지箕子誌》 등이 있다.

○ 유격(柳格 1545-1584) 자는 정부正夫, 호는 청만晴巒이다. 예문관의 검열, 봉교를 거쳐 성균관 전적과 한성부 참군을 지냈고, 사간원 정언에 다섯 차례나 임명되었다. 서예에 뛰어나 유성룡으로부터 칭찬을 받기도 하였다.

○ 홍천민(洪天民 1526-1574) 자는 달가達可, 호는 율정栗亭. 성혼의 문인이다. 대사성, 예조 참의, 도승지, 대사간 등을 역임하였다. 문장으로 명성을 떨쳤고 교지 작성에 뛰어나 여러 번 도승지를 역임하였으며, 청렴하였다.

○ 정유일(鄭惟一 1533-1576) 자는 자중子中, 호는 문봉文峯이다. 퇴계의 문하에서 수학하였다. 춘추관 편수관이 되어 《명종실록》편찬에 참여한 뒤 대사간과 이조 판서 등을 지냈다. 시부詩賦에 뛰어나 명망이 높았으며, 또한 성리학에 있어서도 퇴계의 학설을 계승 · 발전시켰다. 관직에서 물러난 뒤 《한중록閑中錄》, 《관동록關東錄》, 《송조명현록宋朝名賢錄》 등을 저술하였으나 임진왜란 때 소실되었다. 고봉과 친하였으며 고봉이 지은 여러 수의 시가 있고 퇴계와 고봉의 13년간 편지에 박순과 함께 자주 나오는 인물이다.

○ 송인(宋寅 1517-1584) 자는 명중明仲, 호는 이암頤庵. 중종의 셋째 서녀인

정순옹주貞順翁主와 결혼하여 여성위礪城尉가 되고, 명종 때 여성군礪城君에 봉해졌다. 시문에 능하였고 이황, 조식, 이민구, 이이, 성혼 등 당대의 석학들과 교유하였으며, 만년에는 선조의 자문 역할을 하였다. 글씨에 능하여 산릉山陵의 지誌와 궁전의 액額에서 사대부의 비갈碑碣에 이르기까지 많은 글과 글씨를 남겼다. 특히 오흥吳興의 필법을 전해 받아 해서를 잘 썼다고 한다. 저서에 《이암유고》가 있다. 고봉이 송인에 대해 지은 시가 있다.

○ 허엽(許曄 1517-1580) 자는 태휘太輝, 호는 초당草堂. 허봉과 허균의 아버지이다. 서경덕의 문인으로 대사헌을 하고 동인의 영수가 되었다. 저서에 《초당집》과 《전언왕행록前言往行錄》 등이 있다. 허엽이 1573년에 쓴 퇴계 매화시첩 글에는 고봉의 별세를 아쉬워하고 있다.

○ 김귀영(金貴榮 1520-1593) 자는 현경顯卿, 호는 동원東園. 예문관 대교로서 춘추관 기사관을 겸하여 《중종실록》 편찬에 참여하였고, 사헌부 집의로 재임 중 명나라에서 사신이 오자 예관禮官으로 활약한 바 있다. 병조 판서로서 지춘추관사를 겸하여 《선조실록》 편찬에 참여했다. 우의정에 올랐고, 2년 뒤 좌의정이 되었다가 곧 물러나 지중추부사가 되었다

○ 이이(李珥 1536-1584) 자는 숙헌叔獻, 호는 율곡栗谷 · 석담石潭 · 우재愚齋. 아버지는 사헌부감찰 원수元秀이며, 어머니는 신사임당이다. 1564년 식년문과에 장원급제하기까지 모두 9번에 걸쳐 장원을 하여 세간에서는 그를 '구도장원공' 九度壯元公이라 일컬었다. 1564년 호조좌랑에 처음 임명된 뒤 예조좌랑 · 이조좌랑 등을 지냈다. 1568년 천추사千秋

使의 서장관書狀官으로 명나라에 다녀왔으며 이듬해 사직했다가 1571년 다시 청주목사로 복직했고, 다음해 다시 해주로 낙향했다. 1573년 직제학이 되고 이어 동부승지로서 참찬관을 겸직했으며, 다음해 우부승지 · 대사간을 지낸 뒤 병으로 사직했다. 그 후 황해도관찰사에 임명되었으나 다시 사직하고, 경기도 파주의 율곡과 황해도 해주의 석담에서 학문연구에 전념했다. 1581년 대사헌 · 예문관제학을 겸임하고, 동지중추부사를 거쳐 양관대제학兩館大提學을 지냈다. 이듬해 이조 · 형조 · 병조의 판서를 역임하고, 1583년 당쟁을 조장한다는 동인의 탄핵으로 사직되었다가 같은 해 다시 판돈녕부사와 이조판서에 임명되었다. 문집으로 〈율곡전서〉가 있다

○ 이담(李湛 1510-1557) 자는 중구仲久, 호는 정존재靜存齋이다. 정언正言, 홍문관 부교리를 지냈고 충청도 관찰사를 역임하였다 성리학자로서 의약, 천문, 산수, 궁술에도 능했고 서화에도 일가를 이루었다. 저서에 《정존재집靜存齋集》이 있다.

○ 김취려(金就礪 1526-?) 자는 이정而精, 호는 정암靜庵 · 잠재潛齋이다. 퇴계의 문인이고 고봉의 친한 벗이다.

○ 유근(柳根 1549-1627) 자는 회부晦夫, 호는 서경西坰이다. 황정욱에게 문장을 배웠으며 뒤에 고봉에게 배웠다. 1572년 별시 문과에 장원하고, 1574년에 사가독서 하였으며, 1587년 이조 정랑으로서 문신 정시文臣庭試에 다시 장원하였다. 이 해 일본의 승려 현소玄蘇가 사신으로 왔는데, 문장에 뛰어나다는 이유로 선위사宣慰使에 특임되어 그를 맞았다. 충청도 관찰사, 대제학에 이어 좌찬성이 되었다. 저서에 《서경

집》이 있다. 말년에 월봉서원에 와서 쓴 시 편액이 장판각에 소장되어 있다.

○ 정유길(鄭惟吉 1515-1588) 자는 길원吉元, 호는 임당林塘이다. 1544년 이황, 김인후등과 함께 동호에서 사가독서하였고, 그 뒤 교리와 직제학 등을 거쳐 도승지, 대제학을 역임하였다. 1567년명종22 진하사進賀使로 명나라에 다녀왔다. 시문에도 뛰어났고, 서예에도 능하여 임당체林塘體라는 평을 받았다. 저서에 《임당유고林塘遺稿》가 있다.

○ 정탁(鄭琢 1526-1605) 자는 자정子精, 호는 약포藥圃 퇴계의 문인이다. 춘추관 기주관을 겸직하고, 《명종실록》 편찬에 참여하였으며, 1582년 선조15 진하사進賀使로 명나라에 갔다가 이듬해 돌아와서 다시 대사헌에 재임되었다. 경사經史는 물론 천문 · 지리 · 상수象數 · 병가兵家 등에 이르기까지 정통하였다. 좌의정에 승진되고 판중추부사를 거쳐, 1603년 영중추부사에 올랐다. 저서에 《약포집》과 《용만문견록龍灣聞見錄》등이 있다.

○ 홍적(洪迪 1549-1591) 자는 태고太古, 호는 양재養齋 또는 하의자荷衣子이다. 1583년 정언이 되었을 때 양사兩司에서 이이를 탄핵하자 이것을 반박하다가 장연 현감으로 좌천되었다. 경학經學에 밝고 논사論思를 잘하여 홍문관에서 '학사전재學士全才' 라 불렸으며, 시문에 능하고 글씨도 잘 썼다. 저서로는 《하의집》, 《하의시십荷衣詩什》이 있다.

○ 김성일(金誠一 1538-1593) 자는 사순士純, 호는 학봉鶴峯이다. 퇴계의 고제高弟로서 성리학에 조예가 깊어 주리론主理論을 계승하여 영남학파의 중추 구실을 하였다. 예학에도 밝아 상례고증喪禮考證》을 지었다. 저서

에 《해사록海槎錄》〈학봉집〉이 있다. 나주목사를 하였으며 경현서원에 고봉과 같이 배향되었다.

○ 박광옥(朴光玉 1526-1593) 자는 경원景瑗, 호는 회재懷齋이다. 전라도 광주에 세거世居하였고, 10세 때 정황丁潢의 문하에 들어갔다. 1546년명종1 진사시에 입격하였으나, 나주 선도면船道面에 집을 지어 개산송당蓋山松堂이라 이름하고 문하생들과 함께 성리학을 연구하였다. 또 향약을 실시하고, 기대승, 박순, 이이, 노사신 등과 교유하였다. 임진왜란이 일어났을 때는 신병으로 관직에서 물러나 있었는데, 고경명 · 김천일 등과 함께 의병을 일으키고 고향의 의병도청義兵都廳에서 군대의 장비와 양식을 조달하였다. 저서에 〈회재유집懷齋遺集〉이 있다.

○ 오건(吳健 1521-1574) 자는 자강子强, 호는 덕계德溪이다. 남명 조식이 덕산동德山洞에서 강론하자 문인으로 수학하였으며, 김인후와 이황의 문인이기도 한데, 퇴계는 그의 학문이 정밀하고 심오하다고 칭찬하였다. 이조 정랑으로 있다가 관직을 버리고 경상도 산음 덕계리德溪里로 낙향하였다. 여러 차례 조정의 부름이 있었으나 모두 거절하고 서사書史를 섭렵하면서 시작詩作과 강론으로 여생을 마쳤다. 저서에 《덕계집》, 《정묘일기丁卯日記》 등이 있다.

○ 황혁(黃赫 1551-1612) 자는 회지晦之, 호는 독석獨石이다. 지천芝川 황정욱의 아들로, 고봉의 문인이다. 이이첨을 시로써 풍자한 일 때문에 미움을 받아 순화군順和君의 아들 진릉군 태경晉陵君泰慶을 왕으로 추대하려 한다는 무고를 받고 투옥되어 옥사하였다. 저서에 《독석집》이 있다.

○ 이로(李輅 1536-1614) 자는 홍재弘載, 호는 동진東津이다. 1567년 식년 문과에 병과로 급제, 동지중추부사를 거쳐 1596년 호조 참판 때 진향사進香使로 명나라에 다녀왔다. 경기 관찰사를 지내고 형조·공조 판서를 역임하였으며, 판돈녕부사에 이르러 기로소에 들어갔다

○ 심우승(沈友勝 1551-1602) 자는 사진士進, 호는 만사晩沙이다. 임진왜란이 일어나자 선조를 호종하던 도중에 정언과 지평 등을 역임하고, 이듬해 진주사陳奏使의 서장관으로 명나라에 구원을 청하고 돌아와 승지와 춘천 부사 등을 역임하였다. 서울에 주둔한 명나라 군대의 행패가 심해지자 명나라 경리經理 양호楊鎬에게 항의하고 그 시정을 촉구하다 파직되었다. 뒤에 한성부 우윤으로 비변사 유사당상을 겸하였다.

○ 박순(朴淳 1523-1589) 자는 화숙和叔, 호는 사암思菴이다. 대사간이 되어 대사헌 이탁과 함께 윤원형을 탄핵함으로써 포악한 척신 일당의 횡포를 제거한 주역이 되었다. 대제학, 이조 판서, 우의정, 좌의정 등을 두루 거친 다음 1572년 우의정에 올라 약 15년간 정승을 재직하였다. 율곡이 탄핵되었을 때 그를 옹호하다가 도리어 양사兩司의 탄핵을 받고 스스로 관직에서 물러나 영평永平 지금의 포천 백운산에 암자를 짓고 은거하였다. 일찍이 서경덕에게 학문을 배워 성리학에 박통하고 특히 《주역》에 연구가 깊었으며, 문장과 시와 서예에 뛰어났다. 중년에 퇴계를 사사師事하였고, 만년에 율곡 이이및 우계 성혼과 깊이 사귀어 "이 세 사람은 용모는 달라도 마음은 하나이다."라고 할 정도였으며, 고봉과도 교분이 두터웠다. 저서에 《사암집》이 있다.

○ 김언거(金彦琚 1503-1584) 자는 계진季珍, 호는 풍영豊咏, 칠계漆溪이다.

1531년 식년시 병과에 입격하여 사헌부 장령 · 헌납, 금산군수, 연안부사 등을 지냈다. 광주 풍영정 주인이며 풍영정에는 고봉의 시가 걸려 있다.

○ 최시망(崔時望 1548-?) 자는 자유子裕, 호는 괴정槐亭이다. 1582년 식년시 병과에 입격하여 장령, 김제군수 등을 지냈다

○ 정복현(鄭復顯 1521-1591) 자는 수초遂初, 호는 매촌梅村이고, 거창居昌에 살았다. 저서에 《매촌실기梅村實紀》가 있다.

○ 변사정(邊士貞 1529-1596) 자는 중간仲幹, 호는 도탄桃灘이다. 이항李恒의 문하에서 수업하였고, 임진왜란 때 의병장으로 활약했다. 저서에 《도탄집》이 있다.

○ 이후백(李後白 1520-1578) 자는 계진季眞, 호는 청련靑蓮이다. 1535년 향시에 장원하고 곧 상경하여 이의건, 최경창, 백광훈 등을 가르쳤다. 대제학, 이조 판서, 호조 판서에 이르렀으며, 청백리에 뽑혔다. 문장이 뛰어나고 덕망이 높아 사림의 추앙을 받았다 저서에 《청련집》이 있다. 고봉과 친한 벗이며 여러 수의 시를 주고받았다.

○ 신응시(辛應時 1532-1585) 자는 군망君望, 호는 백록白麓이다. 백인걸의 문하에서 배웠으며, 성혼, 이이와 특히 교분이 두터웠다. 전라도 관찰사, 대사간, 홍문관 부제학에 이르렀다.

○ 박충원(朴忠元 1507-1581) 자는 중초仲初, 호는 낙촌駱村 또는 정관재靜觀齋. 어머니가 행주 기씨로 기찬櫕의 따님인데, 만시 첫머리에서 고봉을 외가의 인물로 설정한 것은 이 때문이다. 1554년 성절사로 중국에 다녀온 뒤 형조 참의가 되었고, 1567년 대종백大宗伯으로 전직되었

을 때 중국에 국사를 검토하는 일로 빈상儐相의 명을 받아 기대승 · 이후백 · 이산해가 종사관이 되어 중국에 다녀왔다. 저서에 《낙촌유고駱村遺稿》가 있다

○ 유주(柳澍 1568-1639) 자는 응림應霖이다. 광해군 당시 권력을 장악하고 있던 이이첨과 정인홍 등이 폐모론을 주장하자 포의布衣의 신분으로 감히 입궐, 상소하여 폐모론에 반대하고, 그것을 전면에서 주장하던 정조鄭造의 처형을 주장하였다. 병자호란 때 가솔을 데리고 남으로 내려가 살다가 진중陣中에서 죽었다

○ 유은(柳溵 1540-?) 자는 원보源甫. 1576년 별시 병과에 급제하였다.

○ 이경명(李景明 1517-?) 자는 여회如晦이다. 1562년 별시 병과에 급제하여 선략장군宣略將軍, 승정원 주서, 예조 좌랑, 동래부사 등을 역임하였다.

○ 윤근수(尹根壽 1537-1616) 자는 자고子固, 호는 월정月汀. 기묘사화로 화를 당한 조광조의 신원伸寃을 청하였다가 과천현감으로 체직되었다. 1572년 동부승지를 거쳐 대사성에 승진, 이듬해 주청부사奏請副使로 명나라에 가서 종계변무를 하였다. 그는 청백간손淸白簡遜하고 문장이 고아하며 필법이 주경遒勁하여 예원藝苑의 종장宗匠이라 일컬어졌다. 저서에 《월정집》 등이 있다.

참고문헌

- 고봉학술원, 전통과 현실 창간호, 제2호, 제6호, 제7호, 제8호. 제10호, 제14호
- 고봉학술원 편저, 고봉 기대승 연구, 이화, 2009
- 고봉학술원, 고봉사상의 본질과 그 현대적 조명, 전통과 현실 9호, 2000
- 고봉학술원, 전통과 현실 24호, 2003
- 공자, 김형찬 옮김, 논어, 홍익출판사, 1999
- 광주직할시, 누정제영, 88 풍영정, 1992, 태양사
- 국사편찬위원회 인터넷 사이트, 조선왕조실록
- 기누가와 쓰요시 지음, 박배영 옮김, 하늘위에는 무엇이 있는가?, 시공사, 2005
- 기대승 지음, 고봉집 1, 2, 3권, 전통과 현실 제17호, 고봉 학술원, 2002
- 기대승 지음, 성백효 · 이성우 옮김, 국역 고봉전서 1, 2, 3, 4, 5권, 민족문화추진회, 2007
- 기세춘, 성리학 개론 (하), 바이북스, 2007

○ 기준 지음, 남현희 옮김, 조선 선비, 일상의 사물들에게 말을 걸다, 문자향, 2009
○ 기태완, 퇴계 매화시첩, 보고사, 2007
○ 김경일. 사서삼경을 읽다, 바다출판사, 2004
○ 김권섭, 선비의 탄생, 다산초당, 2008
○ 김대중 편역, 도산에 사는 즐거움 -이황 선집, 돌베개, 2008
○ 김병효, 하서 김인후 선생 이야기, 대동문화재단, 2007
○ 김선기, 호남정신 뿌리 깃든 전라도 정자기행, 보림, 2003
○ 김성기, 고봉의 증시贈詩연구, 전통과 현실 제10호, 고봉학술원 1999
○ 김세곤, 청백리 송흠, 온새미로, 2011
○ 김세곤, 임진왜란과 호남사람들, 온새미로, 2011
○ 김세곤, 호남정신의 뿌리를 찾아서, 온새미로, 2010
○ 김세곤, 고봉, 퇴계를 그리워하다, 보림, 2009
○ 김세곤, 남도문화의 향기에 취하여, 뉴스투데이, 2006
○ 김세곤, 송강문학기행, 열림기획, 2007
○ 김세곤 엮음, 꽃 그리움, 열림기획, 2007
○ 김영두, 퇴계와 고봉, 편지를 쓰다. 소나무, 2003
○ 김용신, 성리학자 기대승 프로이드를 만나다, 예문서원, 2002
○ 김용옥 지음, 대학 학기 한글 역주, 통나무, 2011
○ 김용옥 지음, 맹자 사람의 길(上), 통나무, 2012
○ 김인숙, 조선 4대 사화, 느낌이 있는 책, 2009
○ 김인후, 하서전집 1-3, 하서선생기념사업회, 1988

○ 네이트 백과사전 인터넷 사이트
○ 러우위리에 지음, 황종원 옮김, 중국의 품격, 에버리치홀딩스, 2011
○ 마현준 풀어 씀, 대학 · 중용, 풀빛, 2005
○ 맹자, 박정환 옮김, 맹자, 홍익출판사, 1999
○ 박영규, 한권으로 읽는 조선왕조실록, 웅진 지식 하우스, 2004
○ 박은숙, 16세기 호남 한시 연구, 월인, 2004
○ 백승종 지음, 대숲에 앉아 천명도를 그리다, 돌베개, 2003
○ 백승종외 4명, 조선의 통치철학, 푸른 역사, 2010
○ 송흠 지음, 이일영 번역, 국역 지지당 유고, 1992
○ 시마다 겐지, 김석근 · 이근우 옮김, 주자학과 양명학, 까치, 2008
○ 신병주, 조선을 움직인 사건들, 새문사, 2009
○ 신봉승, 문묘 18현, 청아출판사, 2010
○ 심경호, 내면기행, 이가서, 2009.
○ 심규정, 양곡 소세양의 생애와 시, 고려대학교 교육대학원 석사학위 논문, 1994
○ 안대회, 선비답게 산다는 것, 푸른역사, 2007
○ 안종일, 정진백 편, 정의로운 역사 멋스러운 문화, 사회문화원, 2007
○ 안진오, 호남 유학의 탐구, 심미안, 2007
○ 양팽손, 학포 양팽손 문집, 화순 문화원, 1992
○ 오종일, 중국 사상과 역사의 근원을 찾아서, 한울, 2008
○ 오항녕, 조선의 힘, 역사비평사, 2010
○ 월봉서원, 박경래 역, 국역 월봉서원지, 2011

○ 유한준, 위대한 사상가 퇴계 이황, 태서출판사, 1993
○ 윤채근, 신화가 된 천재들, 랜덤하우스, 2007
○ 이덕일, 사화로 보는 조선역사, 석필, 1998
○ 이덕일, 조선 왕을 말하다, 역사의 아침, 2010
○ 이상각, 조선왕조실록, 들녘, 2009
○ 이상은, 퇴계의 생애와 학문, 예문서원, 1999
○ 이우상, 조선왕릉 – 잠들지 못하는 역사, 다알미디어, 2009
○ 이은직 지음, 정홍준 옮김, 조선명인전 2, 일빛, 2005
○ 이이화, 한국사 이야기 10, 왕의 길 신하의 길, 한길사, 2000
○ 이종묵, 조선의 문화공간, 1,2,3,4, 휴머니스트, 2006
○ 이종범, 사림열전1 – 소쇄원의 바람소리,아침이슬, 2006
○ 이종범, 사림열전2 – 순례자의 노래, 아침이슬, 2008
○ 이한우, 선조, 조선의 난세를 넘다, 해냄, 2007
○ 이황 지음, 이장우 장세후 옮김, 도산잡영,2005
○ 이황 지음, 이장우 장세후 옮김, 퇴계잡영, 2009
○ 이황 저, 장기근 역해, 퇴계집, 홍신문화사, 2003
○ 이해영, 학봉 김성일의 생각과 삶, 한국국학진흥원, 2006
○ 임종웅, 조선왕비열전. 선영사, 2008
○ 전대신문 엮음, 전라도를 다시 본다, 전남대학교 출판부, 2005
○ 정구선, 조선의 출셋길, 장원급제, 팬덤북스, 2010
○ 정병련, 고봉선생의 생애와 학문, 전남대학교 출판부, 2006
○ 정병련, 고봉의 사유구조와 철학사상, 고봉학술원, 2000

○ 정병헌 · 이지영, 고전문학의 향기를 찾아서,돌베개, 1998
○ 정순목, 퇴계 평전, 지식산업사, 1987
○ 조용헌, 500년 내력의 명문가 이야기, 푸른 역사, 2002
○ 주희, 김영수 근해, 대학 · 중용, 일신서적출판사, 1990
○ 최대림 역해, 근사록, 홍신문화사, 1995
○ 최석기 등 엮음, 주자, 술이, 2005
○ 최인호, 유림 1권, 3권, 6권, 열림원, 2007
○ 퇴계학 총서간행위원회, 국역 퇴계전서 16, 사단법인 퇴계학 연구원, 2001
○ 한국동양철학회 편, 고봉학과 21세기 한국유학의 과제, 고봉학술원, 2004
○ 한국사상문화원, 호남학의 세계, 한국사상문화원, 2006
○ 허경진 옮김, 고봉 기대승 시선, 평민사, 1998
○ 허경진 옮김, 퇴계 이황 시선, 평민사, 1996
○ 현상윤, 현상윤의 조선유학사, 심산, 2010
○ 황의동, 고봉 기대승의 철학연구, 고봉학술원, 2002
○ 한국고전번역원 인터넷 사이트, 고봉집, 퇴계집, 연려실기술 등
○ 한국고전번역원 · 도올 김용옥, 나를 바꾸는 즐거운 공부 인터넷 사이트, 고전의 향연, 2011
○ 한국국학진흥원 인터넷 사이트
○ 홍석영, 양곡 소세양의 빛과 사랑, ㈜ 살림출판사, 2006